مسیح کی محبت

مسیح کی ابدی محبت جو ہمیں تبدیل کرتی ہے

DR. MAXWELL SHIMBA

شائع شدہ: مین ہٹن، نیویارک
کے ذریعے LLC ،شمبا پبلشنگ

LLC ،شمبا پبلشنگ

فہرستِ مضامین

تعارف

یہاں ایک جامع تعارف پیش کیا جا رہا ہے:

اہمیت الٰہیاتی کی مسیح محبتِ

محبتِ مسیح مسیحی الہیات کی بنیاد ہے، جو نجات (سوتیریولوجی)، کلیسیا (ایکلسیولوجی) اور آخری ایام (ایسکاتولوجی) کے ہر پہلو میں سرایت کرتی ہے۔ پولس رسول رومیوں 8:35 میں سوال کرتا ہے: **"کون ہمیں مسیح کی محبت سے جدا کرے گا؟"** یہ سوال محض بیانِ بلاغت نہیں بلکہ ایک اٹل حقیقت کا اظہار ہے کہ مسیح کی محبت نہ کبھی ختم ہوتی ہے، نہ کمزور پڑتی ہے، اور نہ ہی اسے کوئی طاقت چھین سکتی ہے۔ یہ محبت وہ غیر متزلزل حقیقت ہے جو مسیحی عقیدے کو جِلا بخشتی ہے۔
محبتِ مسیح کی مرکزیت کو نظرانداز نہیں کیا جا سکتا، کیونکہ یہی محبت تخلیقِ کائنات کی وجہ بنی، یہی محبت تجسد (انسانی روپ دھارنے) کا سبب بنی، یہی محبت صلیب پر قربانی کا محرک بنی، اور یہی محبت ابدی زندگی کی ضمانت فراہم کرتی ہے۔ خدا کی محبت کا سب سے اعلیٰ مظہر یہی ہے کہ **"خدا نے دنیا سے ایسی محبت رکھی کہ اس نے اپنا اکلوتا بیٹا بخش دیا، تاکہ جو کوئی اس پر ایمان لائے، ہلاک نہ ہو بلکہ ہمیشہ کی زندگی پائے"** (یوحنا 3:16)۔

نجات اور مسیح محبتِ

مسیح کی محبت نجات کی اساس ہے۔ بائبل ہمیں سکھاتی ہے کہ انسان گناہ کے باعث خدا سے دور ہو چکا تھا، لیکن خدا کی لامحدود محبت نے ہمیں یسوع مسیح کے ذریعے اپنی طرف واپس بلایا۔ نجات کسی انسانی کوشش کا نتیجہ نہیں بلکہ یہ خالصتاً مسیح کی بے پایاں محبت کا ثمر ہے۔ اس کا اظہار یوحنا 15:13 میں ہوتا ہے: **"اس سے بڑھ کر محبت کوئی نہیں کہ کوئی اپنی جان اپنے دوستوں کے لیے دے"**۔

کلیسیا اور مسیح محبتِ

کلیسیا مسیح کے بدن کی حیثیت رکھتی ہے، اور مسیح نے اپنی محبت کی بدولت اسے قائم کیا اور اسے اپنی دلہن قرار دیا۔ افسیوں 5:25 میں پولس رسول فرماتے ہیں: **"اے شوہرو! اپنی بیویوں سے محبت رکھو جیسے مسیح نے کلیسیا سے محبت رکھی اور اپنے آپ کو اس کے لیے دے دیا"**۔ یہاں یہ حقیقت واضح ہوتی ہے کہ کلیسیا مسیح کی محبت کے بغیر نامکمل ہے۔ اس محبت کے ذریعے ہی ایماندار متحد ہوتے ہیں اور خدا کے جلال کو ظاہر کرتے ہیں۔

ایام آخری اور مسیح محبتِ

مسیح کی محبت نہ صرف ماضی اور حال بلکہ مستقبل میں بھی اپنی تجلی دکھائے گی۔ یہ محبت ہمیں اُس جلالی دن کی طرف لے جاتی ہے جب وہ اپنے وفاداروں کو لے کر آئے گا اور انہیں ابدی جلال میں داخل کرے گا۔ مکاشفہ 21:4 میں وعدہ ہے: **"وہ ان کی آنکھوں کے سب آنسو پونچھ دے گا اور نہ موت رہے گی، نہ ماتم، نہ آہ و زاری، نہ درد، کیونکہ جو کچھ پہلے کا تھا وہ جاتا رہا"۔**

نتیجہ

محبتِ مسیح محض ایک جذباتی احساس نہیں بلکہ خدا کی ذات کا بنیادی وصف ہے، جو کائنات کے ہر پہلو میں نظر آتا ہے۔ یہ محبت بے غرض، ابدی، اور قادرِ مطلق کی طرف سے عطا کردہ ہے، جو ہر ایمان دار کو نجات کی خوشخبری سناتی ہے۔ یہی محبت خدا کے منصوبے کی روح ہے اور یہی محبت ہر مسیحی کی زندگی میں بنیادی حیثیت رکھتی ہے۔ پس، ہمیں یہ یاد رکھنا چاہیے کہ **"ہم محبت رکھتے ہیں کیونکہ پہلے اس نے ہم سے محبت رکھی"** (1 یوحنا 4:19)۔

باب 01

کی محبت اگاپے" اور "تعریف کی مسیح محبتِ"

کی مسیح محبتِ" یہاں ایک جامع علمی اور الٰہیاتی باب پیش کیا جا رہا ہے جو پر تفصیلی تجزیہ، تفسیر، اور بائبلی تحقیق پیش **"فطرت کی محبت اگاپے"** اور **"تعریف** کرتا ہے۔

تعریف کی محبت کی مسیح :اول باب

فطرت کی محبت اگاپے

ہے؟ کیا (Love) محبت

محبت ایک ایسا موضوع ہے جسے فلسفی، الٰہیات دان، اور دانشور صدیوں سے سمجھنے کی کوشش کر رہے ہیں۔ بائبل میں محبت کی تعریف کسی جذباتی احساس یا عارضی لگاؤ سے نہیں بلکہ ایک مستقل اور ازلی حقیقت کے طور پر کی گئی ہے۔ محبت محض کسی عمل یا ردعمل کا نام نہیں بلکہ یہ خدا کی ذات کا ایک لازمی جوہر (1 یوحنا 4:8) کا بیان واضح کرتا ہے کہ محبت خدا کی صفات **"ہے محبت خدا"** ہے۔ میں سے کوئی الگ چیز نہیں بلکہ اس کی ذات میں موجود ہے۔

ہے؟ کیا (Agape) اگاپے

یونانی زبان میں محبت کے لیے مختلف الفاظ استعمال ہوتے ہیں، جن میں سب ہے۔ اگاپے وہ الٰہی محبت ہے جو بے غرض، غیر (ἀγάπη) **"اگاپے"** سے اعلیٰ **دنیا نے خدا"** مشروط، اور خود کو قربان کرنے والی ہوتی ہے۔ یہ وہ محبت ہے جو (یوحنا 3:16)۔ اگاپے محبت میں کسی **"دیا دے بیٹا اکلوتا اپنا نے اس کہ رکھی سے**

قسم کی خود غرضی، عارضیت، یا شرط نہیں ہوتی بلکہ یہ ایک مکمل اور بے لوث
محبت ہے جو خدا سے انسانوں کی طرف بہتی ہے۔

جوہر کا اگاپے :فطرت کی مسیح محبتِ

محبت مشروط غیر .1

مسیح کی محبت کسی شرط پر مبنی نہیں۔ انسان کی گناہ آلودہ فطرت کے باوجود
لیے ہمارے مسیح تو تھے ہی گناہگار ابھی ہم جب" مسیح نے اپنی محبت کا اظہار کیا۔
(رومیوں 5:8)۔ اس سے ظاہر ہوتا ہے کہ مسیح کی محبت کا دارومدار انسان کے **"موا**
اعمال پر نہیں بلکہ خدا کے فیصلے پر ہے۔

محبت والی کرنے قربان کو خود .2

اگاپے محبت کا سب سے بڑا اظہار صلیب پر مسیح کی قربانی ہے۔ یوحنا
اپنے جان اپنی کوئی کہ نہیں کوئی محبت کر بڑھ سے اس" :میں لکھا ہے 15:13
"دے لیے کے دوستوں۔

محبت دائمی اور ازلی .3

مسیح کی محبت نہ تو وقت کے تابع ہے اور نہ ہی کسی خاص قوم، نسل، یا
(رومیوں 8:35)۔ **"گا؟ کرے جدا سے محبت کی مسیح ہمیں کون"** گروہ تک محدود ہے۔
،یہ سوال اس حقیقت کو ظاہر کرتا ہے کہ کوئی بھی طاقت، چاہے وہ مصیبت ہو یا موت
ہمیں اس الٰہی محبت سے محروم نہیں کر سکتی۔

محبت والی دینے نجات .4

مسیح کی محبت صرف ایک جذباتی احساس نہیں بلکہ نجات کی بنیاد ہے۔ یوحنا
ایمان جو کو شخص اس ہر" میں واضح کیا گیا ہے کہ مسیح کی محبت کا مقصد 3:16
۔ یہ محبت ہمیں غلامی، گناہ، اور شیطان کے بندھنوں سے **"ہے دینا زندگی ابدی ،لائے**
آزاد کرتی ہے۔

ذات کی مسیح اور محبت اگاپے

نہیں مخلوق یہ – ہے ازلی محبت .1

بائبل کے مطابق، محبت تخلیق شدہ شے نہیں بلکہ ازلی حقیقت ہے۔ 1 یوحنا
۔ اگر خدا ازلی ہے تو محبت بھی ازلی ہے، کیونکہ **"ہے محبت خدا"** کے مطابق 4:8
یہ خدا کے جوہر میں شامل ہے۔

ہے اظہار کا مرضی کی خدا محبت .2

کا اظہار ہے۔ وہ ہر حال میں (Divine Will) مسیح کی محبت الٰہی مشیت
محبت کرتا ہے کیونکہ یہ اس کی فطرت ہے، نہ کہ کسی شرط یا ضرورت کے تحت۔
:افسیوں 5-2:4 میں لکھا ہے

سے سبب کے محبت بڑی اس اپنی ،ہے غنی میں رحمت جو ،نے خدا مگر"
مسیح ہمیں ،تھے مردہ میں قصوروں ہم جب ،رکھی محبت سے ہم نے اُس سے جس
"۔کیا زندہ ساتھ کے

ہے مسیح نمونہ کامل کا محبت .3

اگر محبت کی کامل ترین شکل کو سمجھنا ہو تو ہمیں مسیح کی طرف دیکھنا ہوگا۔ **"جس نے محبت کی، اسی نے خدا کو جانا، کیونکہ خدا محبت ہے"** (1 یوحنا 4:7)-

لُغات علمِ اور تفسیر (Lexical Analysis) - بائبل کے

معانی قوی (Strong's Concordance) سے

میں حوالہ **Strong's Concordance** کا (Agape) **"ἀγάπη"** یونانی لفظ **G26** ہے، جس کا مطلب ہے:

"بے غرض، غیر مشروط، اور بے لوث محبت جو کسی صلہ یا بدلے کی خواہش کے بغیر دی جائے۔"

بائبلی لغات میں یہ محبت اکثر خدا کی انسانوں سے محبت کے لیے استعمال ہوتی ہے، جیسا کہ یوحنا 3:16 اور 1 یوحنا 4:8 میں پایا جاتا ہے۔

اگاپے محبت کی عملی تعبیر: ہم پر اس کا اثر

1. دوسروں سے محبت رکھنے کی ذمہ داری

مسیح کی محبت ہمیں سکھاتی ہے کہ ہمیں بھی دوسروں سے بغیر کسی شرط کے محبت کرنی چاہیے۔ 1 یوحنا 4:11 میں لکھا ہے: **"اے عزیزو! جب خدا نے ہم سے ایسی محبت رکھی تو ہمیں بھی ایک دوسرے سے محبت رکھنی چاہیے"**۔

2. دشمنوں سے محبت

مسیحی محبت کی سب سے منفرد خصوصیت دشمنوں سے محبت کرنا ہے۔ متی 5:44 میں مسیح فرماتے ہیں: **"اپنے دشمنوں سے محبت رکھو اور اپنے ستانے والوں کے لیے دعا کرو"**۔

3. محبت کا اظہار عمل میں ہونا چاہیے

محبت محض الفاظ یا جذبات تک محدود نہیں بلکہ عمل کا تقاضا کرتی ہے۔ 1 یوحنا 3:18 میں لکھا ہے: **"اے بچو! ہم محبت کو صرف باتوں یا زبان سے نہ کریں بلکہ عمل اور سچائی سے کریں"**۔

نتیجہ

اگاپے ایک الٰہی محبت ہے جو مسیح کے وسیلے ظاہر ہوئی۔ یہ محبت بے غرض، دائمی، اور نجات دینے والی ہے۔ مسیح کی محبت ہمیں خدا کے قریب کرتی ہے، ہمیں دوسروں سے محبت کرنا سکھاتی ہے، اور ہمیں عملی نیکی کی راہ پر لے جاتی ہے۔ یہ محبت نہ تخلیق شدہ ہے، نہ فانی، بلکہ یہ ہمیشہ سے موجود ہے کیونکہ خدا محبت ہے، اور جو خدا سے تعلق رکھتا ہے وہی حقیقی محبت کو سمجھ سکتا ہے۔

سپردگی خود کی مسیح - غرضی بے :اول باب

لیے کے دوستوں اپنے جان اپنی کوئی کہ نہیں کوئی محبت کر بڑھ سے اس"
دے" (یوحنا 15:13)

تعارف

اس کی محبت کا سب سے بڑا (Selflessness) یسوع مسیح کی بے غرضی ثبوت ہے۔ اس نے اپنی جان انسانیت کے لیے دے دی، بغیر کسی شرط کے، بغیر کسی **محبت** بدلے کی توقع کے، اور بغیر کسی مجبوری کے۔ مسیح کا یہ عمل **اگاپے** (ἀγάπη – Strong's G26) کا مکمل نمونہ ہے، جو غیر مشروط، ایثارانہ، اور قربانی پر مبنی ہے۔

بائبل میں ہمیں بارہا یہ تعلیم دی جاتی ہے کہ مسیح نے اپنے پیروکاروں کو بھی اسی طرح کی بے غرض محبت کا مظاہرہ کرنے کا حکم دیا۔ **میرے کوئی اگر" میرے اور اُٹھائے صلیب اپنی روزانہ اور کرے انکار کا خودی اپنی تو چاہے آنا پیچھے لے ہو پیچھے"** (لوقا 9:23)۔ یہ آیت مسیحی زندگی میں بے غرضی کے بنیادی اصول کو واضح کرتی ہے، جو مسیح کی ذات میں مکمل طور پر جلوہ گر ہے۔

---

1. کمال کا غرضی بے کی مسیح

(1) قربانی عظیم پر صلیب

یسوع مسیح کی بے غرضی کا عظیم ترین مظہر **صلیب** پر اس کی قربانی ہے۔
فلپیوں 2:6-8 میں لکھا ہے:

"اگرچہ وہ خدا کی صورت پر تھا مگر اس نے خدا کے برابر ہونے کو اپنی چیز نہ سمجھا بلکہ اپنے آپ کو خالی کر دیا اور خادم کی صورت اختیار کی اور انسانوں کے مشابہ ہو گیا اور انسانوں کی طرح ظاہر ہو کر اپنے آپ کو پست کر دیا اور موت، بلکہ صلیبی موت تک فرمانبردار رہا".

یہ آیات ظاہر کرتی ہیں کہ یسوع نے اپنی خدائی شان کو پسِ پشت ڈال کر خود کو ادنیٰ بنایا اور انسانیت کی خاطر ایک دردناک موت قبول کی۔

Strong's Concordance سے لفظی تجزیہ:

- **"اپنے آپ کو خالی کر دیا"** – یونانی: **"ἐκένωσεν"** (kenóō – Strong's G2758) یعنی **اپنی ذات کو مکمل طور پر ترک کر دینا، اپنی حیثیت اور حقوق کو چھوڑ دینا۔**
- **"خادم کی صورت اختیار کی"** – یونانی: **"μορφὴν δούλου"** (morphēn doulou – Strong's G3444, G1401) یعنی **غلام کے درجے پر آ جانا، خدمت کے لیے مکمل خود سپردگی۔**

یہ الفاظ واضح کرتے ہیں کہ مسیح نے نہ صرف انسانوں کے لیے اپنی زندگی دے دی بلکہ اس نے خود کو مکمل طور پر خدا کی مرضی کے تابع کر دیا۔

---

2. زندگی کی مسیح – مظاہر عملی کے غرضی بے میں

یسوع کی زندگی میں بے غرضی محض صلیب پر ختم نہیں ہوتی بلکہ اس کے ہر عمل میں ظاہر ہوتی ہے۔

خدمت کی محتاجوں اور بیماروں (1)

یسوع نے ہمیشہ دوسروں کی ضروریات کو اپنی ضروریات پر فوقیت دی۔ متی 20:28 میں لکھا گیا:

خدمت کہ آیا لیے اس بلکہ لے خدمت کہ آیا نہیں لیے اس آدم ابنِ چنانچہ" دے فدیہ بدلے کے بہتوں جان اپنی اور کرے"۔

یہ آیت واضح کرتی ہے کہ مسیح کی بے غرضی خدمت میں بھی نمایاں تھی۔ اس نے کوڑھیوں کو پاک کیا، اندھوں کو بینائی دی، گونگوں کو قوتِ گویائی عطا کی، اور سب سے بڑھ کر گناہگاروں کو روحانی نجات دی۔

نمونہ کا عاجزی – دھونا پاؤں کے شاگردوں (2)

یوحنا 13:5 میں یسوع نے اپنے شاگردوں کے پاؤں دھو کر بے غرضی اور خدمت: کا سب سے بڑا سبق دیا

کمر اس کو اس اور دھونے پاؤں کے شاگردوں اور ڈالا میں باسن کر بھر پانی پھر" تھا بندھا سے کمر کے اس جو لگا پونچھنے سے بند"۔

یہ عمل اس کی **تواضع** اور **ایثار** کا عملی مظاہرہ تھا۔ یہاں Strong's Concordance کا لفظ یونانی "دھویا" میں **"νίπτω"** (niptō – Strong's G3538) استعمال ہوا ہے، جس کا مطلب ہے **کسی کو پاک کرنے کے لیے جان بوجھ کر جھکنا اور خدمت کرنا۔**

---

3. داری ذمہ ہماری اور غرضی بے کی مسیح

یسوع مسیح نے صرف خود بے غرضی کا مظاہرہ نہیں کیا بلکہ اپنے پیروکاروں کو بھی یہی طرزِ عمل اپنانے کی تلقین کی۔

حکم کا رکھنے محبت سے دوسروں (1)

یسوع نے فرمایا: **"نیا حکم میں تمہیں دیتا ہوں کہ ایک دوسرے سے محبت رکھو جیسے میں نے تم سے محبت رکھی"** (یوحنا 13:34)۔
یہ حکم ایک مسیحی کے لیے ناگزیر ہے، کیونکہ محبت بے غرضی کے بغیر ممکن نہیں۔

محبت سے دشمنوں اپنے (2)

مسیحی بے غرضی کی معراج یہ ہے کہ یسوع نے دشمنوں سے بھی محبت رکھنے کا حکم دیا:

"کرو دعا لیے کے والوں ستانے اپنے اور رکھو محبت سے دشمنوں اپنے" (متی 5:44)۔

Strong's Concordance یہاں **"ἀγάπη"** میں "محبت" کے لیے پھر سے (Agape – Strong's G26) کا استعمال کیا گیا ہے، جو بے غرض محبت کو ظاہر کرتا ہے۔

دعوت کی اُٹھانے صلیب (3)

یسوع نے اپنے پیروکاروں سے مطالبہ کیا کہ وہ بھی اس کی طرح اپنی خودی سے انکار کریں:

"جان اپنی خاطر میری جو اور ،گا کھوئے اُسے وہ چاہے بچانا جان اپنی جو گا کھوئے اُسے وہ گا بچائے" (لوقا 9:24)۔

یہ آیت ایک واضح پیغام ہے کہ حقیقی پیروی قربانی اور بے غرضی کے بغیر ممکن نہیں۔

---

4. برکت ابدی کی غرضی بے – نتیجہ

یسوع کی بے غرض محبت کا نتیجہ یہ نکلا کہ اسے ہر نام سے برتر نام ملا:

"اس لیے خدا نے اسے بہت سربلند کیا اور اسے وہ نام بخشا جو سب ناموں سے اعلیٰ ہے" (فلپیوں 2:9)۔

یہ ایک اصولی حقیقت ہے کہ جو شخص بے غرضی کا مظاہرہ کرتا ہے، خدا اسے سربلند کرتا ہے۔

خلاصہ

1. **اس پر صلیب ثبوت بڑا سے سب کا غرضی بے کی یسوع ہے قربانی کی** (فلپیوں 2:6-8)۔
2. **اس کی زندگی خدمت اور عاجزی کی عملی مثال تھی** (متی 20:28، یوحنا 13:5)۔
3. **اس نے اپنے پیروکاروں کو بھی بے غرضی کا حکم دیا** (متی 5:44، یوحنا 13:34)۔
4. **بے غرضی کا آخری انعام خدا کی حضوری اور جلال ہے** (فلپیوں 2:9)۔

پس، ہمیں مسیح کی بے غرضی کو اپنی زندگی کا اصول بنانا چاہیے، کیونکہ
1) "ہے بڑی سے سب میں باتوں سب محبت" یہی حقیقی مسیحی زندگی کا معیار ہے۔
کرنتھیوں 13:13)۔

پہنچایا تک صلیب اسے نے محبت ـ قربانی :اول باب

گناہگار ابھی ہم جب کہ ہے کرتا ظاہر یوں پر ہم خوبی کی محبت اپنی خدا لیکن"
(5:8 رومیوں) **"موا خاطر ہماری مسیح تو تھے ہی**

تعارف

یسوع مسیح کی محبت کا سب سے بلند ترین مظہر اس کی **قربانی** ہے۔ بائبل کے مطابق، مسیح کی موت محض ایک حادثہ نہیں بلکہ خدا کے ازلی منصوبے کا حصہ تھا۔ اس کی محبت ایسی بے لوث تھی کہ اس نے **کی** تھی، جس کا مقصد **انسانیت نجات** **خاطر** صلیب پر دے دیا، جیسا کہ یوحنا 10:11 میں لکھا **کی انسانوں** خود کو **گناہگار** ہے:

"میں اچھا چرواہا ہوں، اچھا چرواہا بھیڑوں کے لیے اپنی جان دیتا ہے۔"

مسیح کی قربانی کو سمجھنے کے لیے ہمیں بائبل میں "قربانی" کے تصور کو گہرائی سے دیکھنا ہوگا، جو عہدِ عتیق کی قربانیوں سے شروع ہو کر عہدِ جدید میں **یسوع کی مکمل** **قربانی** میں اپنی تکمیل پاتا ہے۔

---

1. منظر پس بائبلی کا قربانی

(1) میں عتیق عہدِ تصور کا قربانی

پرانے عہدنامہ میں قربانی خدا کے ساتھ تعلق بحال کرنے کا ایک ذریعہ تھی۔
احبار 17:11 میں خدا فرماتا ہے:

"کیونکہ جسم کی جان خون میں ہے، اور میں نے اسے قربان گاہ پر تمہارے لیے مقرر کیا ہے تاکہ تمہاری جانوں کا کفارہ ہو۔"

یہ قربانیاں گناہ کے کفارے کے لیے دی جاتی تھیں، لیکن یہ ہمیشہ کے لیے گناہ کو مٹانے کی طاقت نہیں رکھتی تھیں۔

(2) گوئیاں پیشین ـ اعلان کا قربانی کی مسیح

انبیاء کے یسوع مسیح کی قربانی پہلے سے ہی **ذریعے** پیشین گوئیوں میں بیان کی گئی تھی۔ یسعیاہ 53:5-6 میں لکھا ہے:

"لیکن وہ ہماری خطاؤں کے سبب سے گھائل کیا گیا اور ہماری بدکرداریوں کے باعث کچلا گیا۔ ہماری ہی سلامتی کے لیے اس پر سیاست ہوئی تاکہ اس کے مار کھانے سے ہم شفا پائیں۔"

یہاں Strong's Concordance کے مطابق:

- یعنی (daka – Strong's H1792) "דָּכָא" - **"گیا کچلا"**

کرنا۔ سامنا کا تکلیف اور اذیت شدید

- یعنی (musar – Strong's H4148) "מוּסָר" - **"ہوئی سیاست"**

یعنی **سزا اور تربیت** جو دوسروں کی بھلائی کے لیے دی جاتی ہے۔
یہ الفاظ واضح کرتے ہیں کہ مسیح نے ہماری جگہ **اذیت** اور **درد** برداشت کیا
تاکہ ہم نجات پا سکیں۔

کفارہ حتمی – قربانی صلیبی کی مسیح .2

اظہار کا محبت کی خدا (1)

رومیوں 5:8 میں لکھا گیا:

''موا خاطر ہماری مسیح تو تھے ہی گناہگار ابھی ہم جب''۔

کی قابلیت یا عمل نیک کسی ہمارے قربانی کی یہ آیت ثابت کرتی ہے کہ **مسیح**
تھی۔ نتیجہ کا محبت کی خدا خالصتاً یہ بلکہ ،تھی نہیں پر بنا

مطلب کا بہانے خون پر صلیب (2)

عبرانیوں 9:22 کے مطابق:

''نہیں معافی بہائے خون بغیر''۔

کے مطابق "خون" کے لیے یونانی لفظ Strong's Concordance یہاں
کی استعمال ہوا ہے، جو خاص طور پر **زندگی** (haima – Strong's G129) **"αἷμα"**
قربانی کے لیے استعمال ہوتا ہے۔

انسانیت تاکہ تھا مطالبہ الٰہی ایک جانا بہایا خون کا یہ ظاہر کرتا ہے کہ **مسیح**
سکے۔ جا کیا آزاد سے بندھنوں کے گناہ کو

تکمیل کی قربانی – الفاظ آخری پر صلیب (3)

یوحنا 19:30 میں یسوع کے آخری الفاظ تھے:

''ہوا تمام'' (Τετέλεσται – tetelestai – Strong's G5055)۔

ادائیگی کے لیے استعمال ہوتا تھا، یعنی مسیح نے گناہ **مکمل کی** یہ لفظ **قرض**
کی قیمت مکمل طور پر ادا کر دی۔

اثر کا اس پر انسانیت – اثرات کے قربانی .3

معافی کی گناہ (1)

کے ہمیشہ کو گناہوں ہمارے یسوع کی قربانی کا سب سے بڑا اثر یہ ہے کہ یہ
ہے۔ عبرانیوں 10:10 میں لکھا گیا **دیتی مٹا لیے**:

بار ہی ایک کے جسم کے مسیح یسوع سے سبب کے مرضی اسی ہم اور''
''ہیں گئے کیے مقدس سے وسیلے کے ہونے قربان۔

کی قربانی کسی مزید بعد کے اس اور ہے ابدی قربانی یہ ظاہر کرتا ہے کہ یہ نہیں۔ ضرورت

(2) صلح ساتھ کے خدا

رومیوں 5:1 کہتا ہے:

"پس جب ہم ایمان سے راستباز ٹھہرے تو خدا کے ساتھ صلح رکھیں اپنے خداوند یسوع مسیح کے وسیلے سے"۔

(3) فتح پر موت

مسیح کی قربانی موت پر فتح کا اعلان ہے۔ 1 کرنتھیوں 15:55 میں لکھا ہے:

"اے موت! تیری فتح کہاں رہی؟ اے موت! تیرا ڈنک کہاں رہا؟"

مسیح کے جی اٹھنے کے سبب سے ہم موت کے خوف سے آزاد ہو گئے ہیں۔

---

4. ہماری ذمہ داری – مسیح کی قربانی کے مطابق زندگی گزارنا

(1) اپنی زندگی خدا کے لیے وقف کرنا

رومیوں 12:1 میں پولس رسول فرماتے ہیں:

"پس اے بھائیو! میں تم سے خدا کی رحمتیں یاد دلا کر التماس کرتا ہوں کہ اپنے بدن ایسی قربانی ہونے کے لیے پیش کرو جو زندہ، پاک، اور خدا کو پسندیدہ ہو"۔

(2) محبت میں چلنا

افسیوں 5:2 کہتا ہے:

"اور محبت میں چلو جیسے مسیح نے بھی تم سے محبت رکھی اور ہمارے واسطے اپنے آپ کو خوشبو کی طرح خدا کے حضور قربانی کر دیا"۔

(3) صلیب کو روزانہ اُٹھانا

لوقا 9:23 میں مسیح فرماتے ہیں:

"جو کوئی میرے پیچھے آنا چاہے وہ اپنی خودی کا انکار کرے، روزانہ اپنی صلیب اُٹھائے اور میرے پیچھے ہو لے"۔

یہ ہماری روحانی ذمہ داری ہے کہ ہم بھی مسیح کے نقشِ قدم پر چلیں۔

نتیجہ – ابدی قربانی کی برکات

مسیح کی قربانی کے ذریعے ہمیں:

1. **گناہ سے آزادی ملی** (عبرانیوں 10:10)۔

2. **ملی ضمانت کی زندگی ابدی** (3:16 یوحنا)-
3. **ہوئی حاصل فتح پر موت** (1 کرنتھیوں 15:55)-

بات آخری:

معراج ہے، اور یہ ہمیں دعوت دیتی ہے کہ **کی** یسوع مسیح کی قربانی **محبت کریں**۔ وہ محبت جو صلیب تک لے گئی، آج **قربان لیے کے خدا کو زندگی** ہم بھی **اپنی اس کہ رکھی محبت ایسی سے دنیا نے خدا"** بھی ہم سب کے لیے نجات کا پیغام ہے۔ **ہمیشہ بلکہ ہو نہ ہلاک ،لائے ایمان پر اس کوئی جو تاکہ ،دیا بخش بیٹا اکلوتا اپنا نے** (یوحنا 3:16)- **"پائے زندگی کی**

،محبت ،نجات ابدی قربانی کی یہ باب مکمل طور پر ظاہر کرتا ہے کہ **مسیح** ہے۔ **تکمیل کی منصوبے کے خدا اور**

محبت الٰہی اور خون کا مسیح :(جاری) اول باب

تمہارے پر گاہ قربان اسے نے میں اور ،ہے میں خون جان کی جسم کیونکہ"
لیے مقرر کیا ہے تاکہ تمہاری جانوں کا کفارہ ہو" (احبار 17:11)

---

1. تعلق الٰہی کا محبت اور خون – تعارف

(Blood) **"خون"** مسیح کی قربانی کو مکمل طور پر سمجھنے کے لیے ہمیں کے گہرے روحانی تعلق کو دیکھنا ہوگا۔ بائبل واضح کرتی ہے (Love) **"محبت"** اور **سے سب کا** (یوحنا 15:13)، اور **قربانی "ہے قربانی مثال بڑی سے سب کی محبت"** کہ ہے۔ **بہانا خون مظہر بڑا**

عبرانیوں 9:22 میں لکھا گیا ہے:
"نہیں معافی بہائے خون بغیر"-

بہائے دَم یہ اصول عہدِ عتیق کی قربانیوں میں بھی نظر آتا ہے، جہاں **بغیر تھی**۔ مسیح نے یہی الٰہی اصول پورا کرتے ہوئے اپنا خون **نہ ممکن معافی کی گناہ کسی سکیں۔ کر حاصل نجات لیے کے ہمیشہ خاطر** بہایا، تاکہ **ہم ہماری بڑی سے سب کی محبت** یہ قربانی محض ایک تاریخی واقعہ نہیں بلکہ **الٰہی مثال** ہے، جس کے اثرات ہر زمانے کے ایمانداروں پر قائم رہیں گے۔

---

2. اظہار کا محبت الٰہی – طاقت کی خون کے مسیح

کی (Atonement) کفارہ میں خون کے مسیح (1) طاقت

پرانے عہدنامے میں خدا نے گناہ کے کفارے کے لیے خون کی قربانی کا اصول دیا تھا:

"تمہارے پر گاہ قربان اسے نے میں اور ،ہے میں خون جان کی جسم کیونکہ
(احبار 17:11)۔ "ہو کفارہ کا جانوں تمہاری تاکہ ہے کیا مقرر لیے
قربانی میں پورا ہوا، کیونکہ اس نے اپنا خون بہا حتمی کی یہ اصول مسیح
:دیا۔ عبرانیوں 9:12 میں لکھا گیا کر ادا کفارہ کا گناہ لیے کے کر ہمیشہ
پاک بار ہی ایک سے خون ہی اپنے بلکہ نہیں سے خون کے بچھڑوں اور بکرے اور"
۔"لی کر حاصل نجات ابدی کر ہو داخل میں مکان

Strong's Concordance میں "کفارہ" **(Atonement)** تجزیہ کا:

- "כָּפַר" (Kaphar – Strong's H3722) یعنی کسی کے گناہوں کو ڈھانپ دینا، اس کے بدلے میں فدیہ دینا۔
- یونانی میں "ἱλαστήριον" (Hilasterion – Strong's G2435) یعنی قربانی کے ذریعے صلح کروانے والی محبت۔

تھا، جو ہر کفارہ ابدی اور مکمل ایک خون کا یہ واضح کرتا ہے کہ مسیح
ہے۔ کافی لیے کے دینے نجات کو گناہگار

طاقت کی معافی میں خون کے مسیح (2)

افسیوں 1:7 کہتا ہے:
"معافی کی گناہوں یعنی مخلصی سے وسیلے کے خون کے اس میں اس کو ہم
۔"ہوئی حاصل موافق کے دولت کی فضل کے اس
ممکن معافی کی گناہوں بغیر کے خون کے یہ آیت ظاہر کرتی ہے کہ مسیح
بہایا بار ہی نہیں۔ پرانے عہدنامہ میں ہر سال کفارہ دینا پڑتا تھا، لیکن مسیح کا خون ایک
ہے (عبرانیوں 10:14)۔ کافی لیے کے ہمیشہ یہ اور گیا

Strong's Concordance میں "معافی" **(Forgiveness)** تجزیہ کا:

- یونانی میں "ἄφεσις" (Aphesis – Strong's G859) یعنی گناہوں کو مکمل طور پر مٹانا، ان کا کوئی ریکارڈ نہ رکھنا۔
- یہ ظاہر کرتا ہے کہ مسیح کی قربانی کے ذریعے معافی صرف گناہ کو ڈھانپتی نہیں بلکہ اسے مکمل طور پر مٹا دیتی ہے۔

کی (Redemption) نجات میں خون کے مسیح (3) طاقت

مسیح کی محبت کا مقصد صرف گناہ کی معافی نہیں بلکہ ہمیں شیطان، موت
:اور ابدی ہلاکت سے چھڑانا بھی تھا۔ مکاشفہ 5:9 میں لکھا ہے
"کیونکہ تو ذبح کیا گیا اور تو نے اپنے خون سے ہر قبیلہ اور ہر زبان اور ہر امت اور
۔"ہر قوم میں سے خدا کے لیے لوگوں کو خرید لیا

اور ہے کرتا آزاد سے غلامی ہمیں خون کا یہ آیت ثابت کرتی ہے کہ مسیح
ہے۔ کرتا مخصوص لیے کے خدا ہمیں

Strong's Concordance میں "نجات" (Redemption) کا تجزیہ:

- یونانی میں "ἀπολύτρωσις" (Apolytrōsis – Strong's G629) یعنی کسی کو قید سے چھڑانے کے لیے قیمت ادا کرنا۔
- مسیح نے اپنے خون کی قیمت دے کر ہمیں شیطان کے قبضے سے آزاد کرایا۔

---

(4) مسیح کے خون میں تقدیس (Sanctification) کی طاقت

عبرانیوں 13:12 میں لکھا گیا ہے:

"پس یسوع بھی لوگوں کو اپنے خون کے وسیلہ سے مقدس کرنے کے لیے شہر کے دروازے کے باہر دُکھ اُٹھا کر مرا۔"

بلکہ نہیں کرنا معاف گناہ صرف اثر کا خون کے یہ ظاہر کرتا ہے کہ **مسیح**
ہمیں پاک بنانا بھی مقدس تاکہ ہم **زندگی ہے، گزار سکیں۔**

Strong's Concordance میں "تقدیس" (Sanctification) کا تجزیہ:

- یونانی میں "ἁγιασμός" (Hagiasmos – Strong's G38) یعنی **مکمل پاکیزگی، خدا کے لیے مخصوص ہو جانا۔**

مسیح کے یہ ثابت کرتا ہے **خون کے بغیر حقیقی پاکیزگی ممکن** نہیں۔

---

3. مسیح کے خون اور محبت کی عملی تاثیر – ہمیں کیا کرنا چاہیے؟

(1) خون کی قوت پر ایمان لانا

عبرانیوں 10:19 کہتا ہے:

"پس اے بھائیو! جب کہ ہمیں یسوع کے خون کے وسیلے سے پاک مکان میں داخل ہونے کی دلیری حاصل ہے۔"

(2) پاکیزہ زندگی گزارنا

1 یوحنا 1:7 کہتا ہے:

"اگر ہم نور میں چلیں جیسے وہ نور میں ہے تو ہم آپس میں رفاقت رکھتے **ہیں اور اس کے بیٹے یسوع مسیح کا خون ہمیں تمام گناہ سے پاک کرتا ہے۔"**

(3) محبت میں چلنا اور دوسروں کو معاف کرنا

کلسیوں 3:13 کہتا ہے:

-''کرو بھی تم ہی ویسے کیں معاف خطائیں تمہاری نے خداوند جیسے''

کمال کا محبت الٰہی میں خون کے مسیح – نتیجہ

مسیح کے خون میں:

1. -(17:11 احبار) ہے **کفارہ**
2. -(1:7 افسیوں) ہے **معافی**
3. -(5:9 مکاشفہ) ہے **نجات**
4. -(13:12 عبرانیوں) ہے **پاکیزگی**

بات آخری:

دے جان اپنی نے اس کیونکہ ،ہے ثبوت بڑا سے سب کا محبت خون کا مسیح :دی۔ یوحنا 3:16 میں لکھا ہے **نجات** لیے کے ہمیشہ ہمیں کر **کوئی جو تاکہ ،دیا بخش بیٹا اکلوتا اپنا نے اس کہ رکھی محبت ایسی سے دنیا نے خدا'' -''پائے زندگی کی ہمیشہ بلکہ ہو نہ ہلاک ،لائے ایمان پر اس**

،ہے **لاتی بھی قریب کے خدا** یہ محبت نہ صرف ہمیں نجات دیتی ہے بلکہ **ہمیں سکیں۔ بن عکس کا محبت کی اس اور سکیں چل میں پاکیزگی ہم تاکہ**

بخشش اور محبت کی مسیح :دوم باب

کو دوسرے ایک اور آؤ پیش سے مہربانی اور نرمی ساتھ کے دوسرے ایک" معاف کرو جیسے خدا نے بھی مسیح میں تمہیں معاف کیا" (4:32 افسیوں)

تعلق گہرا کا بخشش اور محبت – تعارف **.1**

ایک دوسرے سے جڑے ہوئے (Forgiveness) بائبل میں **محبت** اور **بخشش بخشش** ہے۔ **غرض** ہیں۔ مسیح کی محبت کا سب سے نمایاں پہلو ہے لوقا 23:34 میں مسیح نے صلیب پر دعا کی:

-''ہیں رہے کر کیا کہ جانتے نہیں یہ کیونکہ کر معاف انہیں !باپ اے''

انتہا کو ظاہر کرتے ہیں۔ **کی محبت** اور **بخشش لوٹ بے کی** یہ الفاظ **مسیح**

گناہوں ہمارے خدا کی محبت کی سب سے بڑی علامت یہ ہے کہ اس نے **ہمیں کیا۔** یہی محبت ہم سے بھی تقاضا کرتی ہے کہ ہم دوسروں کو معاف **معاف باوجود کے** ہے۔ **بنیاد کی ایمان مسیحی** کریں، کیونکہ **بخشش**

تعلیمات بائبلی – بخشش اور محبت کی مسیح **.2**

محبت کی خدا – بنیاد کی بخشش کی مسیح (1)

افسیوں 4:2-5 میں لکھا ہے:

"جس سے سبب کے محبت بڑی اپنی ،ہے غنی میں رحمت جو نے خدا لیکن
کے مسیح ہمیں ،تھے مردہ میں قصوروں ہم جب ،رکھی محبت سے ہم نے اس سے
۔"ہو پائے نجات سے ہی فضل تم کیا۔ زندہ ساتھ
ممکن سے وجہ کی محبت کی خدا معافی یہ آیت ثابت کرتی ہے کہ ہماری
پر۔ بنیاد کی عمل کسی ہمارے کہ نہ ،ہوئی

Strong's Concordance میں "بخشش" کا تجزیہ:

- یعنی (Aphesis – Strong's G859) "ἄφεσις" میں یونانی
رکھنا۔ نہ حساب کوئی کا ان ،دینا مٹا پر طور مکمل کو گناہوں
- کہ طرح اس ہے کرتا معاف ہمیں خدا کہ ہے مطلب کا اس
رہتا۔ نہیں باقی ریکارڈ کوئی کا گناہ ہمارے

کفارہ آخری – بخشش مکمل پر صلیب (2)

کلسیوں 2:13-14 میں لکھا ہے:

"اور اس نے تم کو جو اپنے گناہوں اور اپنے جسم کی نامختونی میں مردہ
تھے، اس کے ساتھ زندہ کیا اور ہمارے سب قصور معاف کیے اور ہمارے خلاف وہ
فرمان مٹا دیا جو احکام پر مشتمل اور تھا جو ہمارے مخالف تھا، اور اسے صلیب پر
چڑ دیا"۔

بخشش مکمل ہمیں وسیلے کے خون اور موت کی یہ ثابت کرتا ہے کہ مسیح
گئی۔ دی کر ختم پر صلیب سزا کی گناہوں ہوئی، اور ہمارے حاصل

---

3. مسیح کی محبت اور ہماری ذمہ داری – ہم دوسروں کو کیسے معاف کریں؟

(1) دوسروں کو معاف کرنا ضروری ہے

متی 6:14-15 میں مسیح نے فرمایا:

"اگر تم لوگوں کے قصور معاف کرو گے تو تمہارا آسمانی باپ بھی تمہیں
معاف کرے گا۔ لیکن اگر تم لوگوں کے قصور معاف نہ کرو گے تو تمہارا باپ بھی
تمہارے قصور معاف نہ کرے گا"۔

کو دوسروں ہم کہ ہے پر شرط اسی معافی اپنی یہ ثابت کرتا ہے کہ ہماری
کریں۔ معاف

Strong's Concordance میں "قصور" (Trespasses) کا تجزیہ:

- "παράπτωμα" میں یونانی (Paraptōma – Strong's
G3900) یعنی کسی کو نقصان پہنچانا یا کسی کے خلاف خطا کرنا۔
- اس کا مطلب ہے کہ ہمیں صرف بڑے گناہوں کو نہیں بلکہ
ہر چھوٹی اور بڑی خطا کو بھی معاف کرنا چاہیے۔

(2) بخشش اور محبت سے دشمنوں

متی 5:44 میں مسیح فرماتے ہیں:

"کرو دعا لیے کے والوں ستانے اپنے اور رکھو محبت سے دشمنوں اپنے"۔
شکل کو بیان کرتی ہے۔ سچا مسیحی وہی **اعلیٰ سے سب کی** یہ آیت **بخشش**
ہے۔ مانگتا برکت لیے کے ان اور ہے کرتا معاف بھی کو دشمنوں ہے جو اپنے

(3) لا محدود بخشش - پطرس کا سوال اور مسیح کا جواب

متی 18:21-22 میں پطرس نے یسوع سے پوچھا:

"اے خداوند! اگر میرا بھائی میرے خلاف گناہ کرے تو میں اسے کتنی بار معاف کروں؟ کیا سات بار تک؟"

یسوع نے جواب دیا:

"میں تجھ سے یہ نہیں کہتا کہ سات بار بلکہ ستر بار سات بار"۔

بار بار ہمیں ،ہوتی نہیں حد کوئی کی **بخشش** یہ ظاہر کرتا ہے کہ **مسیحی**
چاہیے۔ کرنا معاف کو دوسروں

Strong's Concordance میں **"بار سات بار ستر" کا تجزیہ:**

- یونانی میں "ἑβδομηκοντάκις ἑπτά" (Hebdomēkontakis hepta – Strong's G1441, G2033) یعنی **لامحدود بار، بغیر گنتی کیے۔**
- مسیح نے یہ نہیں کہا کہ صرف 490 بار معاف کرو، بلکہ ہر **بار معاف کرو۔**

4. عملی زندگی میں مسیح کی بخشش کو کیسے اپنائیں؟

(1) دل کی سختی کو ترک کریں

افسیوں 4:31-32 کہتا ہے:

"سب کڑواہٹ، غضب، غصہ، شور و غل اور سب بدگوئی اور بدخواہی سمیت تم سے دور کی جائے۔ اور ایک دوسرے کے ساتھ نرمی اور مہربانی سے پیش آؤ اور ایک دوسرے کو معاف کرو جیسے خدا نے بھی مسیح میں تمہیں معاف کیا"۔

(2) بغیر کسی شرط کے معاف کریں

لوقا 6:37 میں لکھا ہے:

-.''گا جائے کیا معاف بھی تمہیں تو کرو معاف کو دوسروں''

دعا لیے کے دوسروں اور مانگیں معافی میں دعا (3) کریں

:متی 24-5:23 میں مسیح فرماتے ہیں

''تیرے کہ آئے یاد تجھے وہاں اور ہو رہا جا چڑھانے نذر اپنی پر گاہ قربان تو اگر پس'' دے چھوڑ سامنے کے گاہ قربان وہیں نذر اپنی تو ،ہے شکایت کچھ سے تجھ کو بھائی -.''چڑھا نذر اپنی کر آ پھر اور کر صلح سے بھائی اپنے کر جا پہلے اور

---

5. اہمیت کی معافی اور محبت کی مسیح – نتیجہ

1. **دی جان پر صلیب نے مسیح کیونکہ ملی معافی ہمیں** (2:13-14 کلسیوں)-
2. **متی) کرے معاف ہمیں خدا تاکہ کریں معاف کو دوسروں ہم** 6:14-15)-
3. **متی) چاہیے کرنا معاف بار ہر ہمیں ،نہیں حد کوئی کی معافی** 18:21-22)-
4. **افسیوں) نہیں ممکن زندگی مسیحی حقیقی بغیر کے معافی** 4:31-32)-

بات آخری:

ہے، اور سب سے بڑا عمل عمل بلکہ نہیں احساس مسیح کی محبت صرف **ہوگا اپنانا کو محبت کی بخشش ہے۔ اگر ہم حقیقی مسیحی بننا چاہتے ہیں، تو ہمیں مسیح** **ہیں۔ محتاج کے معافی بھی خود ہوگا، کیونکہ ہم کرنا معاف کو سب اور**

جیسا کہ پولس رسول فرماتے ہیں:

کرے۔ معاف کو دوسرے ایک ،ہو رکھتا شکایت کی دوسرے ایک جو اور'' (کلسیوں 3:13)- **''کرو ہی ایسے بھی تم ،کیا معاف تمہیں نے خداوند جیسے**

ہے جو ہر ایماندار کی زندگی میں سب پیغام کا معافی اور محبت کی یہی مسیح سے زیادہ اہمیت رکھتا ہے۔

کلیسیا اور محبت کی مسیح :دوم باب

سے کلیسیا نے مسیح جیسے رکھو محبت سے بیویوں اپنی !شوہرو اے" (5:25 افسیوں) **"دیا دے لیے کے اس کو آپ اپنے اور رکھی محبت**

بنیاد کی کلیسیا اور محبت کی مسیح – تعارف .1

مسیح کی محبت محض انفرادی ایمانداروں کے لیے نہیں بلکہ **کلیسیا** کے لیے
کی بدن اور **اس کا** کو **مسیح** (Church) بھی ایک بنیادی حقیقت ہے۔ بائبل میں **کلیسیا**
دلہن کہا گیا ہے (افسیوں 22:1-23، مکاشفہ 21:9)۔
آپ اپنے اور کی محبت سے کلیسیا نے مسیح" افسیوں 5:25 میں لکھا ہے کہ
دیا دے لیے کے اس کو"۔
محبت کی یہ آیت ثابت کرتی ہے کہ کلیسیا صرف ایک ادارہ نہیں بلکہ **مسیح**
مرکز ہے، جہاں وہ اپنی قربانی، رحمت، اور وفاداری کو ظاہر کرتا ہے۔ **کا**

Strong's Concordance میں "کلیسیا" (Church)

تجزیہ کا:

- میں یونانی "ἐκκλησία" (Ekklesia – Strong's G1577)
جماعت۔ کی ایمانداروں ،گئے بلائے طرف کی خدا جو لوگ وہ یعنی
- بلکہ نہیں عمارت ایک صرف کلیسیا کہ ہے مطلب کا اس
ہے۔ لیا چن سے محبت اپنی نے مسیح جسے ہے گروہ وہ کا ایمانداروں

تعلیمات بائبلی – کلیسیا اور محبت کی مسیح .2

بدن کا مسیح ـ کلیسیا (1)

افسیوں 22:1-23 میں پولس رسول فرماتے ہیں:
"چیزوں سب اسے اور دیا کر نیچے کے قدموں کے اس کو چیزوں سب نے اس اور
جو ہے معموری کی اسی اور ہے بدن کا اس جو دیا دے کو کلیسیا کر ٹھہرا سردار کا
ہے معمور طرح ہر میں سب"۔
یہ آیت ظاہر کرتی ہے کہ:

- **ہے سردار کا کلیسیا مسیح** (Head of the Church)۔
- محبت کی مسیح کو رکن ہر کے جس ،**ہے بدن کا اس کلیسیا**
ہے۔ ملتی قوت سے

دلہن کی مسیح ـ کلیسیا (2)

مکاشفہ 19:7 میں لکھا ہے:
"کی برہ کیونکہ ،دیں جلال اسے اور ہوں شادمان اور کریں خوشی ہم آؤ"
لیا کر تیار کو آپ اپنے نے بیوی کی اس اور پہنچی آ شادی"۔
دلہن کہا گیا ہے، جس سے ظاہر ہوتا ہے کہ **کی (مسیح)** یہاں کلیسیا کو **برہ**
ہے۔ **مانند کی تعلق کے شادی روحانی ایک ساتھ کے کلیسیا محبت کی مسیح**

ہوئی؟ ظاہر کیسے لیے کے کلیسیا محبت کی مسیح **3.**

انتہا کی محبت لیے کے کلیسیا – قربانی پر صلیب (1)

افسیوں 5:25 میں پولس رسول فرماتے ہیں:

"مسیح نے کلیسیا سے محبت رکھی اور اپنے آپ کو اس کے لیے دے دیا"۔

یہ ثابت کرتا ہے کہ:

- ہے۔ مبنی پر قربانی محبت کی مسیح
- دی۔ نجات کو کلیسیا کر دے جان اپنی نے اس

Strong's Concordance میں "دیا دے" (Gave Himself) کا تجزیہ:

- یونانی میں "παραδίδωμι" (Paradidomi – Strong's G3860) یعنی **جان بوجھ کر کسی کے لیے خود کو قربان کر دینا۔**
- اس کا مطلب ہے کہ **مسیح نے اپنی زندگی خود سے کلیسیا کے لیے پیش کی، یہ کوئی مجبوری نہیں تھی بلکہ محبت کا نتیجہ تھا۔**

ہے بناتا پاکیزہ کو کلیسیا مسیح (2)

افسیوں 5:26-27 میں لکھا ہے:

"تاکہ اسے کلام کے ساتھ پانی سے غسل دے کر مقدس کرے اور پاک صاف بنائے، اور اسے ایسا جلالی بنا کر اپنے حضور حاضر کرے کہ وہ بے داغ اور بے چرچِٹ یا کسی ایسی چیز کے بغیر ہو بلکہ مقدس اور بے عیب ہو"۔

یہ ظاہر کرتا ہے کہ:

- **مسیح کلیسیا کو پاک کرتا ہے** (Sanctification)۔
- **اسے بے عیب بناتا ہے** تاکہ وہ آخری دنوں میں اس کے ساتھ جلال میں شریک ہو۔

ہے کرتا شفاعت لیے کے کلیسیا مسیح (3)

عبرانیوں 7:25 میں لکھا ہے:

"پس وہ ان کو بھی جو اس کے وسیلے سے خدا کے پاس آتے ہیں، پوری پوری نجات دے سکتا ہے کیونکہ وہ ہمیشہ زندہ ہے تاکہ ان کی شفاعت کرے"۔

یہ ثابت کرتا ہے کہ **مسیح نہ صرف کلیسیا کا سردار اور نجات دہندہ ہے بلکہ وہ اس کی مسلسل شفاعت بھی کرتا ہے۔**

جواب کے محبت کی مسیح – داری ذمہ کی کلیسیا 4. میں

(1) رہنا تابع کے مسیح

افسیوں 5:24 میں لکھا ہے:

"اپنے میں بات ہر بھی بیویاں ہی ویسے ہے تابع کے مسیح کلیسیا جیسے ہوں تابع کے شوہروں"۔

- اپنی بھی ہمیں ،**چاہیے رہنا تابع کے مسیح کو کلیسیا** جیسے چاہیے۔ گزارنا مطابق کے مرضی کی مسیح کو زندگیوں

(2) چلنا میں محبت کی مسیح

یوحنا 13:34 میں مسیح فرماتے ہیں:

"تم نے میں جیسے رکھو محبت سے دوسرے ایک کہ ہوں دیتا تمہیں میں حکم نیا رکھی محبت سے"۔

- **کرے عکاسی کی محبت کی مسیح** وہ کہ چاہیے کو کلیسیا **رکھیں۔ محبت میں آپس ایماندار اور**

(3) فرمانبرداری کی حکم کے مسیح

متی 28:19-20 میں لکھا ہے:

"روح اور بیٹے اور باپ کو ان اور بناؤ شاگرد کو قوموں سب اور جاؤ تم پس جن کریں عمل پر باتوں سب ان کہ دو تعلیم یہ انہیں اور ،دو بپتسمہ سے نام کے القدس دیا حکم تمہیں نے میں کا"۔

- **کرنی منادی کی انجیل مطابق کے حکم کے مسیح** کو کلیسیا ہے۔

تعلق ابدی کا کلیسیا اور محبت کی مسیح – نتیجہ 5.

1. **کلیسیا مسیح کا بدن ہے اور وہ اس کا سردار ہے** (افسیوں 1:22-23)۔
2. **کلیسیا مسیح کی دلہن ہے اور وہ اس سے بے پناہ محبت کرتا ہے** (مکاشفہ 19:7)۔
3. **مسیح نے کلیسیا کے لیے خود کو قربان کر دیا تاکہ وہ نجات پا سکے** (افسیوں 5:25)۔

4. **لیے کے اس ہمیشہ اور ہے بناتا پاکیزہ کو کلیسیا مسیح**
-(7:25 عبرانیوں) **ہے کرتا شفاعت**

5. **کی اس ،رہے تابع کے مسیح وہ کہ ہے داری ذمہ کی کلیسیا**
-(28:19-20 متی) **کرے فرمانبرداری کی اس اور ،چلے میں محبت**

بات آخری:

ہے۔ مظہر عملی کا محبت کی مسیح بلکہ نہیں جماعت ایک محض کلیسیا کا جلال ابدی ساتھ کے بنایا، اور اس خریدا، پاکیزہ سے محبت مسیح نے اسے **اپنی کیا۔ وعدہ**

جیسا کہ پولس رسول فرماتے ہیں:

افسیوں) **"ہوں کہتا نسبت کی کلیسیا اور مسیح میں لیکن ،ہے عظیم راز یہ"**
5:32)-

ہے، جو ہر ایماندار کے لیے **پیغام ابدی کا کلیسیا اور محبت کی** یہی **مسیح ہے۔ بنتا سبب کا جلال اور ،برکت ،ہدایت**

مصیبت اور محبت کی مسیح :سوم باب

نہیں مقابل کے جلال اس درد دکھ کے زمانہ اس کہ ہوں کرتا یقین میں کیونکہ"
(8:18 رومیوں) **"ہے والا ہونے ظاہر پر ہم جو**

تعلق باہمی کا مصیبت اور محبت – تعارف .1

میں آپس مصیبت اور مسیحی ایمان کی ایک منفرد خصوصیت یہ ہے کہ **محبت ہیں۔** عام انسانی نقطۂ نظر سے محبت سکون، خوشی، اور کامیابی کی **ہوئے جُڑے ،تکلیف ،قربانی محبت** علامت سمجھی جاتی ہے، لیکن بائبل ہمیں سکھاتی ہے کہ **سچی ہے۔ ہوتی ثابت ذریعے کے آزمائش اور**

نے اس بلکہ ،تھی نہیں اظہار کا جذبات یا الفاظ یسوع مسیح کی محبت **محض کیا ثابت میں مصیبت کو محبت اپنی:**

ابھی ہم جب کہ ہے کرتا ظاہر یوں پر ہم خوبی کی محبت اپنی خدا لیکن"
(رومیوں 5:8)- **"موا خاطر ہماری مسیح تو تھے ہی گناہگار**

ظاہر میں مصیبت کی اس انتہا کی محبت کی یہ آیت واضح کرتی ہے کہ **مسیح ہوئی۔**

تعلیمات بائبلی – مصیبت میں محبت کی مسیح .2

معراج کی محبت – مصیبت صلیبی کی مسیح (1)

کیا۔ ثابت ذریعے کے قربانی پر صلیب کو محبت یسوع مسیح نے **اپنی**
یسعیاہ 5-53:3 میں لکھا ہے:

لوگ اور ،تھا آشنا کا رنج اور غمناک مردِ ،مردود و حقیر میں آدمیوں وہ''
نہ قدر کچھ کی اس نے ہم اور گیا سمجھا حقیر وہ تھے۔ موڑتے منہ گویا سے اس
کے بدکرداریوں ہماری اور گیا کیا گھائل سے سبب کے خطاؤں ہماری وہ لیکن جانی۔
کھانے مار کے اس تاکہ ہوئی سیاست پر اس لیے کے سلامتی ہی ہماری گیا۔ کچلا باعث
''پائیں شفا ہم سے۔

پہلو نظر آتے ہیں **مختلف** کے یہاں ہمیں مسیح کی محبت میں موجود **مصیبت**:

- **"غمناک مردِ"** – (Strong's Concordance: "מַכְאוֹב" – Mak'ob – Strong's H4341) یعنی **مسلسل غم اور دکھ کو برداشت کرنے والا۔**
- **"گیا کچلا"** – (Strong's Concordance: "דָּכָא" – Daka – Strong's H1792) یعنی **شدید اذیت اور توہین کو برداشت کرنا۔**

قربانی اور درد اپنے گواہی کی محبت اپنی نے یہ واضح کرتا ہے کہ **مسیح** **دی۔ ذریعے کے**

علامت کی محبت – قدمی ثابت میں مصیبت (2)

وہ ،ہے کرتا **محبت سے** اس مسیح نے اپنے پیروکاروں کو بھی سکھایا کہ **جو گا۔ کرے قبول کو مصیبت**

لوقا 9:23 میں مسیح نے فرمایا:

روزانہ اور کرے انکار کا خودی اپنی تو چاہے آنا پیچھے میرے کوئی اگر''
لے ہو پیچھے میرے اور اُٹھائے صلیب اپنی''۔

یہ آیت ظاہر کرتی ہے کہ:

- **مصیبت** بھی ہمیں ،لیے کے دینے **جواب کا محبت کی مسیح** ہوگا۔ **کرنا قبول کو**
- **اپنی** بھی ہم کہ ہے **مطلب کا چلنے ساتھ کے مسیح** کریں۔ **برداشت خاطر کی اس کو آزمائشوں**

---

3. کی محبت میں مصیبت اور پیروکار کے مسیح آزمائش

ہے لاتی قریب کے مسیح ہمیں مصیبت (1)

فلپیوں 3:10 میں پولس رسول فرماتے ہیں:

میں دکھوں کے اس اور کو قدرت کی اٹھنے جی کے اس اور اسے میں تاکہ''
شریک ہونے کو معلوم کروں اور اس کی موت سے مشابہت پیدا کروں''۔

محبت کی اس ہونا شریک میں دکھوں کے یہ آیت واضح کرتی ہے کہ **مسیح** **ہے۔ ذریعہ کا سمجھنے کو**

ہے کرتی مضبوط میں ایمان ہمیں مصیبت (2)

رومیوں 3:5-5 میں لکھا ہے:

سے مصیبت کہ ہیں جانتے ہم کیونکہ ہیں کرتے فخر بھی میں مصیبتوں ہم"
"امید سے پختگی اور ،پختگی سے صبر اور ،ہے ہوتا پیدا صبر۔

اور ہے کرتی مضبوط ہمیں مصیبت میں محبت کی یہ ثابت کرتا ہے کہ **مسیح**
ہے۔ کرتی عطا امید حقیقی ہمیں

Strong's Concordance میں "مصیبت" (Suffering) کا تجزیہ:

- میں یونانی "θλῖψις" (Thlipsis – Strong's G2347)
ایذاء۔ یا ،دباؤ ،آزمائش شدید یعنی
- **کی ایمان جو ہے درد وہ بلکہ نہیں مشکلات عام صرف یہ**
ہے۔ پڑتا کرنا برداشت میں راہ

---

4. میں محبت کی مسیح – داری ذمہ کی ایمانداروں کرنا قبول کو مصیبت

رہنا خوش میں مصیبت (1)

1 پطرس 4:13 میں لکھا ہے:

خوشی قدر اس ہو ہوتے شریک میں مصیبتوں کی مسیح تم قدر جس بلکہ"
"ہو شادمان و خوش نہایت بھی پر ہونے ظاہر کے جلال کے اس تاکہ کرو۔

دینا نہ بدلہ کا بدی اور کرنا محبت سے دشمنوں (2)

متی 5:44 میں مسیح نے فرمایا:

"کرو دعا لیے کے والوں ستانے اپنے اور رکھو محبت سے دشمنوں اپنے"۔

کرنا شکرگزاری اور دعا میں آزمائش (3)

1 تھسلنیکیوں 5:16-18 میں لکھا ہے:

کیونکہ کرو شکرگزاری میں بات ہر کرو۔ دعا ناغہ بلا رہو۔ خوش وقت ہر"
"ہے مرضی یہی کی خدا سے تم میں یسوع مسیح۔

اور دعا ہمیں محبت کی مسیح بھی دوران کے یہ ثابت کرتا ہے کہ **مصیبت**
ہے۔ سکھاتی شکرگزاری

---

5. اجر ابدی کا مصیبت اور محبت کی مسیح – نتیجہ

1. **دی تکلیف کر جا لے پر صلیب اسے نے محبت کی مسیح**
(یسعیاہ 53:5)۔

2. کی محبت قدمی ثابت میں مصیبت کہ سکھایا ہمیں نے اس
علامت ہے (لوقا 9:23)-

3. فلپیوں) ہے آزمائش کی محبت ،مصیبت لیے کے ایمانداروں
3:10)-

4. کا جلال ہمیں اور ہے لاتی قریب کے مسیح ہمیں مصیبت
وارث بناتی ہے (1 پطرس 4:13)-

بات آخری:

مطالبہ کا تکلیف اور قربانی محبت اوقات بعض ،لاتی نہیں آسانی ہمیشہ محبت کی، اور وہ ہمیں بھی **برداشت مصیبت سے وجہ کی محبت سے** ہے۔ مسیح نے **ہم کرتی** کریں، کیونکہ **آزمائش قبول کو دکھوں اپنے میں محبت کی اس** دعوت دیتا ہے کہ **ہم** ہے۔ **لیے کے ہمیشہ جلال بعد کے**

جیسا کہ رومیوں 8:18 میں لکھا ہے:

مقابل کے جلال اس درد دکھ کے زمانہ اس کہ ہوں کرتا یقین میں کیونکہ" نہیں **جو ہم پر ظاہر ہونے والا ہے"**-

ابدی جلال لیکن ،ہے وقتی دکھ – ہے پیغام کا مصیبت اور محبت کی یہی **مسیح ہے!**

نہیں ناکام کبھی محبت کی مسیح – استقامت :اول باب ہوتی

"محبت کبھی ختم نہیں ہوتی" (1 کرنتھیوں 13:8)

---

1. محبت کی مسیح اور استقامت – تعارف

ہے۔ سچی (Endurance) محبت کی سب سے منفرد خصوصیت **استقامت** **ہوتی۔ نہیں تبدیل ساتھ کے حالات اور ،پڑتی نہیں کمزور ،ہوتی نہیں ختم کبھی محبت** **استقامت** کے بارے **کی محبت کی** بائبل میں 1 کرنتھیوں 13:8 میں پولس رسول **مسیح** میں لکھتے ہیں:

"محبت کبھی ختم نہیں ہوتی"-

ہے۔ وہ نہ صرف ہمیں **محبت والی رہنے قائم** یسوع مسیح کی محبت **ہمیشہ شکست** ہے۔ بائبل **ناقابلِ اور** گناہوں سے بچانے کے لیے آیا بلکہ اس کی محبت **ابدی** **،پڑتی نہیں ماند کبھی محبت کی** میں بے شمار مقامات پر یہ تعلیم دی گئی ہے کہ **مسیح** ہوں۔ **بھی کچھ حالات چاہے**

استقامت کی محبت کی مسیح – تعلیمات بائبلی .2

ہے ازلی محبت کی مسیح (1)

:یرمیاہ 31:3 میں خدا فرماتا ہے

پر تجھ شفقت اپنی نے میں لیے اس ،رکھی محبت ابدی سے تجھ نے میں" ".رکھی قائم

:یہ ثابت کرتا ہے کہ

- **ہے۔ ازلی بلکہ نہیں محدود محبت کی مسیح**
- **ہوتی۔ نہیں کمزور ساتھ کے حالات یا وقت محبت یہ**

Strong's Concordance میں "ابدیت" (Everlasting) کا تجزیہ:

- **قائم ہمیشہ جو** یعنی (Olam – Strong's H5769) **"עוֹלָם"** **ہو۔ باہر سے حد کی وقت جو ،رہے**
- **بلکہ نہیں عارضی طرح کی محبت انسانی محبت کی مسیح ہے۔ لیے کے ہمیشہ**

ہے رہتی قائم بھی میں مصیبت محبت کی مسیح (2)

:رومیوں 8:35 میں پولس رسول سوال کرتے ہیں

ننگا یا ،کال یا ،ظلم یا ،تنگی یا ،مصیبت گا؟ کرے جدا سے محبت کی مسیح ہمیں کون" "تلوار؟ یا ،خطرہ یا ،پن

:یہ آیت واضح کرتی ہے کہ

- **کر نہیں الگ سے محبت کی مسیح ہمیں چیز کوئی کی دنیا سکتی۔**
- **ہے۔ رہتی قائم بھی میں وقت مشکل محبت یہ**

Strong's Concordance میں "مصیبت" (Tribulation) کا تجزیہ:

- **شدید** یعنی (Thlipsis – Strong's G2347) **"θλῖψις"** **آزمائشیں۔ اور ،پریشانیاں ،مشکلات**
- **ٹوٹتی۔ نہیں بھی میں حالات سب ان محبت کی مسیح**

ہے رہتی قائم باوجود کے گناہ محبت کی مسیح (3)

:رومیوں 5:8 میں لکھا ہے

ہی گناہگار ابھی ہم جب کہ ہے کرتا ظاہر یوں پر ہم خوبی کی محبت اپنی خدا لیکن" ".موا خاطر ہماری مسیح تو تھے

:یہ ظاہر کرتا ہے کہ

- **نہیں۔ منحصر پر اعمال ہمارے محبت کی مسیح**

- ہمیں بلکہ نہیں چھوڑتی میں حالت ہماری ہمیں محبت یہ ہے۔ بدلتی

ہوتی ظاہر میں وفاداری کی اس محبت کی مسیح (4) ہے

تیموتاؤس 2:13 میں لکھا ہے 2:

"اگر ہم بے وفا ہوں تو بھی وہ وفادار رہے گا، کیونکہ وہ اپنی ذات کا انکار نہیں کر سکتا"۔

یہ آیت ثابت کرتی ہے کہ:

- **انسان بدل سکتا ہے، لیکن مسیح کی محبت تبدیل نہیں ہوتی۔**
- **مسیح ہمیشہ وفادار رہتا ہے، چاہے ہم کمزور ہو جائیں۔**

Strong's Concordance میں "وفاداری" (Faithfulness) کا تجزیہ:

- "πιστός" (Pistos – Strong's G4103) یعنی **کسی چیز پر مکمل اعتماد رکھنا، بغیر کسی شک کے وفادار رہنا۔**

---

3. مسیح کی محبت کی استقامت – عملی زندگی میں اس کا اثر

(1) مسیح نے صلیب تک محبت میں استقامت دکھائی

فلپیوں 2:8 میں لکھا ہے:

"اور انسانی صورت میں ظاہر ہو کر اپنے آپ کو پست کر دیا اور موت بلکہ صلیبی موت تک فرمانبردار رہا"۔

یہ ظاہر کرتا ہے کہ:

- **مسیح نے محبت میں ثابت قدمی دکھائی اور صلیب کو برداشت کیا۔**
- **اس کی محبت وقتی جذبات نہیں بلکہ ازلی عہد تھا۔**

---

(2) مسیح مشکل وقت میں بھی محبت نہیں چھوڑتا

عبرانیوں 13:5 میں لکھا ہے:

"میں تجھے کبھی نہ چھوڑوں گا اور نہ کبھی تجھے ترک کروں گا"۔

یہ آیت واضح کرتی ہے کہ:

- **ہماری زندگی میں چاہے جتنی مشکلات آئیں، مسیح ہماری محبت میں قائم رہتا ہے۔**

Strong's Concordance میں "ترک کرنا" (Forsake) کا تجزیہ:

- "ἐγκαταλείπω" (Egkataleipō – Strong's G1459)
یعنی ہمیشہ کے لیے چھوڑ دینا، مکمل نظر انداز کر دینا۔
- مسیح کبھی اپنے لوگوں کو نہیں چھوڑتا۔

---

4. ایمانداروں کی ذمہ داری – مسیح کی محبت میں استقامت سے جینا

(1) ہمیں بھی ثابت قدم محبت رکھنی چاہیے

1 کرنتھیوں 16:14 میں پولس رسول فرماتے ہیں:
"تمہاری سب باتیں محبت سے ہوں۔"
یہ ظاہر کرتا ہے کہ:

- **مسیح کی محبت میں استقامت ہمیں بھی اپنے عمل میں دکھانی چاہیے۔**

---

(2) مشکلات میں بھی محبت نہیں چھوڑنی چاہیے

گلتیوں 6:9 میں لکھا ہے:
"نیک کام کرنے میں ہمت نہ ہارو، کیونکہ ہم ٹھیک وقت پر کاٹیں گے، بشرطیکہ ہم تھک نہ جائیں۔"
یہ آیت ظاہر کرتی ہے کہ:

- **محبت میں استقامت کا مطلب ہے کہ ہم مشکلات میں بھی محبت کرنا نہ چھوڑیں۔**

---

(3) محبت میں خدمت کو ترجیح دینی چاہیے

1 یوحنا 3:18 میں لکھا ہے:
"اے بچو! ہم محبت کو محض باتوں یا زبان سے نہ کریں بلکہ عمل اور سچائی سے کریں۔"
یہ ثابت کرتا ہے کہ:

- **سچی محبت استقامت سے ظاہر ہوتی ہے، محض باتوں سے نہیں۔**

---

5. نتیجہ – مسیح کی محبت کی ابدی استقامت

1. **مسیح کی محبت کبھی ختم نہیں ہوتی کیونکہ یہ ازلی ہے** (یرمیاہ 31:3)۔

سکتے کر نہیں ختم اسے بھی حالات اور ،گناہ ،مصیبتیں 2.
(8:35 رومیوں)-

فلپیوں) ہے قائم بھی آج اور ہوئی ثابت پر صلیب محبت یہ 3.
2:8)-

رہیں قدم ثابت میں محبت بھی وہ کہ چاہیے کو ایمانداروں 4.
(6:9 گلتیوں)-

بات آخری:

سے مشکلات اور ،وقت ،حالات یہ کہ ہے یہ نشانی بڑی سے سب کی محبت متاثر نہ ہو۔ نہیں ترک کبھی ہمیں اور ،پڑتی نہیں کمزور کبھی ،ہے رہتی قائم مسیح کی محبت **ہمیشہ کرتی۔**

جیسا کہ پولس رسول فرماتے ہیں:

(1 کرنتھیوں 13:8)۔ **"ہوتی نہیں ختم کبھی محبت"**

ہمیشہ ،والی رہنے قائم ہمیشہ – ہے پیغام کا استقامت کی محبت کی یہی **مسیح محبت والی ہونے نہ ناکام کبھی اور ،وفادار!**

ہے لیے کے سب محبت کی مسیح – شمولیت :اول باب

بخش بیٹا اکلوتا اپنا نے اس کہ رکھی محبت ایسی سے دنیا نے خدا کیونکہ" دیا ،تاکہ جو کوئی اس پر ایمان لائے، ہلاک نہ ہو بلکہ ہمیشہ کی زندگی پائے" (یوحنا 3:16)

---

1. لیے کے سب محبت کی مسیح – تعارف

یسوع مسیح کی محبت کسی خاص قوم، نسل، زبان، یا طبقے تک محدود نہیں **بلکہ ہر انسان کے لیے** ہے۔ بائبل میں **یوحنا 3:16** اس حقیقت کو واضح کرتی ہے **کہ خدا کی محبت پوری دنیا کے لیے ہے، نہ کہ کسی ایک گروہ کے لیے۔**

مسیح کی محبت جامع (Inclusive) ہے، جو ہر گناہگار، ہر کمزور، اور ہر پسے ہوئے فرد کو اپنے دائرے میں شامل کرتی ہے۔

رومیوں 10:12 میں لکھا ہے:

"کیونکہ یہودی اور یونانی میں کچھ فرق نہیں، کیونکہ وہی خداوند سب کا خداوند ہے، اور وہ سب کو برکت دیتا ہے جو اسے پکارتے ہیں"۔

تعلیمات بائبلی – محبت پسند شمولیت کی مسیح **.2**

ہے لیے کے نسل اور قوم ہر محبت کی مسیح (1)

اعمال 35-10:34 میں پطرس رسول فرماتے ہیں:

"اب میں سچ جان گیا کہ خدا کسی کا طرفدار نہیں۔ بلکہ ہر قوم میں جو اس سے ڈرتا ہے اور راستبازی پر عمل کرتا ہے وہ اسے پسند آتا ہے۔"

یہ ثابت کرتا ہے کہ:

- **خدا کسی خاص قوم، نسل، یا زبان کا خدا نہیں، بلکہ ہر قوم کے لوگ اس کے لیے برابر ہیں۔**
- **ہر وہ شخص جو اس سے محبت رکھتا ہے، وہ خدا کے نزدیک مقبول ہے۔**

Strong's Concordance میں "قوم" (Nation) کا تجزیہ:

- یعنی (Ethnos – Strong's G1484) "ἔθνος" میں یونانی **تمام اقوام، ہر رنگ و نسل کے لوگ۔**
- **مسیح کی محبت کسی ایک قوم تک محدود نہیں بلکہ پوری دنیا کے لیے ہے۔**

کیا ختم کو تفریق طبقاتی اور سماجی نے مسیح (2)

لوقا 32-5:31 میں یسوع نے فرمایا:

"تندرستوں کو طبیب کی حاجت نہیں بلکہ بیماروں کو۔ میں راستبازوں کو نہیں بلکہ گناہگاروں کو توبہ کے لیے بلانے آیا ہوں۔"

یہ ظاہر کرتا ہے کہ:

- **یسوع کی محبت ان لوگوں کے لیے بھی ہے جنہیں دنیا نے رد کر دیا۔**
- **اس کی محبت نیک اور بد، امیر اور غریب، ہر ایک کے لیے ہے۔**

کو کمزوروں اور ،بچوں ،عورتوں نے مسیح (3) دی عزت

متی 19:14 میں مسیح نے فرمایا:

"بچوں کو میرے پاس آنے دو اور انہیں منع نہ کرو، کیونکہ آسمان کی بادشاہی ایسوں ہی کی ہے۔"

یہ ثابت کرتا ہے کہ:

- **مسیح کی محبت میں بچے بھی شامل ہیں، جنہیں اُس زمانے میں کم تر سمجھا جاتا تھا۔**

- میں نظر کی دنیا وہ چاہے ،ہے دیتا عزت کو شخص ہر وہ
ہو۔ کمزور

دی تعلیم کی محبت بھی سے دشمنوں نے مسیح (4)

متی 5:44 میں مسیح نے فرمایا:

"اپنے دشمنوں سے محبت رکھو اور اپنے ستانے والوں کے لیے دعا کرو"۔

یہ واضح کرتا ہے کہ:

- **مسیح کی محبت کسی حد تک محدود نہیں، بلکہ یہ دشمنوں تک بھی پہنچتی ہے۔**
- **سچی مسیحی محبت میں کسی کے لیے نفرت کی گنجائش نہیں۔**

---

3. مسیح کے پیروکاروں کی ذمہ داری – شمولیت پسند محبت کو اپنانا

(1) ہم سب برابر ہیں، کوئی برتر یا کمتر نہیں

گلتیوں 3:28 میں پولس رسول فرماتے ہیں:

"اب نہ کوئی یہودی رہا نہ یونانی، نہ کوئی غلام نہ آزاد، نہ کوئی مرد نہ عورت، کیونکہ تم سب مسیح یسوع میں ایک ہو"۔

یہ ثابت کرتا ہے کہ:

- **مسیحی ایمان میں ذات، نسل، یا جنس کی بنیاد پر کوئی تفریق نہیں۔**
- **ہم سب مسیح میں ایک ہیں، اور ہمیں اسی محبت کو اپنانا چاہیے۔**

Strong's Concordance میں "ایک" (One) کا تجزیہ:

- **مکمل** یعنی (Heis – Strong's G1520) "**εἷς**" میں یونانی **اتحاد، تفریق کے بغیر ایک ہونا۔**

---

(2) ہمیں دوسروں کے ساتھ بھی مسیح کی محبت بانٹنی چاہیے

رومیوں 15:7 میں لکھا گیا:

"پس ایک دوسرے کو قبول کرو جیسے مسیح نے بھی تمہیں قبول کیا تاکہ خدا کا جلال ظاہر ہو"۔

یہ ظاہر کرتا ہے کہ:

• جیسے مسیح نے سب کو قبول کیا، ہمیں بھی ویسے ہی سب کو قبول کرنا چاہیے۔

---

(3) کلیسیا ہر کو شخص کے لیے کھلا ہونا چاہیے

یعقوب 2:1-4 میں یعقوب رسول فرماتے ہیں:

"اگر تمہارے عبادت خانہ میں ایک آدمی سونے کی انگوٹھی اور نفیس لباس میں آئے، اور ایک غریب آدمی بھی میلے کپڑوں میں آئے، اور تم اس امیر کو عزت دے کر اچھی جگہ بٹھاؤ، لیکن غریب کو کمتر جانو، تو کیا تم نے تعصب نہیں کیا؟"

یہ آیت کلیسیا کے لیے ایک نصیحت ہے کہ:

• کلیسیا میں کوئی تفریق نہیں ہونی چاہیے، ہر شخص برابر ہے۔

• امیر اور غریب، سب خدا کی نظر میں ایک جیسے قیمتی ہیں۔

---

4. نتیجہ – مسیح کی جامع محبت کا پیغام

1. مسیح کی محبت تمام اقوام، نسلوں، اور طبقات کے لیے ہے (یوحنا 3:16)۔

2. اس کی محبت امیر و غریب، مرد و عورت، اور بچوں سمیت سب کے لیے ہے (گلتیوں 3:28)۔

3. اس نے گناہگاروں کو بلایا، نہ کہ صرف راستبازوں کو (لوقا 5:31-32)۔

4. ہماری ذمہ داری ہے کہ ہم بھی سب کو بغیر تعصب کے محبت دیں (رومیوں 15:7)۔

آخری بات:

مسیح کی محبت کسی ایک قوم، نسل، یا طبقے تک محدود نہیں بلکہ یہ ہر انسان کے لیے ہے۔

مسیح کی یہی محبت کا حقیقی پیغام ہے – ہر ایک کے لیے کھلی محبت، قبولیت، اور نجات!

جیسا کہ مکاشفہ 7:9 میں لکھا ہے:

"پھر میں نے نگاہ کی، اور دیکھتا کیا ہوں کہ ہر قوم، ہر قبیلہ، ہر امت، اور ہر زبان کے لوگ سفید پوشاک میں برہ کے سامنے کھڑے ہیں۔"

مسیح کی یہی شمولیت پسند محبت کا ابدی پیغام ہے!

القدس روح اور محبت کی مسیح :اول باب

وسیلے کے القدس روح محبت کی خدا کیونکہ ،کرتی نہیں شرمندہ امید اور" سے جو ہمیں عطا کیا گیا ہے، ہمارے دلوں میں ڈالی گئی ہے" (رومیوں 5:5)

تعلق کا القدس روح اور محبت کی مسیح – تعارف **.1**

دلوں کے ایمانداروں ذریعے کے القدس یسوع مسیح کی محبت براہِ راست روح **نہیں طاقت ایک ہے**۔ بائبل میں واضح کیا گیا ہے کہ روح القدس **محض ہوتی ظاہر میں ہے۔ کرتی منتقل اور ظاہر کو محبت کی مسیح جو ہے شخصیت تیسری کی خدا بلکہ**

میں لکھا گیا ہے **5:5 رومیوں**:

"خدا کی محبت روح القدس کے ذریعے ہمارے دلوں میں ڈالی گئی ہے۔"

یہ آیت ثابت کرتی ہے کہ:

1. **کرتا زندہ میں دلوں ہمارے کو محبت کی مسیح القدس روح ہے۔**
2. **رہنمائی کی ان اور ہے بخشتی قوت کو ایمانداروں محبت یہ ہے۔ کرتی**

Strong's Concordance میں "محبت" (Love) کا تجزیہ:

- **یعنی (Agape – Strong's G26)** *"ἀγάπη"* **میں یونانی محبت۔ ابدی اور ،مشروط غیر ،الٰہی**
- **میں ایمانداروں ذریعے کے القدس روح جو ہے محبت وہ یہ ہے۔ رہتی جاری**

تعلیمات بائبلی – القدس روح اور محبت کی مسیح **.2**

ہے گواہ کا محبت کی مسیح القدس روح (1)

یوحنا 14:26 میں یسوع نے فرمایا:

"لیکن مددگار یعنی روح القدس، جسے باپ میرے نام سے بھیجے گا، وہ تمہیں سب کچھ سکھائے گا اور جو کچھ میں نے تم سے کہا ہے وہ تمہیں یاد دلائے گا۔"

یہ آیت واضح کرتی ہے کہ:

- **روح القدس مسیح کی تعلیمات کو یاد دلاتا ہے۔**
- **یہ ایمانداروں کو سکھاتا ہے کہ مسیح کی محبت کیسے کام کرتی ہے۔**

Strong's Concordance میں "مددگار" (Comforter) کا تجزیہ:

- یونانی میں "παράκλητος" (Paraklētos – Strong's G3875) یعنی وہ جو ساتھ چلنے والا، تسلی دینے والا، اور رہنمائی کرنے والا ہو۔
- روح القدس مسیح کے کام کو جاری رکھتا ہے اور ایمانداروں کو تقویت دیتا ہے۔

---

(2) روح القدس مسیح کی محبت کے وسیلے سے ایمانداروں کو تبدیل کرتا ہے

2 کرنتھیوں 3:18 میں لکھا ہے:

"اور ہم سب بغیر نقاب کے خداوند کے جلال کو دیکھتے دیکھتے اسی صورت میں ڈھلتے جاتے ہیں، جلال پر جلال، جیسے خداوند کے روح کی طرف سے۔"

یہ ظاہر کرتا ہے کہ:

- روح القدس مسیح کی محبت کو ایمانداروں کے کردار میں ظاہر کرتا ہے۔
- یہ ہمیں مسیح کی مانند بننے میں مدد دیتا ہے۔

Strong's Concordance میں "بدلنا" (Transform) کا تجزیہ:

- **یونانی میں "μεταμορφόω" (Metamorphoō – Strong's G3339) یعنی مکمل اندرونی اور بیرونی تبدیلی۔**

---

(3) روح القدس ہمیں مسیح کی محبت کے مطابق زندہ رکھتا ہے

گلتیوں 5:22-23 میں پولس رسول فرماتے ہیں:

"لیکن روح کا پھل محبت، خوشی، اطمینان، تحمل، مہربانی، نیکی، وفاداری، حلم، اور پرہیزگاری ہے۔"

یہ آیت ظاہر کرتی ہے کہ:

- روح القدس مسیح کی محبت کے تمام پہلوؤں کو ایماندار کی زندگی میں پیدا کرتا ہے۔
- جو لوگ روح القدس کے تابع ہوتے ہیں، وہ محبت اور نیکی میں بڑھتے جاتے ہیں۔

---

3. روح القدس اور مسیح کی محبت کی عملی تاثیر

(1) روح القدس ایمانداروں کو قوت دیتا ہے

اعمال 1:8 میں یسوع نے فرمایا:

"لیکن جب روح القدس تم پر نازل ہو تو تم قوت پاؤ گے."
یہ ثابت کرتا ہے کہ:

- روح القدس ہمیں مسیح کی محبت کو پھیلانے کی طاقت دیتا ہے۔
- یہ قوت ہمیں آزمائشوں میں ثابت قدم رکھتی ہے۔

---

(2) روح القدس ایمانداروں کو مسیح کے ساتھ جوڑتا ہے

رومیوں 8:15 میں لکھا ہے:
"کیونکہ تمہیں غلامی کی روح نہیں ملی کہ پھر خوف میں رہو، بلکہ تمہیں فرزندی کی روح ملی، جس کے وسیلے سے ہم ابا، یعنی اے باپ پکارتے ہیں."
یہ آیت ظاہر کرتی ہے کہ:

- روح القدس ہمیں مسیح کے وسیلے سے خدا کے ساتھ تعلق قائم رکھنے کی قوت دیتا ہے۔
- یہ ہمیں اعتماد دیتا ہے کہ ہم خدا کے فرزند ہیں۔

Strong's Concordance میں "فرزندی" (Adoption) کا تجزیہ:

- یونانی میں "*υἱοθεσία*" (**Huiothesia – Strong's G5206**) یعنی کسی کو قانونی طور پر بیٹا یا بیٹی بنانا۔
- روح القدس ہمیں خدا کے خاندان کا حصہ بناتا ہے اور ہمیں مسیح کے قریب کرتا ہے۔

---

(3) روح القدس ہماری دعاؤں میں ہماری مدد کرتا ہے

رومیوں 8:26 میں لکھا ہے:
"اسی طرح روح بھی ہماری کمزوری میں مدد کرتا ہے، کیونکہ ہم نہیں جانتے کہ ہمیں کیسے دعا کرنی چاہیے، مگر روح خود ہماری شفاعت کرتا ہے."
یہ ثابت کرتا ہے کہ:

- روح القدس ایمانداروں کی دعا کو مسیح کے سامنے پیش کرتا ہے۔
- یہ ہمیں دعا میں تقویت اور رہنمائی دیتا ہے۔

Strong's Concordance میں "شفاعت" (Intercession) کا تجزیہ:

- یونانی میں "*ὑπερεντυγχάνω*" (**Hyperentygchanō – Strong's G5241**) یعنی گہرے طور پر دعا میں سفارش کرنا۔
- یہ ظاہر کرتا ہے کہ روح القدس ایمانداروں کے لیے مسلسل دعا کرتا ہے۔

4. نتیجہ – مسیح کی محبت اور روح القدس کی رہنمائی

1. روح القدس مسیح کی محبت کو ہمارے دلوں میں ڈالتا ہے (رومیوں 5:5)-

2. یہ ہمیں سکھاتا ہے اور مسیح کی تعلیمات کو یاد دلاتا ہے (یوحنا 14:26)-

3. یہ ہمیں مسیح کی مانند بننے میں مدد دیتا ہے (2 کرنتھیوں 3:18)-

4. یہ ہمیں قوت بخشتا ہے تاکہ ہم مسیح کی محبت کو دنیا میں ظاہر کریں (اعمال 1:8)-

5. یہ ہمیں دعا میں مدد دیتا ہے اور خدا سے جوڑتا ہے (رومیوں 8:26)-

آخری بات:

روح القدس مسیح کی محبت کے وسیلے سے ہم پر نازل ہوتی ہے- یہ محبت ہمیں بدلتی ہے، مضبوط کرتی ہے، اور خدا کے قریب لاتی ہے- جیسا کہ یوحنا 16:13 میں یسوع نے فرمایا:

"لیکن جب وہ یعنی سچائی کی روح آئے گی، تو تمہیں ساری سچائی کی راہ دکھائے گی"-

یہی مسیح کی محبت اور روح القدس کا ابدی پیغام ہے – ایک مسلسل رہنمائی، ایک مکمل تبدیلی، اور ایک ابدی قوت!

باب اول: مسیح کی محبت اور نجات

"کیونکہ خدا نے دنیا سے ایسی محبت رکھی کہ اس نے اپنا اکلوتا بیٹا بخش دیا، تاکہ جو کوئی اس پر ایمان لائے، ہلاک نہ ہو بلکہ ہمیشہ کی زندگی پائے" (یوحنا 3:16)

1. تعارف – مسیح کی محبت اور نجات کا بنیادی تعلق

نجات (Salvation) خدا مسیح کی محبت کا سب سے بڑا ثبوت اور اظہار ہے- خدا کی غیر مشروط محبت نے انسانیت کے گناہ کا بوجھ اٹھانے کے لیے یسوع مسیح کو بھیجا- یہ نجات محض ایک انسانی عمل کا نتیجہ نہیں بلکہ صلیب پر قربان ہونے کے لیے خدا کی طرف سے دیا گیا ایک تحفہ ہے-

افسیوں 2:8-9 میں پولس رسول لکھتے ہیں:

"کیونکہ تم ایمان کے وسیلے سے فضل سے ہی نجات پائے ہو، اور یہ تمہاری طرف سے نہیں، بلکہ خدا کی بخشش ہے۔ اور نہ اعمال کے سبب سے، تاکہ کوئی فخر نہ کرے۔"

یہ آیت واضح کرتی ہے کہ:

1. نجات خدا کی محبت کا ایک بے لوث تحفہ ہے۔
2. یہ کسی انسانی نیکی پر نہیں بلکہ صرف مسیح کی قربانی پر مبنی ہے۔

Strong's Concordance میں "نجات" (Salvation) کا تجزیہ:

- یونانی میں "σωτηρία" (Sōtēria – Strong's G4991) یعنی نجات، رہائی، اور ابدی زندگی۔
- یہ نہ صرف گناہ سے آزادی بلکہ خدا کے ساتھ بحال ہونے کا نام ہے۔

---

2. نجات کی ضرورت – گناہ اور اس کے اثرات

(1) تمام انسان گناہ کے باعث نجات کے محتاج ہیں

رومیوں 3:23 میں لکھا ہے:

"اس لیے کہ سب نے گناہ کیا اور خدا کے جلال سے محروم ہیں۔"

یہ ظاہر کرتا ہے کہ:

- کوئی بھی شخص اپنی نیکی سے خدا کے حضور راستباز نہیں ہو سکتا۔
- انسان نے گناہ کو خدا سے دور کر دیا ہے اور نجات کے بغیر کوئی اس کے حضور مقبول نہیں ہو سکتا۔

Strong's Concordance میں "گناہ" (Sin) کا تجزیہ:

- یونانی میں "ἁμαρτία" (Hamartia – Strong's G266) یعنی خدا کے معیار سے چُوک جانا، راستبازی میں ناکام ہونا۔
- یہ وہ بنیادی مسئلہ ہے جس کا حل صرف مسیح کی نجات میں ہے۔

---

3. مسیح کی محبت – نجات کا ذریعہ

(1) مسیح نے صلیب پر نجات مہیا کی

رومیوں 5:8 میں لکھا ہے:

"لیکن خدا اپنی محبت کی خوبی ہم پر یوں ظاہر کرتا ہے کہ جب ہم ابھی گناہگار ہی تھے تو مسیح ہماری خاطر موا۔"

:یہ آیت ثابت کرتی ہے کہ

- ہے۔ مشروط غیر بلکہ نہیں مشروط محبت کی مسیح
- گئی۔ کی مہیا باوجود کے گناہ ہمارے نجات

ہے کفارہ کامل قربانی کی مسیح (2)

:عبرانیوں 9:12 میں لکھا ہے

ایک سے خون ہی اپنے بلکہ نہیں سے خون کے بچھڑوں اور بکرے اور"
۔"لی کر حاصل نجات ابدی کر ہو داخل میں مکان پاک بار ہی

:یہ ثابت کرتا ہے کہ

- **کی مسیح لیکن ،تھیں عارضی قربانیاں کی نامہ عہد پرانے**
ہے۔ کرتی فراہم نجات ابدی قربانی
- **ہے۔ قربانی آخری اور مکمل کفارہ یہ**

Strong's Concordance میں "کفارہ" (Atonement) کا تجزیہ:

- **یونانی میں "ἱλαστήριον" (Hilasterion – Strong's G2435) یعنی گناہ کا مکمل مٹانا اور خدا کے ساتھ صلح کرانا۔**

---

4. ہے؟ ہوتی حاصل کیسے نجات

نجات ذریعے کے ایمان (1)

:رومیوں 10:9 میں لکھا ہے

ایمان سے دل اپنے اور کرے اقرار خداوند کو یسوع سے منہ اپنے تو اگر"
۔"گا پائے نجات تو ،جلایا سے میں مردوں اسے نے خدا کہ لائے

:یہ واضح کرتا ہے کہ

- **سے ایمان بلکہ نہیں سے عمل ظاہری یا رسم کسی نجات**
ہے۔ ہوتی حاصل
- **نجات رکھنا ایمان پر اس سے دل اور ماننا خداوند کو یسوع**
ہے۔ شرط کی

Strong's Concordance میں "ایمان" (Faith) کا تجزیہ:

- **یونانی میں "πίστις" (Pistis – Strong's G4102) یعنی مکمل اعتماد اور خدا کی سچائی پر یقین۔**

نجات ذریعے کے فضل (2)

:افسیوں 2:8 میں پولس رسول فرماتے ہیں

یہ اور ،ہو پائے نجات سے ہی فضل سے وسیلے کے ایمان تم کیونکہ"
۔"ہے بخشش کی خدا بلکہ نہیں سے طرف تمہاری

:یہ آیت واضح کرتی ہے کہ

- اعمال اپنے اسے انسان کوئی ،ہے بخشش کی خدا نجات سکتا۔ کر نہیں حاصل سے

Strong's Concordance میں "فضل" (Grace) کا تجزیہ:

- یونانی میں "χάρις" (Charis – Strong's G5485) یعنی وہ تحفہ جو کسی قابلیت کے بغیر دیا جائے۔

---

5. مسیح کی محبت اور نجات کا عملی اثر

(1) نجات ہمیں نئی زندگی عطا کرتی ہے

2 کرنتھیوں 5:17 میں لکھا ہے:

"پس جو کوئی مسیح میں ہے، وہ نیا مخلوق ہے، پرانی چیزیں جاتی رہیں، دیکھو وہ سب نئی ہو گئیں"۔

یہ ظاہر کرتا ہے کہ:

- مسیح کی محبت ہمیں صرف معاف نہیں کرتی بلکہ ہمیں ایک نئی زندگی عطا کرتی ہے۔
- نجات کے بعد ہمارا تعلق خدا کے ساتھ بحال ہو جاتا ہے۔

---

(2) نجات ہمیں روح القدس کے وسیلے سے تبدیل کرتی ہے

رومیوں 8:11 میں لکھا ہے:

"اور اگر اس کا روح جو یسوع کو مردوں میں سے جلایا تم میں بسا ہوا ہے، تو وہی جو مسیح کو مردوں میں سے جلایا تمہارے فانی بدنوں کو بھی زندہ کرے گا"۔

یہ آیت ثابت کرتی ہے کہ:

- نجات کے بعد روح القدس ہماری زندگی میں کام کرتا ہے۔
- یہ ہمیں راستبازی کی راہ پر لے کر جاتا ہے۔

---

6. نتیجہ – نجات میں مسیح کی محبت کا کمال

1. تمام انسان گناہ کے باعث نجات کے محتاج ہیں (رومیوں 3:23)۔
2. مسیح کی محبت نے نجات کو ممکن بنایا (رومیوں 5:8)۔
3. یہ نجات صلیب پر حاصل ہوئی اور ہمیشہ کے لیے کافی ہے (عبرانیوں 9:12)۔

4. **کہ نہ ،ہے ہوتی حاصل ذریعے کے فضل اور ایمان نجات**
(2:8 افسیوں) سے اعمال-

5. **2) ہے کرتی عطا تعلق نیا ایک ساتھ کے خدا ہمیں نجات**
(5:17 کرنتھیوں)-

بات آخری:

حاصل سے عمل کسی نہ جو بخشی نجات وہ کو مسیح کی محبت نے انسانیت سے۔ قربانی کسی نہ ،تھی سکتی ہو
!تحفہ مشروط غیر اور ،ابدی ،مکمل ایک – ہے پیغام کا نجات اور محبت کی یہی مسیح

جیسا کہ یوحنا 3:16 میں لکھا ہے:

"جو کوئی اس پر ایمان لائے، ہلاک نہ ہو بلکہ ہمیشہ کی زندگی پائے۔"
!ہے دیتی نجات جو محبت وہ – ہے معراج کی محبت کی یہی یسوع

باب اول: مسیح کی محبت اور راستبازی (Justification)

"پس جب ہم ایمان سے راستباز ٹھہرے تو خدا کے ساتھ صلح رکھیں اپنے خداوند یسوع مسیح کے وسیلہ سے" (رومیوں 5:1)

---

1. تعارف – راستبازی (Justification) اور مسیح کی محبت کا تعلق

راستبازی (Justification) نجات کا ایک بنیادی پہلو ہے، جو خدا کی عدالت **اور محبت** کا سب سے بڑا ثبوت ہے۔ یہ عمل **گناہگار کو بے گناہ ٹھہرانا** ہے۔ کیونکہ کوئی انسان اپنی نیکی یا اعمال کے ذریعے راستباز نہیں ٹھہر سکتا، بلکہ یہ **مکمل طور پر خدا کا فضل** ہے جو مسیح یسوع میں ہمیں دیا گیا۔

رومیوں 3:24 میں پولس رسول فرماتے ہیں:

"اور اس کے فضل کے سبب سے اس مخلصی کے وسیلہ سے جو مسیح یسوع میں ہے مفت راستباز ٹھہرائے جاتے ہیں۔"

یہ آیت ثابت کرتی ہے کہ:

1. **راستبازی انسان کے کسی عمل کا نتیجہ نہیں، بلکہ خدا کا فضل ہے۔**

2. **یہ مسیح کی محبت کے ذریعے ممکن ہوئی، جس نے صلیب پر کفارہ دیا۔**

Strong's Concordance میں "راستبازی" (Justification) کا تجزیہ:

- **یونانی میں "δικαίωσις" (Dikaiōsis – Strong's G1347) یعنی قانونی طور پر کسی کو بے گناہ قرار دینا۔**

- مکمل حضور کے خدا بلکہ نہیں معافی کی گناہ صرف یہ ہے۔ قبولیت

کیوں محتاج کا راستبازی انسان – حقیقت کی گناہ **2.** ہے؟

مجرم حضور کے خدا باعث کے گناہ انسان تمام (1) ہیں

رومیوں 3:23 میں لکھا ہے:
"ہیں محروم سے جلال کے خدا اور کیا گناہ نے سب"۔
یہ آیت واضح کرتی ہے کہ:

- **سکتا۔ اتر نہیں پورا پر معیار کے خدا شخص بھی کوئی**
- **راستبازی اور ہے مجرم تحت کے انصاف کے خدا انسان ہر ہے۔ محتاج کا**

Strong's Concordance میں "گناہ" (Sin) کا تجزیہ:

- **یونانی میں "ἁμαρτία" (Hamartia – Strong's G266) یعنی "خدا کے مقرر کردہ راستے سے بھٹک جانا"۔**

نہیں ممکن راستبازی ذریعے کے اعمال (2)

گلتیوں 2:16 میں پولس رسول فرماتے ہیں:
"مسیح یسوع بلکہ نہیں سے اعمال کے شریعت آدمی کہ ہیں جانتے ہم چونکہ ایمان پر لانے سے راستباز ٹھہرتا ہے"۔
یہ ظاہر کرتا ہے کہ:

- **کے کر عمل پر شریعت یا نیکی اپنی شخص بھی کوئی سکتا۔ ٹھہر نہیں راستباز**
- **کہ نہ ،ہے جاتی کی عطا سے وسیلے کے ایمان راستبازی سے۔ کوششوں انسانی**

Strong's Concordance میں "ایمان" (Faith) کا تجزیہ:

- **یونانی میں "πίστις" (Pistis – Strong's G4102) یعنی "کامل یقین اور خدا پر بھروسہ"۔**

---

3. ذریعہ کا راستبازی اور محبت کی مسیح

(1) کی مہیا راستبازی نے قربانی کی مسیح پر صلیب

2 ہے لکھا میں 5:21 کرنتھیوں:

"جو گناہ سے واقف نہ تھا، اسی کو اس نے ہمارے واسطے گناہ ٹھہرایا، تاکہ ہم اس میں ہو کر خدا کی راستبازی بن جائیں۔"

یہ آیت ثابت کرتی ہے کہ:

- مسیح نے ہمارے گناہ اپنے اوپر لے کر ہمیں خدا کے حضور راستباز بنایا۔
- یہ تبادلہ (Exchange) مسیح کی محبت کا سب سے بڑا اظہار ہے۔

Strong's Concordance میں "راستبازی" (Righteousness) کا تجزیہ:

- یونانی میں "δικαιοσύνη" (Dikaiosynē – Strong's G1343) یعنی "خدا کی پاکیزگی میں شامل ہونا"۔

---

(2) مسیح کا خون راستبازی کی بنیاد ہے

رومیوں 5:9 میں لکھا ہے:

"پس جب ہم اس کے خون کے سبب سے اب راستباز ٹھہرے تو اس کے وسیلہ سے غضب سے ضرور بچیں گے۔"

یہ آیت ثابت کرتی ہے کہ:

- نجات اور راستبازی کا ذریعہ مسیح کا خون ہے، نہ کہ کوئی انسانی عمل۔

Strong's Concordance میں "خون" (Blood) کا تجزیہ:

- یونانی میں "αἷμα" (Haima – Strong's G129) یعنی "قربانی کا خون جو گناہ کے کفارہ کے لیے بہایا جائے"۔

---

4. راستبازی کا نتیجہ – مسیحی زندگی پر اس کا اثر

(1) راستبازی ہمیں خدا کے ساتھ صلح عطا کرتی ہے

رومیوں 5:1 میں لکھا ہے:

"پس جب ہم ایمان سے راستباز ٹھہرے تو خدا کے ساتھ صلح رکھیں۔"

یہ ظاہر کرتا ہے کہ:

- راستبازی کے ذریعے ہم خدا کے قریب ہو جاتے ہیں اور اس کے غضب سے بچ جاتے ہیں۔

ہے کرتی عطا زندگی نئی ہمیں راستبازی (2)

رومیوں 6:4 میں لکھا ہے:

"پس جس طرح مسیح مردوں میں سے جی اٹھا، ہم بھی نئی زندگی میں چلیں"۔

یہ ثابت کرتا ہے کہ:

- راستبازی ہمیں ایک نئی، مقدس زندگی گزارنے کی طاقت دیتی ہے۔

---

5. راستبازی کی تعلیم – ہمارا جواب

(1) ایمان کے ذریعے راستبازی کو قبول کرنا

فلپیوں 3:9 میں لکھا ہے:

"اور اس میں پایا جاؤں، نہ اپنی وہ راستبازی جو شریعت سے ہے، بلکہ وہ جو مسیح پر ایمان لانے سے ہے"۔

(2) راستبازی میں بڑھنا اور روح القدس کے مطابق چلنا

رومیوں 8:4 میں لکھا ہے:

"تاکہ شریعت کا حکم ہم میں پورا ہو، جو جسم کے مطابق نہیں بلکہ روح کے مطابق چلتے ہیں"۔

یہ ثابت کرتا ہے کہ:

- راستبازی کا مطلب یہ نہیں کہ ہم گناہ میں جیتے رہیں، بلکہ روح القدس کی رہنمائی میں چلیں۔

---

6. نتیجہ – مسیح کی محبت اور راستبازی کی معراج

1. تمام انسان گناہ میں ہیں اور خدا کے جلال سے محروم ہیں (رومیوں 3:23)۔
2. مسیح کی محبت نے صلیب پر کامل راستبازی مہیا کی (2 کرنتھیوں 5:21)۔
3. یہ راستبازی ایمان کے ذریعے حاصل ہوتی ہے، اعمال سے نہیں (گلتیوں 2:16)۔
4. یہ راستبازی ہمیں خدا کے ساتھ صلح اور نئی زندگی عطا کرتی ہے (رومیوں 5:1)۔

5. روح اور چلیں میں راستبازی وہ کہ چاہیے کو ایمانداروں
القدس کے مطابق زندگی گزاریں (رومیوں 8:4)-

بات آخری:

ہے۔ یہ محض رکھتی قوت کی بنانے راستباز کو مسیح کی محبت گناہگار
مقبولیت ہے۔ حضور کے خدا بلکہ نہیں معافی کی گناہوں
جیسا کہ پولس رسول فرماتے ہیں:
"پس اگر کوئی مسیح میں ہے، تو وہ نیا مخلوق ہے" -(5:17 کرنتھیوں 2)
مسیح یہی کی محبت اور راستبازی کا حتمی پیغام ہے – کامل نجات، مکمل
معافی، اور خدا کے ساتھ ابدی صلح!

باب اول: مسیح کی محبت اور تقدیس (Sanctification)

"کیونکہ یہ خدا کی مرضی ہے کہ تم پاک بنو" (1 تھسلنیکیوں 4:3)

---

1. تعارف – مسیح کی محبت اور تقدیس کا تعلق

تقدیس (Sanctification) خدا کی محبت کا ایک اہم پہلو ہے، جو ایماندار کو گناہ سے جدا کر کے خدا کے لیے مخصوص کرتا ہے۔ یہ صرف گناہ کی معافی نہیں بلکہ مسلسل روحانی ترقی اور پاکیزہ زندگی گزارنے کا عمل ہے۔

عبرانیوں 10:10 میں لکھا ہے:
"اسی مرضی کے سبب سے یسوع مسیح کے جسم کے ایک ہی بار قربان ہونے کے وسیلہ سے ہم مقدس کیے گئے ہیں"۔
یہ آیت ثابت کرتی ہے کہ:

1. تقدیس کا عمل مسیح کی قربانی سے ممکن ہوا۔
2. یہ محض رسمی عمل نہیں بلکہ ایماندار کی مسلسل روحانی ترقی ہے۔

Strong's Concordance میں "تقدیس" (Sanctification) کا تجزیہ:

- یونانی میں "ἁγιασμός" (Hagiasmos – Strong's G38) یعنی "پاکیزہ بننے کا عمل، خدا کے لیے مخصوص ہونا"۔

ہے؟ ضروری کیوں – ضرورت کی تقدیس 2.

مقدس بھی لوگ کے اس لیے اس ،ہے مقدس خدا (1) ہوں

:پطرس 1:15-16 میں لکھا ہے 1

''چال تمام اپنے بھی تم ہی ویسے ،ہے مقدس والا بلانے تمہارا جیسے بلکہ
-''ہوں مقدس میں کیونکہ ،بنو مقدس کہ ہے لکھا کیونکہ ،بنو مقدس میں چلن

:یہ ثابت کرتا ہے کہ

- **ہے۔ عکاسی کی کردار کے خدا تقدیس**
- **چاہیے۔ ہونا شریک میں پاکیزگی کی اس ہمیں**

Strong's Concordance میں "مقدس" (Holy) کا تجزیہ:

- **یعنی (Hagios – Strong's G40) "ἅγιος" میں یونانی**

-"مخصوص لیے کے خدا اور پاک ،گیا کیا الگ"

خدا ہمیں تقدیس ،ہے رکھتا دور سے خدا ہمیں گناہ (2) ہے لاتی قریب کے

:اشعیا 59:2 میں لکھا ہے

''تمہارے اور ،ہیں کرتی جدا سے خدا تمہارے کو تم بدکرداریاں تمہاری لیکن
-''ہیں چھپاتے سے تم کو چہرے کے اس گناہ

:یہ آیت ظاہر کرتی ہے کہ

- **کے خدا ہمیں تقدیس لیکن ،ہے کرتا دور سے خدا ہمیں گناہ ہے۔ لاتی قریب**
- **ہے کرتی آزاد سے غلامی کی گناہ ہمیں محبت کی مسیح گزاریں۔ زندگی پاکیزہ ہم تاکہ**

صلیبی اور محبت کی مسیح – ذریعہ کا تقدیس 3. قربانی

حاصل سے وسیلے کے خون کے مسیح تقدیس (1) ہے ہوتی

:عبرانیوں 13:12 میں لکھا ہے

''لیے کے کرنے مقدس سے وسیلہ کے خون اپنے کو لوگوں بھی یسوع پس
-''مرا کر اُٹھا دُکھ باہر کے دروازہ کے شہر

:یہ ظاہر کرتا ہے کہ

- کے خون کے مسیح بلکہ نہیں کوشش انسانی تقدیس
ہے۔ ہوتی حاصل سے وسیلے

:تجزیہ کا (Blood) "خون" میں Strong's Concordance

- یعنی (Haima – Strong's G129) "*αἷμα*" میں یونانی
"خون والا دینے کفارہ"۔

ہے ہوتی سے وسیلے کے القدس روح تقدیس (2)

:تھسلنیکیوں 2:13 میں لکھا ہے 2

"سچائی اور کرنے پاک کے روح تاکہ لیا چن تمہیں سے ابتدا نے خدا کیونکہ ایمان پر لانے کے وسیلہ سے نجات حاصل کرو"۔

:یہ ثابت کرتا ہے کہ

- ہے۔ کرتا ادا کردار بنیادی میں عمل کے تقدیس القدس روح
- سے گناہ ہم تاکہ ہے کرتا کام مسلسل میں زندگیوں ہماری یہ
ہوں۔ آزاد

:تجزیہ کا (Sanctify) "کرنے پاک" میں Strong's Concordance

- (Hagiazo – Strong's G37) "*ἁγιάζω*" میں یونانی
یعنی "پاک بنانا، خدا کے لیے مخصوص کرنا"۔

اس میں زندگی عملی کی ایماندار – عمل کا تقدیس **4.** اثر کا

چاہیے ہونی ظاہر میں زندگی کی روزمرہ تقدیس (1)

:رومیوں 12:1 میں لکھا ہے

"پس اے بھائیو! میں تم سے خدا کی رحمتیں یاد دلا کر التماس کرتا ہوں کہ اپنے بدن ایسی قربانی ہونے کے لیے پیش کرو جو زندہ، پاک، اور خدا کو پسندیدہ ہو"۔

:یہ آیت ثابت کرتی ہے کہ

- عملی بلکہ نہیں تجربہ روحانی صرف مطلب کا تقدیس
ہے۔ بننا پاکیزہ میں زندگی

ہے بناتی مختلف سے دنیا ہمیں تقدیس (2)

:یوحنا 2:15 میں لکھا ہے 1

"نہ دنیا سے محبت رکھو نہ ان چیزوں سے جو دنیا میں ہیں۔ اگر کوئی دنیا سے محبت رکھے تو اس میں باپ کی محبت نہیں"۔

یہ ظاہر کرتا ہے کہ:

- **الگ سے طریقوں کے دنیا مطلب کا گزارنے زندگی مقدس ہے۔ ہونا**

ہے عمل مسلسل ایک یہ – ترقی میں تقدیس (3)

کرنتھیوں: 7:1 میں لکھا ہے 2

"پس اے عزیزو! جب کہ ہمیں یہ وعدے ملے ہیں، آؤ ہم اپنے آپ کو ہر طرح کی جسمانی اور روحانی ناپاکی سے پاک کریں اور خدا کے خوف میں مقدس ہونے کو کمال تک پہنچائیں"۔

یہ آیت ثابت کرتی ہے کہ:

- **تقدیس ایک جاری عمل ہے، جو ہماری پوری زندگی میں جاری رہتا ہے۔**

5. داری ذمہ کی ایماندار میں تقدیس

رکھنا دور سے گناہ کو خود (1)

تھسلنیکیوں 4:7 میں لکھا ہے 1:

"کیونکہ خدا نے ہمیں ناپاکی کے لیے نہیں بلکہ پاکیزگی کے لیے بلایا ہے"۔

یہ ثابت کرتا ہے کہ:

- **ایمانداروں کو تقدیس کے عمل میں خود بھی حصہ لینا چاہیے۔**

چلنا میں رہنمائی کی القدس روح (2)

گلتیوں 5:16 میں لکھا ہے:

"پس میں کہتا ہوں کہ روح کے موافق چلو تو جسم کی خواہش کو پورا نہ کرو گے"۔

یہ ظاہر کرتا ہے کہ:

- **تقدیس کا مطلب ہے کہ ہم روزانہ روح القدس کی رہنمائی میں چلیں۔**

6. معراج کی تقدیس اور محبت کی مسیح – نتیجہ

1. **خدا نے ہمیں مقدس ہونے کے لیے بلایا ہے** (1 پطرس 1:15-16)۔

2. ہے ہوتی حاصل ذریعے کے خون کے مسیح تقدیس
(عبرانیوں 13:12)-
3. تھسلنیکیوں 2) ہے کرتا مدد ہماری میں تقدیس القدس روح
2:13)-
4. جانا بڑھتے ہمیں میں جس ،ہے عمل مسلسل ایک تقدیس
ہے (2 کرنتھیوں 7:1)-
5. ہے کرنی اختیار پاکیزگی پر طور عملی میں زندگی اپنی ہمیں
(رومیوں 12:1)-

بات آخری:

ترقی بھی میں تقدیس ہمیں بلکہ نہیں والی دینے نجات مسیح کی محبت **محض ہے۔ دیتی**

،ہونا قریب کے خدا ،پاکیزگی – ہے پیغام کا تقدیس اور محبت کی یہی **مسیح چلنا مختلف سے دنیا اور!**

جیسا کہ عبرانیوں 12:14 میں لکھا ہے:

دیکھے نہیں کو خداوند کوئی بغیر کے اس کیونکہ ،چلو پیچھے کے پاکیزگی" گا"۔

تاکہ گزارنا زندگی پاکیزہ – ہے پیغام حقیقی کا تقدیس اور محبت کی یہی **مسیح سکیں ہو شریک میں جلال کے خداوند ہم!**

قیامت جلالی اور محبت کی مسیح :اول باب (Glorification)

(رومیوں 8:30) "بخشا بھی جلال انہیں ،ٹھہرایا راستباز نے اس جنہیں اور"

---

1. تعلق کا قیامت جلالی اور محبت کی مسیح – تعارف

مسیح کی محبت صرف نجات، راستبازی، اور تقدیس تک محدود نہیں، بلکہ یہ **ہے۔ رکھتی بھی وعدہ کا کرنے شریک میں جلال ہمیں** ہے، جو ایمانداروں کا آخری مقدر ہے—یعنی خدا (Glorification) یہی جلالی قیامت کے ساتھ کامل ہم آہنگی، بے گناہی، اور ابدی جلال میں داخل ہونا۔

ہیں فرماتے رسول پولس میں 8:18 رومیوں:

مقابل کے جلال اس درد دکھ کے زمانہ اس کہ ہوں کرتا یقین میں کیونکہ" ہے والا ہونے ظاہر پر ہم جو نہیں"۔

یہ آیت ثابت کرتی ہے کہ:

1. **ہے۔ ابدی جلال لیکن ،ہیں وقتی مصیبتیں دنیاوی یہ**
2. **ہے۔ ممکن وسیلے کے محبت کی مسیح صرف جلال یہ**

Strong's Concordance میں "جلال" (Glory) کا تجزیہ:

- **یونانی میں "δόξα" (Doxa – Strong's G1391) یعنی "حالت مقدس یا ،چمک روحانی ،جلال کا خدا".**
- **وہ حالت ہے جہاں ایماندار ابدی زندگی میں خدا کے ساتھ مکمل تعلق میں ہوگا۔**

---

2. گناہ کے باعث انسان کی جلال کی ضرورت – کھوئی ہوئی حالت

(1) گناہ نے انسان کو جلال سے محروم کر دیا

رومیوں 3:23 میں لکھا ہے:

"سب نے گناہ کیا اور خدا کے جلال سے محروم ہیں"۔

یہ ثابت کرتا ہے کہ:

- **انسانی گناہ نے اسے اصل جلالی مقام سے نیچے گرا دیا۔**
- **مسیح کی محبت ہی انسان کو دوبارہ اس جلال تک پہنچاتی ہے۔**

Strong's Concordance میں "محروم" (Short of) کا تجزیہ:

- **یونانی میں "ὑστερέω" (Hystereō – Strong's G5302) یعنی "کسی چیز سے پیچھے رہ جانا، محروم ہونا"۔**

---

(2) مسیح کی محبت جلال بحال کرتی ہے

2 کرنتھیوں 3:18 میں لکھا ہے:

"اور ہم سب بغیر نقاب کے خداوند کے جلال کو دیکھتے دیکھتے اسی صورت میں ڈھلتے جاتے ہیں، جلال پر جلال، جیسے خداوند کے روح کی طرف سے"۔

یہ ظاہر کرتا ہے کہ:

- **مسیح ہمیں مسلسل جلال میں تبدیل کرتا ہے، جو اس کے ساتھ ہمارے آخری جلال میں مکمل ہوگا۔**

---

3. اس اور محبت کی مسیح – ذریعہ کا قیامت جلالی کام کا

(1) شریک میں جلال ہمیں قیامت اور موت کی مسیح ہے کرتی

فلپیوں 3:21 میں لکھا ہے:

"جو ہماری پست حالت کے بدن کو بدل دے گا، تاکہ وہ اس کے جلالی بدن کے مشابہ ہو جائے"۔

یہ ثابت کرتا ہے کہ:

- **جلالی قیامت میں ہمارا بدن تبدیل ہو کر مسیح کے جلالی بدن کے جیسا ہو جائے گا۔**

تجزیہ کا (Transform) "بدل دے گا" میں Strong's Concordance:

- **یونانی میں "μετασχηματίζω" (Metaschēmatizō – Strong's G3345) یعنی "کسی چیز کو ایک مکمل نئی صورت میں تبدیل کرنا"۔**

---

(2) جلالی قیامت کا وعدہ – مسیح کی واپسی

1 کرنتھیوں 15:51-52 میں لکھا ہے:

"دیکھو! میں تم سے ایک بھید کہتا ہوں، ہم سب نہیں سوئیں گے، مگر سب بدل جائیں گے۔ اور یہ ایک دم میں، ایک پل میں، پچھلا نرسنگا پھونکتے ہی ہوگا، کیونکہ نرسنگا پھونکا جائے گا اور مردے غیر فانی حالت میں زندہ کیے جائیں گے اور ہم بدل جائیں گے"۔

یہ آیت ظاہر کرتی ہے کہ:

- **مسیح کی محبت نے ہمیں ایک ایسے مقام پر پہنچایا ہے جہاں ہم ابدی زندگی میں جلال پائیں گے۔**

تجزیہ کا (Incorruptible) "غیر فانی" میں Strong's Concordance:

- **یونانی میں "ἄφθαρτος" (Aphthartos – Strong's G862) یعنی "جو کبھی فنا نہ ہو، ہمیشہ قائم رہے"۔**

---

4. جلالی قیامت کا نتیجہ – ایماندار کی ابدی حالت

(1) ہم ہمیشہ خدا کے ساتھ رہیں گے

مکاشفہ 21:3-4 میں لکھا ہے:

"دیکھو! خدا کا خیمہ آدمیوں کے درمیان ہے، اور وہ ان کے ساتھ سکونت کرے گا،

گا۔ ہو خدا کا ان اور گا رہے ساتھ کے ان ہی آپ خدا اور ،گے ہوں لوگ کے اس وہ اور
،گی رہے موت نہ بعد کے اس اور ،گا دے پونچھ آنسو سب کے آنکھوں کی ان وہ اور
رہا جاتا وہ ،تھا کا پہلے کچھ جو کیونکہ ،درد نہ ،رونا نہ ،ماتم نہ۔''

یہ آیت واضح کرتی ہے کہ:

- کر متحد لیے کے ہمیشہ ساتھ کے خدا ہمیں قیامت جلالی گی۔ دے
- ہے۔ کمال کا محبت کی مسیح کچھ سب یہ

گے جائیں بن مانند کی مسیح ہم (2)

یوحنا 3:2 میں لکھا ہے 1:

''عزیزو! ہم اب خدا کے فرزند ہیں، اور ابھی ظاہر نہیں ہوا کہ ہم کیا کچھ ہوں گے، مگر اتنا جانتے ہیں کہ جب وہ ظاہر ہو گا تو ہم اس کے مانند ہوں گے، کیونکہ ہم اسے ویسا ہی دیکھیں گے جیسا وہ ہے۔''

یہ ثابت کرتا ہے کہ:

- گے۔ بنیں مانند کی مسیح ہم میں قیامت جلالی
- صورت اپنی ہمیں—ہے مقصد آخری کا محبت کی مسیح یہی ڈھالنا۔ میں

Strong's Concordance میں "اس کے مانند" (Like Him) کا تجزیہ:

- **(Homoios – Strong's G3664) "ὅμοιος" میں یونانی** یعنی "بالکل ایک جیسا، کامل مشابہت"۔

---

5. لیے کے قیامت جلالی - داری ذمہ کی ایماندار رہنا تیار

گزارنا زندگی مقدس (1)

عبرانیوں 12:14 میں لکھا ہے:

''پاکیزگی کے پیچھے چلو، کیونکہ اس کے بغیر کوئی خداوند کو نہیں دیکھے گا۔''

کرنا انتظار کا واپسی کی مسیح (2)

ططس 2:13 میں لکھا ہے:

''اس مبارک امید اور ہمارے عظیم خدا اور نجات دہندہ یسوع مسیح کے جلال کے ظاہر ہونے کے منتظر رہیں۔''

کی قیامت جلالی اور محبت کی مسیح – نتیجہ **.6** معراج

1. کی مسیح لیکن ،دیا کر محروم سے جلال ہمیں نے گناہ
-(3:23 رومیوں) کیا شریک میں اس دوبارہ ہمیں نے محبت
2. ہوا ممکن وسیلے کے قیامت اور قربانی کی مسیح جلال یہ
(3:21 فلپیوں)-
3. کرنتھیوں 1) گا جائے دیا بدن جلالی ،فانی غیر ایک ہمیں
15:51-52)-
4. مکاشفہ) گے کریں سکونت لیے کے ہمیشہ ساتھ کے خدا ہم
21:3-4)-
5. شریک میں جلال ہم تاکہ چاہیے گزارنی زندگی پاکیزہ ہمیں
ہوں (عبرانیوں 12:14)-

بات آخری:

آخری ہمیں وہ بلکہ ،نہیں محدود تک تقدیس یا نجات مسیح کی محبت **صرف** ہے- **پہنچاتی میں جلال**

کے خدا ،زندگی ابدی – ہے پیغام کا قیامت جلالی اور محبت کی یہی **مسیح جلال فانی غیر اور ،رفاقت مکمل ساتھ!**

جیسا کہ یسوع نے فرمایا:

(یوحنا 14:2)- **"کروں تیار جگہ لیے تمہارے تاکہ ہوں جاتا میں"**

ہمیشہ ساتھ کے اس ہم – ہے وعدہ حتمی کا جلال اور محبت کی یہی **مسیح گے رہیں!**

(Eternal زندگی ابدی اور محبت کی مسیح :اول باب Life)

بخش بیٹا اکلوتا اپنا نے اس کہ رکھی محبت ایسی سے دنیا نے خدا کیونکہ" یوحنا) **"پائے زندگی کی ہمیشہ بلکہ ہو نہ ہلاک ،لائے ایمان پر اس کوئی جو تاکہ ،دیا** 3:16)

تعلق کا زندگی ابدی اور محبت کی مسیح – تعارف **.1**

ہے- (Eternal Life) **زندگی** مسیح کی محبت کا سب سے بڑا اظہار **ابدی کبھی جو کی عطا زندگی وہ ہمیں ذریعے کے محبت اپنی نے** انسان فانی ہے، لیکن **خدا** ہوتی- نہیں **ختم**

ابدی ایک ساتھ کے **خدا** یہ زندگی صرف مدت کے لحاظ سے غیر محدود نہیں بلکہ یہ
ہے۔ **وجود جلالی اور تعلق**

فرمایا نے یسوع میں 10:28 یوحنا:

اور گی ہوں نہ ہلاک کبھی وہ اور ہوں دیتا زندگی کی ہمیشہ انہیں میں اور"
۔"گا لے نہ چھین سے ہاتھ میرے انہیں کوئی

یہ آیت ثابت کرتی ہے کہ:

1. **مسیح جسے ،ہے تحفہ ایک سے طرف کی خدا زندگی ابدی دیا۔ ہمیں نے**

2. **ہمیں خود نے مسیح کیونکہ ،ہے مشروط غیر زندگی یہ** ہے۔ **رکھا محفوظ**

Strong's Concordance میں "زندگی ابدی" **(Eternal Life) کا تجزیہ:**

- **یونانی میں "ζωὴ αἰώνιος" (Zōē Aiōnios – Strong's G2222, G166) یعنی "زندگی جو کبھی ختم نہ ہو اور خدا کے جلال میں ہو۔"**
- **جو ،ہے حقیقت روحانی ایک کر بڑھ سے زندگی جسمانی یہ** ہے۔ رہتی لیے کے ہمیشہ **میں حضوری کی خدا**

اثرات کے گناہ – ضرورت کی زندگی ابدی **.2**

لایا کو ہلاکت اور موت نے گناہ (1)

رومیوں: 6:23 میں لکھا ہے

یسوع مسیح خداوند ہمارے بخشش کی خدا مگر ،ہے موت مزدوری کی گناہ کیونکہ"
۔"ہے زندگی کی ہمیشہ میں

یہ ظاہر کرتا ہے کہ:

- **ہے۔ ہلاکت ابدی اور موت نتیجہ کا گناہ**
- **کی۔ عطا زندگی ابدی ہمیں نے محبت کی مسیح لیکن**

Strong's Concordance میں "موت" **(Death) کا تجزیہ:**

- **یونانی میں "θάνατος" (Thanatos – Strong's G2288) یعنی "جسمانی اور روحانی علیحدگی۔"**
- **جدائی کی ہمیشہ سے خدا بلکہ موت جسمانی صرف نہ یہ ہے۔ بھی**

ہے بخشش کی محبت کی خدا زندگی ابدی (2)

افسیوں: 9-2:8 میں لکھا ہے

طرف تمہاری یہ اور ،ہو پائے نجات سے ہی فضل سے وسیلے کے ایمان تم کیونکہ"

نہ فخر کوئی تاکہ ،سے سبب کے اعمال نہ اور ،ہے بخشش کی خدا بلکہ ،نہیں سے "کرے۔

یہ ظاہر کرتا ہے کہ:

- بلکہ نہیں نتیجہ کا کوشش انسانی یا نیکی کسی زندگی ابدی ہے۔ تحفہ ایک بدولت کی محبت کی خدا

Strong's Concordance میں "بخشش" (Gift) کا تجزیہ:

- **میں یونانی "δῶρον" (Dōron – Strong's G1435) یعنی "ایسی چیز جو بغیر کسی قیمت کے دی جائے"۔**

---

3. ذریعہ کا زندگی ابدی اور محبت کی مسیح

کی مہیا زندگی ابدی نے قربانی کی مسیح (1)

عبرانیوں 9:12 میں لکھا ہے:

"اور بکرے اور بچھڑوں کے خون سے نہیں بلکہ اپنے ہی خون سے ایک ہی بار پاک مکان میں داخل ہو کر ابدی نجات حاصل کر لی"۔

یہ ثابت کرتا ہے کہ:

- **ہوئی۔ ممکن ذریعے کے خون کے مسیح زندگی ابدی**
- **ہے۔ کافی لیے کے ہمیشہ کفارہ یہ**

Strong's Concordance میں "نجات ابدی" (Eternal Redemption) کا تجزیہ:

- **میں یونانی "αἰώνιος λύτρωσις" (Aiōnios Lytrōsis – Strong's G166, G3085) یعنی "نجات جو کبھی ختم نہ ہو"۔**

حاصل زندگی ابدی سے رکھنے ایمان میں مسیح (2) ہے ہوتی

یوحنا 11:25-26 میں یسوع نے فرمایا:

"قیامت اور زندگی میں ہوں، جو مجھ پر ایمان لاتا ہے، گو وہ مر بھی جائے تو بھی زندہ رہے گا۔ اور جو کوئی زندہ ہے اور مجھ پر ایمان لاتا ہے، وہ ابد تک نہ مرے گا"۔

یہ ظاہر کرتا ہے کہ:

- **مسیح میں ایمان رکھنے والے کو موت پر فتح اور ابدی زندگی ملتی ہے۔**

Strong's Concordance میں "ایمان" (Faith) کا تجزیہ:

- یونانی میں "πίστις" (Pistis – Strong's G4102) یعنی "وفاداری اور بھروسہ کامل"۔

---

4. ابدی زندگی کا اثر – ایماندار کی عملی زندگی پر اس کا اثر

(1) ابدی زندگی ہمیں خوف سے آزاد کرتی ہے

رومیوں 8:38-39 میں لکھا ہے:

"کیونکہ میں یقین کرتا ہوں کہ نہ موت، نہ زندگی، نہ فرشتے، نہ حکومتیں، نہ موجودہ چیزیں، نہ آئندہ چیزیں، نہ قدرتیں، نہ بلندی، نہ پستی، نہ کوئی اور مخلوق ہمیں خدا کی محبت سے جدا کر سکے گی، جو ہمارے خداوند یسوع مسیح میں ہے۔"

یہ ثابت کرتا ہے کہ:

- **ابدی زندگی کا مطلب ہے کہ کوئی چیز ہمیں خدا کی محبت سے جدا نہیں کر سکتی۔**

---

(2) ابدی زندگی ہمیں نئی زندگی عطا کرتی ہے

2 کرنتھیوں 5:17 میں لکھا ہے:

"پس جو کوئی مسیح میں ہے، وہ نیا مخلوق ہے، پرانی چیزیں جاتی رہیں، دیکھو وہ سب نئی ہو گئیں۔"

یہ ظاہر کرتا ہے کہ:

- **ابدی زندگی ہمیں مکمل طور پر تبدیل کر دیتی ہے۔**

---

(3) ابدی زندگی ہمیں امید عطا کرتی ہے

ططس 1:2 میں لکھا ہے:

"اس ابدی زندگی کی امید پر جو ازل سے خدا نے، جو جھوٹ نہیں بول سکتا، وعدہ کیا۔"

یہ ثابت کرتا ہے کہ:

- **ابدی زندگی کی امید ہمیں دنیا کی مشکلات میں بھی ثابت قدم رکھتی ہے۔**

---

5. مطابق کے زندگی ابدی – داری ذمہ کی ایماندار جینا

(1) کرنا انتظار کا واپسی کی مسیح

:یوحنا 14:2-3 میں یسوع نے فرمایا

"میں جاتا ہوں تاکہ تمہارے لیے جگہ تیار کروں۔ اور اگر میں جاؤں اور تمہارے لیے جگہ تیار کروں، تو پھر آ کر تمہیں اپنے ساتھ لے جاؤں گا"۔

(2) خدا کے لیے پاکیزہ زندگی گزارنا

:عبرانیوں 12:14 میں لکھا ہے

"پاکیزگی کے پیچھے چلو، کیونکہ اس کے بغیر کوئی خداوند کو نہیں دیکھے گا"۔

---

6. نتیجہ – مسیح کی محبت اور ابدی زندگی کی معراج

1. **گناہ نے موت اور ہلاکت کو لایا، لیکن مسیح نے ہمیں ابدی زندگی دی** (رومیوں 6:23)۔
2. **یہ زندگی خدا کی طرف سے ایک تحفہ ہے، نہ کہ اعمال کا نتیجہ** (افسیوں 2:8)۔
3. **یہ مسیح کے خون اور قیامت کے وسیلے ممکن ہوئی** (عبرانیوں 9:12)۔
4. **ایمان رکھنے والے کبھی ہلاک نہ ہوں گے** (یوحنا 3:16)۔
5. **یہ ہمیں خوف، موت، اور دنیاوی مشکلات سے آزاد کرتی ہے** (رومیوں 8:38-39)۔

آخری بات:

مسیح کی محبت ہمیں ابدی زندگی دیتی ہے، جو نہ ختم ہونے والی اور جلالی ہے۔
!یہی مسیح کی محبت اور ابدی زندگی کا پیغام ہے – خدا کے ساتھ ہمیشہ کے لیے جینا

باب اول: مسیح کی محبت اور اس کی دوسری آمد

(The Love of Christ and the Second Coming)

"دیکھو! وہ بادلوں کے ساتھ آ رہا ہے، اور ہر آنکھ اسے دیکھے گی" (مکاشفہ 1:7)

آمد دوسری کی اس اور محبت کی مسیح – تعارف .1 تعلق کا

مسیح کی محبت صرف نجات، تقدیس، اور ابدی زندگی تک محدود نہیں بلکہ ہوگی۔ مکمل میں آمد دوسری کی اس یہ اپنے اور گا جائے لے ساتھ اپنے کو ایمانداروں اپنے جب مسیح دوبارہ آئے گا تو وہ گا۔ کرے شریک میں جلال

فرمایا نے مسیح میں 14:2-3 یوحنا:

اور جاؤں میں اگر اور ،کروں تیار جگہ لیے تمہارے تاکہ ہوں جاتا میں" تمہارے لیے جگہ تیار کروں، تو پھر آ کر تمہیں اپنے ساتھ لے جاؤں گا"۔

یہ آیت ثابت کرتی ہے کہ:

1. ہے۔ وعدہ دائمی ایک لیے کے ایمانداروں محبت کی مسیح
2. جائے۔ لے ساتھ اپنے ہمیں تاکہ گا آئے دوبارہ وہ

Strong's Concordance میں "آمد دوسری" (Second Coming) کا تجزیہ:

- میں یونانی "παρουσία" (Parousia – Strong's G3952) یعنی "ظہور جلالی کا شخصیت عظیم کسی"۔
- کو ایمانداروں وہ جب ہے لمحہ وہ کا واپسی کی مسیح یہ گا۔ کرے حکمرانی پر دنیا اور گا آئے کر لے

تعلیمات بائبلی – آمد دوسری کی مسیح .2

وعدہ کا آمد کی مسیح (1)

اعمال 1:11 میں فرشتوں نے شاگردوں سے کہا: طرح جس گا آئے پھر طرح اسی ،گیا اٹھایا پر آسمان سے پاس تمہارے جو یسوع یہی" دیکھا جاتے پر آسمان اسے نے تم"۔

یہ آیت ثابت کرتی ہے کہ:

- ہے۔ حقیقت یقینی ایک واپسی کی مسیح
- ہوگی۔ گھڑی جلالی اور بڑی سے سب کی دنیا یہ

Strong's Concordance میں "گا آئے" (Shall Come) کا تجزیہ:

- میں یونانی "ἥκω" (Hēkō – Strong's G2240) یعنی "پہنچنا پر وقت معین ایک"۔
- طے ایک بلکہ نہیں نظریہ مبہم کوئی آنا دوبارہ کا مسیح ہوگا۔ پر وقت شدہ

لے ساتھ اپنے کو ایمانداروں میں محبت اپنی مسیح (2) گا جائے

1 تھسلنیکیوں 16:4-17 میں لکھا ہے:

"کیونکہ خداوند خود آسمان سے للکار اور مقرب فرشتہ کی آواز اور خدا کے نرسنگے کے ساتھ اترے گا، اور جو مسیح میں موئے سب سے پہلے جی اٹھیں گے، پھر ہم جو زندہ باقی ہوں گے، ان کے ساتھ بادلوں پر اٹھائے جائیں گے تاکہ ہوا میں خداوند کا استقبال کریں، اور اس طرح ہمیشہ خداوند کے ساتھ رہیں۔"

یہ آیت ظاہر کرتی ہے کہ:

- **ایمانداروں کے لیے یہ ایک خوشخبری ہے کہ وہ ہمیشہ کے لیے مسیح کے ساتھ ہوں گے۔**
- **یہ مسیح کی محبت کا حتمی اظہار ہے کہ وہ ہمیں اپنے ساتھ لے جائے گا۔**

Strong's Concordance میں "اٹھائے جائیں گے" (Caught Up) کا تجزیہ:

- **یونانی میں "*ἁρπάζω*" (Harpazō – Strong's G726) یعنی "زبردستی یا طاقت کے ساتھ اوپر لے جانا"۔**

ہوگا ظاہر جلال کا اس میں آمد دوسری کی مسیح (3)

متی 24:30 میں لکھا ہے:

"تب ابنِ انسان کا نشان آسمان پر ظاہر ہوگا، اور تب زمین کی سب قومیں چھاتی پیٹیں گی، اور ابنِ انسان کو قدرت اور بڑے جلال کے ساتھ آسمان کے بادلوں پر آتے دیکھیں گی۔"

یہ ثابت کرتا ہے کہ:

- **مسیح کی دوسری آمد صرف ایمانداروں کے لیے نہیں بلکہ پوری دنیا کے لیے ایک واضح نشان ہوگی۔**
- **وہ جلالی انداز میں آئے گا، اور ہر آنکھ اسے دیکھے گی۔**

Strong's Concordance میں "جلال" (Glory) کا تجزیہ:

- **یونانی میں "*δόξα*" (Doxa – Strong's G1391) یعنی "الٰہی روشنی اور پاکیزہ جاہ و جلال"۔**

اثر عملی کا آمد دوسری اور محبت کی مسیح .3

چاہیے رہنا تیار اور جاگتے ہمیں (1)

متی: 24:42 میں لکھا ہے

"پس جاگتے رہو کیونکہ تم نہیں جانتے کہ تمہارا خداوند کس دن آئے گا"۔

یہ آیت ظاہر کرتی ہے کہ:

- **مسیح کی محبت ہمیں غفلت میں نہیں رہنے دیتی، بلکہ ہمیں ہمیشہ تیار رہنا چاہیے۔**

چاہیے گزارنی زندگی کی پاکیزگی ہمیں (2)

یوحنا: 3-3:2 میں لکھا ہے 1

"جب وہ ظاہر ہوگا تو ہم اس کے مانند ہوں گے، کیونکہ ہم اسے ویسا ہی دیکھیں گے۔ اور جو کوئی اس سے یہ امید رکھتا ہے، وہ اپنے آپ کو پاک کرتا ہے جیسا وہ پاک ہے"۔

یہ ثابت کرتا ہے کہ:

- **مسیح کی واپسی کی امید ہمیں پاکیزہ زندگی گزارنے کی ترغیب دیتی ہے۔**

چاہیے کرنا تیار بھی کو دوسروں ہمیں (3)

متی: 20-28:19 میں لکھا ہے

"پس تم جاؤ اور سب قوموں کو شاگرد بناؤ"۔

یہ آیت ظاہر کرتی ہے کہ:

- **ہمیں مسیح کی محبت کو دوسروں تک پہنچانے کا فریضہ سونپا گیا ہے۔**

ہوگا؟ کیا بعد کے آمد دوسری کی مسیح .4

گے ہوں داخل میں جلال ایماندار (1)

فلپیوں 3:21 میں لکھا ہے:

"جو ہماری پست حالت کے بدن کو بدل دے گا، تاکہ وہ اس کے جلالی بدن کے مشابہ ہو جائے"۔

ہوگی عدالت پر نافرمانوں (2)

2 تھسلنیکیوں 1:8 میں لکھا ہے:

نہیں خوشخبری کی یسوع خداوند ہمارے اور پہچانتے نہیں کو خدا جو"
"گا لے انتقام سے ان ،مانتے-

ہوگا آسمان نیا اور زمین نئی (3)

مکاشفہ 21:1 میں لکھا ہے:

**اور آسمان پہلا کیونکہ ،دیکھی زمین نئی اور آسمان نیا ایک نے میں پھر"
"تھی رہی جاتی زمین پہلی-**

---

5. آمد دوسری کی اس اور محبت کی مسیح – نتیجہ معراج کی

1. **مسیح کی دوسری آمد یقینی ہے اور جلالی ہوگی** (اعمال 1:11)-
2. **وہ ایمانداروں کو اپنے ساتھ لے جائے گا** (1 تھسلنیکیوں 4:16-17)-
3. **اس کی آمد دنیا کے لیے ایک عظیم نشان ہوگی** (متی 24:30)-
4. **ہمیں جاگتے اور تیار رہنا چاہیے** (متی 24:42)-
5. **ہمیں پاکیزگی کی زندگی گزارنی چاہیے** (1 یوحنا 3:2-3)-
6. **ہمیں دوسروں کو بھی خوشخبری سنانی چاہیے تاکہ وہ بھی تیار ہوں** (متی 28:19-20)-

بات آخری:

ہمیں مسیح کی محبت **اس کی دوسری آمد کے لیے تیار کرتی ہے۔ مسیح کی** یہی **محبت اور دوسری آمد کا پیغام ہے – ابدی جلال، خدا کے ساتھ سکونت، اور ہمیشہ کی خوشی!**

"**دیکھو! میں جلد آتا ہوں**" (مکاشفہ 22:12)-

مسیح کی یہی **محبت اور اس کے وعدے کی تکمیل ہے – وہ جلد آنے والا ہے!**

باب اول: مسیح کی محبت اور نیا آسمان اور نئی زمین

"پھر میں نے ایک نیا آسمان اور ایک نئی زمین دیکھی، کیونکہ پہلا آسمان اور پہلی زمین جاتی رہی تھی، اور سمندر بھی نہ رہا" (مکاشفہ 21:1)

---

1. نئی و آسمان نیا اور محبت کی مسیح - تعارف تعلق کا زمین

زمین میں پورا ہوگا، جہاں **نئی اور آسمان** مسیح کی محبت کا حتمی اظہار **نئے انتہا کی محبت کی** خدا ہمیشہ کے لیے اپنے لوگوں کے ساتھ سکونت کرے گا۔ یہ **مسیح** ہے، جہاں گناہ، موت، اور دکھ کا خاتمہ ہوگا، اور سب کچھ نئی شان و شوکت میں بحال ہوگا۔

ہے فرماتا خدا میں 65:17 یسعیاہ:

"کیونکہ دیکھو! میں نئے آسمان اور نئی زمین کو پیدا کرتا ہوں، اور پہلی چیزیں یاد نہ رہیں گی اور نہ دل میں آئیں گی۔"

یہ آیت ظاہر کرتی ہے کہ:

1. **مسیح کی محبت محض دنیاوی زندگی تک محدود نہیں بلکہ ابدی بحالی کا وعدہ رکھتی ہے۔**
2. **نیا آسمان اور نئی زمین خدا کی مکمل محبت اور جلال کا مظہر ہوں گے۔**

Strong's Concordance میں "زمین نئی اور آسمان نیا" (New Heaven and New Earth) کا تجزیہ:

- **یونانی میں "καινὸς οὐρανὸς καὶ καινὴ γῆ" (Kainos Ouranos Kai Kainē Gē – Strong's G2537, G3772, G1093) یعنی "ایسا آسمان اور زمین جو مکمل طور پر تجدید شدہ اور خدا کے جلال سے معمور ہو"۔**

---

2. نئے آسمان اور نئی زمین کی ضرورت – گناہ کے اثرات

(1) پہلا آسمان اور پہلی زمین گناہ سے متاثر ہوئی

رومیوں 8:20-21 میں پولس رسول فرماتے ہیں:

"کیونکہ مخلوقات بربادی کے اختیار میں کر دی گئی، نہ اپنی خوشی سے، بلکہ اس کے سبب سے جس نے اسے اس کے اختیار میں کر دیا، اس امید پر کہ مخلوقات بھی فنا کے قبضہ سے چھوٹ کر خدا کے فرزندوں کے جلال کی آزادی میں داخل ہوگی۔"

یہ ثابت کرتا ہے کہ:

- **پہلی زمین اور آسمان گناہ کے اثرات سے متاثر ہو چکے ہیں۔**
- **مسیح کی محبت ایک ایسی تخلیق کا وعدہ کرتی ہے جہاں گناہ کا نام و نشان نہ ہوگا۔**

Strong's Concordance میں "بربادی" (Vanity) کا تجزیہ:

- یونانی میں "ματαιότης" (Mataiotēs – Strong's G3153) یعنی "بے مقصد، فنا ہونے والی چیز"۔
- یہ ظاہر کرتا ہے کہ موجودہ دنیا ابدی نہیں بلکہ زوال پذیر ہے۔

---

(2) مسیح نے ہمیں نئے آسمان اور نئی زمین کی امید دی

2 پطرس 3:13 میں لکھا ہے:

"مگر ہم اس کے وعدہ کے موافق نئے آسمان اور نئی زمین کا انتظار کرتے ہیں، جن میں راستبازی بسی رہے گی۔"

یہ ظاہر کرتا ہے کہ:

- مسیح کی محبت ہمیں گناہ کی غلامی سے آزاد کرتی ہے اور راستبازی میں لاتی ہے۔
- نیا آسمان اور نئی زمین ایک ایسی جگہ ہوگی جہاں خدا کی راستبازی حکومت کرے گی۔

Strong's Concordance میں "راستبازی" (Righteousness) کا تجزیہ:

- یونانی میں "δικαιοσύνη" (Dikaiosynē – Strong's G1343) یعنی "خدا کی کامل پاکیزگی اور عدل"۔

---

3. مسیح کی محبت کے وسیلے نیا آسمان اور نئی زمین کیسے ممکن ہوئے؟

(1) مسیح کی صلیبی قربانی نے سب کچھ نیا بنایا

کلسیوں 1:20 میں لکھا ہے:

"اور اس کے وسیلہ سے سب چیزوں کو اپنے ساتھ میل کر لیا، خواہ زمین کی ہوں خواہ آسمان کی، اس کے صلیب کے خون کے وسیلہ سے صلح کر کے۔"

یہ ثابت کرتا ہے کہ:

- نیا آسمان اور نئی زمین مسیح کے صلیبی کام کا حتمی نتیجہ ہے۔
- اس کی محبت نے ہر چیز کو بحال کرنے کی راہ کھولی۔

Strong's Concordance میں "میل" (Reconcile) کا تجزیہ:

- یونانی میں "ἀποκαταλλάσσω" (Apokatallassō – Strong's G604) یعنی "پوری طرح سے بحال کرنا اور تعلق درست کرنا"۔

گا کرے نیا کچھ سب وہ کہ کیا وعدہ نے مسیح (2)

مکاشفہ: 21:5 میں لکھا ہے

"اور جو تخت پر بیٹھا تھا، اس نے کہا: دیکھ، میں سب چیزوں کو نیا بناتا ہوں۔"

یہ ظاہر کرتا ہے کہ:

- **مسیح کی محبت دنیا کو ایک نئے مقام پر لے جائے گی، جہاں سب کچھ جلالی ہوگا۔**

4. نئے آسمان اور نئی زمین میں زندگی کیسی ہوگی؟

خدا ہمیشہ ایمانداروں کے ساتھ رہے گا (1)

مکاشفہ 21:3 میں لکھا ہے:

"دیکھو! خدا کا خیمہ آدمیوں کے درمیان ہے، اور وہ ان کے ساتھ سکونت کرے گا، اور وہ اس کے لوگ ہوں گے، اور خدا آپ ہی ان کے ساتھ رہے گا اور ان کا خدا ہو گا۔"

یہ ظاہر کرتا ہے کہ:

- **ابدی زندگی خدا کے ساتھ قربت میں بسر ہوگی۔**
- **یہ مسیح کی محبت کا حتمی وعدہ ہے کہ وہ ہمیں کبھی تنہا نہیں چھوڑے گا۔**

کوئی موت، درد، یا آنسو نہ ہوں گے (2)

مکاشفہ: 21:4 میں لکھا ہے

"اور وہ ان کی آنکھوں کے سب آنسو پونچھ دے گا، اور اس کے بعد نہ موت رہے گی، نہ ماتم، نہ رونا، نہ درد، کیونکہ جو کچھ پہلے کا تھا، وہ جاتا رہا۔"

یہ ثابت کرتا ہے کہ:

- **مسیح کی محبت ہمیں ایک ایسا مقام عطا کرے گی جہاں کوئی غم یا تکلیف نہیں ہوگی۔**

نئی تخلیق میں ایماندار جلالی زندگی بسر کریں گے (3)

فلپیوں 3:21 میں لکھا ہے:

"جو ہماری پست حالت کے بدن کو بدل دے گا، تاکہ وہ اس کے جلالی بدن کے مشابہ ہو جائے۔"

:یہ ظاہر کرتا ہے کہ

- **ہوگا۔ نہ فنا کبھی جو ،گا جائے دیا جسم جلالی کو ایمانداروں**

---

5. نئی اور آسمان نئے - داری ذمہ کی ایمانداروں چاہیے؟ جینا کیسے میں انتظار کے زمین

(1) چاہیے گزارنی زندگی مقدس

:پطرس 3:11 میں لکھا ہے 2

اور پاکیزہ کیسا تمہیں تو ،ہیں والی گلنے طرح اس چیزیں سب یہ چونکہ" ۔"چاہیے ہونا دیندار

(2) اور دعا میں انتظار کے واپسی کی مسیح چاہیے کرنی فرمانبرداری

:مکاشفہ 22:20 میں لکھا ہے

۔"آ !یسوع خداوند اے !آمین ہوں۔ والا آنے جلد میں ،ہاں"

---

6. نئی اور آسمان نیا اور محبت کی مسیح - نتیجہ معراج کی زمین

1. **ہیں چکے بگڑ باعث کے گناہ آسمان اور زمین پہلی** (رومیوں 8:20-21)۔
2. **زمین نئی اور آسمان نیا ایک سے قربانی اپنی نے مسیح کی مہیا** (کلسیوں 1:20)۔
3. **2) گی رہے بسی راستبازی جہاں ہوگی جگہ ایسی ایک یہ** پطرس 3:13)۔
4. **یا دکھ کوئی اور ،گا کرے سکونت ساتھ کے ایمانداروں خدا موت نہ ہوگی** (مکاشفہ 21:4)۔

:آخری بات

ہے، جہاں دیتی وعدہ کا زمین نئی اور آسمان نئے مسیح کی محبت ہمیں **ایک گے۔** رہیں **ساتھ کے اس** ہم **ہمیشہ**

"دیکھ، میں سب چیزوں کو نیا بناتا ہوں" ۔(مکاشفہ 21:5)

مسیح کی یہی محبت اور اس کے ابدی وعدے کی تکمیل ہے – ہمیشہ کے لیے نئی زندگی!

عدالت آخری اور محبت کی مسیح :اول باب (Final Judgment)

"کیونکہ ہمیں سب کو مسیح کے تختِ عدالت کے سامنے حاضر ہونا ضروری ہے، تاکہ ہر ایک شخص اپنی نیک و بد کمائی کا بدلہ پائے، جو اس نے جسم میں رہ کر کی ہو" (2 کرنتھیوں 5:10)

---

1. تعارف - مسیح کی محبت اور آخری عدالت کا تعلق

مسیح کی محبت نہ صرف **نجات**، **تقدیس** اور **جلال** میں ظاہر ہوتی ہے بلکہ **آخری عدالت** (Final Judgment) میں بھی مکمل طور پر عیاں ہوگی۔ آخری عدالت وہ ہے، جہاں تمام قوموں، افراد، اور اعمال کا **مکمل اظہار خدا کی راستبازی اور عدل کا مکمل** انصاف ہوگا۔

اعمال 17:31 میں لکھا ہے:

"کیونکہ اس نے ایک دن ٹھہرایا ہے، جس میں وہ راستی سے دنیا کی عدالت اس شخص کے وسیلہ سے کرے گا جسے اس نے مقرر کیا ہے، اور سب آدمیوں کو اس پر ایمان لانے کا ثبوت اس کے مردوں میں سے جی اٹھنے سے دیا"۔

یہ آیت ثابت کرتی ہے کہ:

1. **خدا نے ایک دن مقرر کیا ہے جب دنیا کی عدالت ہوگی۔**
2. **مسیح کو اس عدالت کا منصف بنایا گیا ہے، کیونکہ وہ جی اٹھا ہے۔**
3. **یہ عدالت مسیح کی محبت اور اس کے انصاف کی تکمیل ہوگی۔**

Strong's Concordance میں "عدالت" (Judgment) کا تجزیہ:

- **یونانی میں "κρίσις" (Krisis – Strong's G2920) یعنی "فیصلہ، قانونی فیصلہ یا انصاف"۔**
- **یہ ایک ایسا عمل ہے جس میں خدا ہر انسان کے اعمال کے مطابق انصاف کرے گا۔**

---

2. راستبازی خدا اور گناہ - ضرورت کی عدالت آخری کی

(1) گناہ کی وجہ سے عدالت ضروری ہے

رومیوں 3:23 میں لکھا ہے:

"سب نے گناہ کیا اور خدا کے جلال سے محروم ہیں"-

یہ آیت ثابت کرتی ہے کہ:

- **ہر انسان گناہ میں ہے، اور ہر گناہ کا انصاف تقاضا کرتا ہے-**
- **مسیح کی محبت اس عدالت میں ایمانداروں کو تحفظ دیتی ہے-**

Strong's Concordance میں "گناہ" (Sin) کا تجزیہ:

- **یونانی میں "ἁμαρτία" (Hamartia – Strong's G266) یعنی "خدا کے مقرر کردہ معیار سے چوک جانا"-**

---

(2) خدا کی عدالت راستبازی پر مبنی ہوگی

مکاشفہ 20:12 میں لکھا ہے:

"اور میں نے چھوٹے بڑے سب مردوں کو خدا کے سامنے کھڑے دیکھا، اور کتابیں کھولی گئیں، اور ایک اور کتاب کھولی گئی، یعنی کتاب کی زندگی، اور مردے ان باتوں کے موافق پرکھے گئے جو ان کتابوں میں لکھی تھیں، یعنی ان کے اعمال کے مطابق"-

یہ ظاہر کرتا ہے کہ:

- **ہر انسان کے اعمال خدا کے حضور پیش کیے جائیں گے-**
- **زندگی کی کتاب میں وہی نام درج ہوں گے جو مسیح کی محبت کو قبول کر چکے ہیں-**

Strong's Concordance میں "کتاب کی زندگی" (Book of Life) کا تجزیہ:

- **یونانی میں "βιβλίον τῆς ζωῆς" (Biblion Tēs Zōēs – Strong's G976, G2222) یعنی "خدا کی ابدی فہرست جس میں وہ درج ہیں جو نجات یافتہ ہیں"-**

---

3. مراحل مختلف کے عدالت آخری

(1) جائزہ کا اعمال کے ان - عدالت کی ایمانداروں

:کرنتھیوں 3:13 میں لکھا ہے 1

"ہر ایک کا کام ظاہر ہو جائے گا، کیونکہ وہ دن اسے ظاہر کرے گا، کیونکہ وہ آگ کے ساتھ معلوم ہوگا، اور وہ آگ ہر ایک کے کام کی آزمائش کرے گی کہ وہ کس قسم کا ہے"۔

:یہ آیت ظاہر کرتی ہے کہ

- **ایمانداروں کے کاموں کی آزمائش ہوگی، تاکہ ان کی خدمت کا صلہ دیا جائے۔**
- **یہ عدالت نجات کے لیے نہیں، بلکہ انعام کے لیے ہوگی۔**

Strong's Concordance میں "آزمائش" (Test) کا تجزیہ:

- **یونانی میں "δοκιμάζω" (Dokimazō – Strong's G1381) یعنی "جانچنا، پرکھنا، یا کسی چیز کو ثابت کرنا"۔**

---

(2) فیصلہ کا گناہوں کے ان - عدالت کی نافرمانوں

:مکاشفہ 20:15 میں لکھا ہے

"اور جس کا نام کتابِ حیات میں لکھا نہ ملا، وہ آگ کی جھیل میں ڈالا گیا"۔

:یہ ثابت کرتا ہے کہ

- **وہ لوگ جو مسیح کی محبت کو رد کرتے ہیں، انہیں آخری عدالت میں سزا دی جائے گی۔**
- **یہ عدالت کامل عدل کے مطابق ہوگی۔**

---

4. مسیح کی محبت اور آخری عدالت - ایمانداروں کے لیے خوشخبری

(1) مسیح نے ایمانداروں کو عدالت کے خوف سے بچایا

:رومیوں 8:1 میں لکھا ہے

"پس اب جو مسیح یسوع میں ہیں، ان پر سزا کا حکم نہیں"۔

:یہ آیت ظاہر کرتی ہے کہ

- **ایمانداروں کو آخری عدالت میں سزا کا سامنا نہیں ہوگا، کیونکہ مسیح نے ان کے گناہوں کی قیمت ادا کر دی ہے۔**

Strong's Concordance میں "سزا" (Condemnation) کا تجزیہ:

• میں یونانی "κατάκριμα" (Katakrima – Strong's G2631) یعنی "فیصلہ یا سزا حتمی"۔

اور راست بھی عدالت میں محبت کی مسیح (2) ہے منصفانہ

مکاشفہ 19:11 میں لکھا ہے:

"اور میں نے آسمان کو کھلا دیکھا، اور دیکھو! ایک سفید گھوڑا ہے، اور اس پر جو بیٹھا تھا، وہ وفادار اور سچا کہلاتا ہے، اور وہ راستی کے ساتھ عدالت اور جنگ کرتا ہے"۔

یہ ظاہر کرتا ہے کہ:

- **مسیح کی محبت انصاف اور سچائی پر مبنی ہے۔**
- **اس کی عدالت بھی راست اور منصفانہ ہوگی۔**

---

5. ایمانداروں کی ذمہ داری – آخری عدالت کے انتظار میں کیسے جینا چاہیے؟

(1) ہمیں پاکیزگی اور راستبازی میں چلنا چاہیے

2 پطرس 3:11 میں لکھا ہے:

"پس جب یہ سب چیزیں گلنے والی ہیں، تو تمہیں کیسا پاکیزہ اور دیندار ہونا چاہیے"۔

(2) ہمیں مسیح کے کام میں وفادار رہنا چاہیے

متی 25:21 میں لکھا ہے:

"شاہ نے اس سے کہا: اے اچھے اور دیانتدار نوکر! تو تھوڑے میں وفادار رہا، میں تجھے بہت چیزوں پر حاکم بناؤں گا، اپنے مالک کی خوشی میں داخل ہو"۔

(3) ہمیں دوسروں کو بھی مسیح کی محبت کی طرف بلانا چاہیے

متی 28:19 میں لکھا ہے:

"پس تم جاؤ اور سب قوموں کو شاگرد بناؤ"۔

---

6. نتیجہ – مسیح کی محبت اور آخری عدالت کی معراج

1. ہر انسان کو مسیح کی عدالت میں حاضر ہونا ہوگا (2 کرنتھیوں 5:10)-
2. ایمانداروں کے اعمال کا جائزہ لیا جائے گا، لیکن انہیں سزا کا سامنا نہیں ہوگا (1 کرنتھیوں 3:13)-
3. وہ لوگ جو مسیح کی محبت کو رد کرتے ہیں، وہ حتمی سزا پائیں گے (مکاشفہ 20:15)-
4. ہمیں پاکیزہ زندگی گزارنی چاہیے تاکہ ہم اس دن شرمندہ نہ ہوں (2 پطرس 3:11)-

آخری بات:

مسیح کی محبت ہمیں **عدالت** کے **خوف** سے آزاد کرتی ہے اور ہمیں ابدی جلال کی امید دیتی ہے۔

"دیکھو! میں جلد آتا ہوں، اور میرا اجر میرے ساتھ ہے"- (مکاشفہ 22:12)

یہی مسیح کی محبت اور آخری عدالت کا پیغام ہے – راستبازی، انصاف، اور ابدی زندگی!

باب اول: مسیح کی محبت اور اس کی ابدی بادشاہی

(The Love of Christ and His Eternal Kingdom)

"اور اس کی بادشاہی کا خاتمہ نہ ہوگا" (لوقا 1:33)

---

1. تعارف – مسیح کی محبت اور اس کی ابدی بادشاہی کا تعلق

مسیح کی محبت کا ایک عظیم ترین پہلو اس کی **ابدی بادشاہی** (Eternal Kingdom) ہے-

یہ بادشاہی نہ صرف دنیاوی **طاقتوں** سے برتر ہے بلکہ یہ ہمیشہ قائم رہے گی، کیونکہ یہ خدا کی محبت، راستبازی، اور جلال کی تکمیل ہے۔

دانی ایل **7:14** میں لکھا ہے:

"اور اسے سلطنت اور عزت اور بادشاہی دی گئی تاکہ سب لوگ، قومیں اور زبانیں اس کی خدمت کریں۔ اس کی سلطنت ابدی سلطنت ہے جو کبھی نہ گذرے گی، اور اس کی بادشاہی کبھی فنا نہ ہوگی"-

یہ آیت ظاہر کرتی ہے کہ:

1. مسیح کی بادشاہی ابدی ہے اور کبھی ختم نہیں ہوگی۔
2. یہ تمام قوموں اور زبانوں کے لیے ہے، یعنی عالمگیر بادشاہی۔
3. یہ بادشاہی مسیح کی محبت میں مکمل ہوگی، جہاں امن، راستبازی، اور خوشی ہوگی۔

Strong's Concordance میں "بادشاہی" (Kingdom) کا تجزیہ:

- یونانی میں "βασιλεία" (Basileia – Strong's G932) یعنی "حکمرانی، حاکمیت، یا خدا کا مکمل اختیار"۔
- یہ صرف جغرافیائی یا جسمانی سلطنت نہیں بلکہ ایک روحانی اور ابدی حقیقت ہے۔

---

2. مسیح کی ابدی بادشاہی کی پیشگوئی – قدیم عہدِ وعدہ میں

(1) داؤدی بادشاہت میں مسیح کے بادشاہ ہونے کی پیشگوئی

2 سموئیل 7:16 میں خدا داؤد سے وعدہ کرتا ہے:

"اور تیرا گھر اور تیری بادشاہی ابد تک قائم رہے گی، تیرا تخت ہمیشہ کے لیے قائم رہے گا۔"

یہ آیت ثابت کرتی ہے کہ:

- **داؤد کی بادشاہت میں مسیح کی ابدی بادشاہی کی جھلک موجود تھی۔**
- **یسوع داؤد کی نسل سے آیا اور اس کی بادشاہی ہمیشہ قائم رہے گی (متی 1:1)۔**

Strong's Concordance میں "تخت" (Throne) کا تجزیہ:

- **عبرانی میں "כִּסֵּא" (Kisse – Strong's H3678) یعنی "حاکمیت، اختیار، اور ابدی سلطنت"۔**

---

(2) یسعیاہ نبی کی پیشگوئی – امن اور راستبازی کی بادشاہی

یسعیاہ 9:6-7 میں لکھا ہے:

"کیونکہ ہمارے لیے ایک بچہ پیدا ہوا، ہم کو ایک بیٹا بخشا گیا، اور حکومت اس کے کندھے پر ہوگی، اور اس کا نام عجیب مشیر، قادر خدا، ابدیت کا باپ، سلامتی

کوئی کی سلامتی کی اس اور ،ہوگا اضافہ میں حکومت کی اس گا۔ کہلائے شہزادہ کا ہوگی نہ انتہا''۔

یہ آیت ظاہر کرتی ہے کہ:

- گی۔ رہے ہمیشہ سلامتی اور امن میں بادشاہی کی مسیح
- ہوگی۔ حکمرانی ابدی بلکہ نہیں حکومت عارضی کوئی یہ

---

3. بادشاہی میں آمد پہلی – قیام کا بادشاہی کی مسیح آغاز کا

(1) کیا اعلان کا بادشاہی اپنی نے مسیح

متی 4:17 میں لکھا ہے:

"اس وقت سے یسوع نے منادی کرنا اور کہنا شروع کیا: توبہ کرو، کیونکہ آسمان کی بادشاہی نزدیک آ گئی ہے''۔

یہ ثابت کرتا ہے کہ:

- شروع ساتھ کے آمد پہلی کی اس پر زمین بادشاہی کی مسیح ہوئی۔
- لیے کے کرنے حاصل فتح پر شیطان اور گناہ بادشاہی یہ گئی۔ کی قائم

Strong's Concordance میں "بادشاہی" (Kingdom) کا تجزیہ:

- **یونانی میں "βασιλεία τῶν οὐρανῶν" (Basileia tōn Ouranōn – Strong's G932, G3772) یعنی "خدا کی حکمرانی جو زمین پر بھی ظاہر ہوگی"۔**

---

(2) کیا واضح کو نوعیت کی بادشاہی نے مسیح

یوحنا 18:36 میں یسوع نے فرمایا:

"میری بادشاہی اس دنیا کی نہیں، اگر میری بادشاہی اس دنیا کی ہوتی، تو میرے خادم لڑتے تاکہ میں یہودیوں کے حوالہ نہ کیا جاتا، مگر اب میری بادشاہی یہاں کی نہیں''۔

یہ ظاہر کرتا ہے کہ:

- ہے۔ بالاتر سے حکمرانی جسمانی بادشاہی کی مسیح
- کرتی حکمرانی پر دلوں جو ہے بادشاہی روحانی ایک یہ ہے۔

پر آمد دوسری – قیام حتمی کا بادشاہی کی مسیح **.4**
جلال مکمل

گا آئے لیے کے بادشاہی ساتھ کے جلال مسیح (1)

:مکاشفہ 19:16 میں لکھا ہے

بادشاہ کا بادشاہوں :تھا لکھا نام یہ پر لباس کے اس اور ران کی اس اور''
-.''خداوند کا خداوندوں اور

:یہ ثابت کرتا ہے کہ

- **ہوگی۔ قائم پر زمین ساتھ کے جلال مکمل بادشاہی کی مسیح**
- **گا۔ کرے حکمرانی پر قوموں سب وہ**

Strong's Concordance میں "بادشاہ کا بادشاہوں" (King of Kings)
:تجزیہ کا

- **یونانی میں "βασιλεὺς βασιλέων" (Basileus Basileōn – Strong's G935) یعنی "سب سے اعلیٰ حکمران"-.**

ہوگی راستبازی میں بادشاہی کی مسیح (2)

:مکاشفہ 21:27 میں لکھا ہے

ہرگز ،ہے بولتا جھوٹ یا ،ہے کرتا کام گھنونے جو وہ یا چیز ناپاک کوئی میں اس اور''
-.''ہیں لکھے میں کتاب کی زندگی کی برہ جو وہی مگر ،ہوگا نہ داخل

:یہ ظاہر کرتا ہے کہ

- **ہوگی۔ نہ بدی یا گناہ کوئی میں بادشاہی کی مسیح**
- **قبول کو محبت کی مسیح جو گے ہوں داخل لوگ وہی صرف**
ہیں۔ چکے کر

بادشاہی ابدی کی مسیح – داری ذمہ کی ایمانداروں **.5**
چاہیے؟ جینا کیسے میں انتظار کے

چاہیے کرنا تلاش کو بادشاہی کی خدا پہلے ہمیں (1)

:متی 6:33 میں لکھا ہے

یہ تو ،کرو تلاش کو راستبازی کی اس اور بادشاہی کی خدا پہلے تم بلکہ''
-.''گی جائیں دی تمہیں چیزیں سب

چاہیے کرنا قبول کو بادشاہی میں دلوں اپنے ہمیں (2)

:لوقا 17:20-21 میں یسوع نے فرمایا

-.''ہے اندر تمہارے بادشاہی کی خدا''

رہنا تیار لیے کے ظہور جلالی کے اس ہمیں (3) چاہیے

ططس 2:13 میں لکھا ہے:

جلال کے مسیح یسوع دہندہ نجات اور خدا عظیم ہمارے اور امید مبارک اس" رہیں منتظر کے ہونے ظاہر کے"۔

---

6. بادشاہی ابدی کی اس اور محبت کی مسیح – نتیجہ معراج کی

1. **مسیح کی بادشاہی ابدی ہے اور کبھی ختم نہیں ہوگی** (دانی ایل 7:14)۔
2. **یہ بادشاہی امن، راستبازی، اور جلال پر مبنی ہوگی** (یسعیاہ 9:6-7)۔
3. **یہ بادشاہی زمین پر مسیح کی واپسی پر مکمل طور پر ظاہر ہوگی** (مکاشفہ 19:16)۔
4. **ہمیں اس بادشاہی کو اپنے دلوں میں قبول کرنا اور اس کے مطابق زندگی گزارنی چاہیے** (متی 6:33)۔

آخری بات:

ہمیں اس محبت کی مسیح کی ابدی بادشاہی میں شریک کرتی ہم جہاں ہے، **ہمیشہ اس کے ساتھ حکمرانی کریں گے۔**

"وہ ابد تک بادشاہی کرے گا" (مکاشفہ 11:15)۔

مسیح کی یہی محبت اور اس کی ابدی بادشاہی کا حتمی پیغام ہے – ابدی جلال اور خدا کے ساتھ ہمیشہ کی رفاقت!

باب اول: مسیح کی محبت اور برّہ کی شادی کی ضیافت (The Love of Christ and the Wedding Supper of the Lamb)

"مبارک ہیں وہ جو برّہ کی شادی کی ضیافت میں بلائے گئے ہیں" (مکاشفہ 19:9)

کی شادی کی برّہ اور محبت کی مسیح – تعارف .1
تعلق کا ضیافت

کی مسیح (Wedding Supper of the Lamb) برّہ کی شادی کی ضیافت
رفاقت کی علامت ہے۔ **دائمی کی اس ساتھ کے ایمانداروں اور تکمیل حتمی کی محبت**
دُلہن کے رشتے سے تشبیہ دی **اور** بائبل میں مسیح اور اس کی کلیسیا کے تعلق کو **دُلہا**
عہد کی تصویر ہے۔ **متزلزل غیر ایک اور ،محبت** ،گئی ہے، **جو وفاداری**
ہے لکھا میں 19:7 مکاشفہ:

"آؤ! ہم خوشی منائیں اور شادمان ہوں اور اس کی تمجید کریں، کیونکہ برّہ
کی شادی آ پہنچی اور اس کی بیوی نے اپنے آپ کو تیار کر لیا"۔

یہ آیت ظاہر کرتی ہے کہ:

1. **مسیح کی محبت کا حتمی اظہار برّہ کی شادی کی ضیافت**
میں ہوگا۔
2. **ایمانداروں کو مسیح کے ساتھ ابدی خوشی اور جلال میں**
شامل ہونے کا شرف حاصل ہوگا۔
3. **یہ ضیافت ایک نئی ابدی رفاقت اور مسیح کے وعدوں کی**
تکمیل کا اعلان ہے۔

Strong's Concordance میں "شادی کی ضیافت" (Marriage Supper)
کا تجزیہ:

- **یونانی میں "γάμος" (Gamos – Strong's G1062)**
یعنی "شادی، ایک عظیم جشن یا ضیافت"۔
- **یہ ایک شاندار روحانی تقریب ہے جہاں کلیسیا (دُلہن) اپنے**
مسیح (دُلہا) کے ساتھ ابدی رفاقت میں شریک ہوگی۔

برّہ کی شادی کی ضیافت کا بائبلی پس منظر .2
(1) قدیم یہودی شادی کی روایات اور بائبل میں ان کی
علامتی حیثیت

قدیم یہودی شادی کی تقریب میں تین اہم مراحل ہوتے تھے:

1. **منگنی (Betrothal)** – ایک قانونی معاہدہ، جو مسیح کی
کلیسیا کے ساتھ عہد کی علامت ہے۔
2. **دُلہن کو لے جانا (Fetching the Bride)** – یہ مسیح کی
دوسری آمد کو ظاہر کرتا ہے جب وہ اپنے ایمانداروں کو لے جائے گا۔
3. **شادی کی ضیافت (Wedding Supper)** – یہ آخری جشن
ہوگا، جہاں ایماندار مسیح کے ساتھ شریک ہوں گے۔

یہی ترتیب مسیح کی محبت اور کلیسیا کے ساتھ اس کے تعلق کو سمجھنے میں
مدد دیتی ہے۔

بنایا دلہن اپنی کو کلیسیا نے محبت کی مسیح (2)

افسیوں 5:25-27 میں لکھا ہے:

"اے شوہرو! اپنی بیویوں سے محبت رکھو جیسے مسیح نے بھی کلیسیا سے محبت رکھ کر اپنے آپ کو اس کے واسطے دے دیا تاکہ اس کو کلام کے ساتھ پانی سے غسل دے کر اور صاف کر کے مقدس بنائے اور جلال میں حاضر کرے، جس میں نہ داغ نہ جھری نہ کوئی اور ایسی چیز ہو، بلکہ مقدس اور بے عیب ہو۔"

یہ آیت ظاہر کرتی ہے کہ:

- **مسیح نے کلیسیا کو اپنی دُلہن بنایا، جسے وہ مکمل طور پر پاک کر رہا ہے۔**
- **یہ محبت کسی انسانی محبت سے برتر ہے، کیونکہ اس میں مکمل قربانی، وفاداری، اور تقدیس شامل ہے۔**

Strong's Concordance میں "دُلہن" (Bride) کا تجزیہ:

- **یونانی میں "νύμφη" (Nymphē – Strong's G3565) یعنی "وہ جو شادی کے بندھن میں بندھ چکی ہو۔"**
- **یہ کلیسیا کی طرف اشارہ ہے، جو مسیح کے ساتھ ابدی رفاقت میں شریک ہوگی۔**

---

3. برّہ کی شادی کی ضیافت کی تکمیل – مکاشفہ میں بیان

(1) شادی کی ضیافت میں بلائے جانے والے مبارک ہیں

مکاشفہ 19:9 میں لکھا ہے:

"اور اس نے مجھ سے کہا: لکھ! مبارک ہیں وہ جو برّہ کی شادی کی ضیافت میں بلائے گئے ہیں۔"

یہ ظاہر کرتا ہے کہ:

- **یہ برکت ہر اس شخص کے لیے ہے جو مسیح پر ایمان لاتا ہے۔**
- **یہ دعوت صرف ان کے لیے ہے جو مسیح کے فضل کو قبول کرتے ہیں اور اس کے خون سے دھل جاتے ہیں۔**

Strong's Concordance میں "مبارک" (Blessed) کا تجزیہ:

- یونانی میں "μακάριος" (Makarios – Strong's G3107) یعنی "خوش انتہائی، خوشحال اور خدا کے فضل میں شریک"۔

---

(2) غیر ایماندار اس ضیافت میں شریک نہیں ہوں گے

متی 22:11-14 میں ایک شخص بغیر شادی کے لباس میں پایا گیا، جسے ضیافت سے نکال دیا گیا:

"تب بادشاہ نے خادموں سے کہا: اس کے ہاتھ پاؤں باندھ کر اسے باہر اندھیرے میں ڈال دو، وہاں رونا اور دانت پیسنا ہوگا۔ کیونکہ بہتیرے بلائے جاتے ہیں، مگر تھوڑے چنے جاتے ہیں۔"

یہ ثابت کرتا ہے کہ:

- **صرف وہی لوگ اس ضیافت میں شریک ہوں گے جو مسیح کے فضل میں شامل ہیں۔**
- **جو مسیح کی محبت کو رد کرتے ہیں، وہ اس ابدی برکت سے محروم رہیں گے۔**

Strong's Concordance میں "چنے گئے" (Chosen) کا تجزیہ:

- **یونانی میں "ἐκλεκτός" (Eklektos – Strong's G1588) یعنی "وہ جو خاص طور پر بلائے گئے اور چنے گئے ہوں"۔**

---

4. ایمانداروں کی ذمہ داری – شادی کی ضیافت کے لیے تیاری

(1) ہمیں خود کو مقدس اور تیار رکھنا چاہیے

مکاشفہ 19:8 میں لکھا ہے:

"اور اسے چمکدار اور صاف مہین کتانی کپڑا پہننے کا اختیار دیا گیا، کیونکہ یہ مہین کتانی کپڑا مقدسوں کی راستبازی کے اعمال ہیں۔"

یہ آیت ظاہر کرتی ہے کہ:

- **ایمانداروں کو پاکیزگی اور راستبازی میں زندگی گزارنی چاہیے تاکہ وہ اس ضیافت کے لیے تیار ہوں۔**

---

(2) ہمیں ہمیشہ مسیح کی آمد کا انتظار کرنا چاہیے

لوقا 12:35-36 میں لکھا ہے:

"تمہاری کمر کسی رہے اور تمہارے چراغ جلتے رہیں، اور تم ان آدمیوں کی مانند رہو جو اپنے مالک کے انتظار میں ہیں۔"

یہ ثابت کرتا ہے کہ:

- چاہیے۔ رہنا چوکنا ہمیشہ پر طور روحانی ہمیں

5. نتیجہ – مسیح کی محبت اور برّہ کی شادی کی معراج کی ضیافت

1. مسیح کی محبت نے کلیسیا کو اپنی دُلہن بنایا ہے (افسیوں 5:25-27)۔
2. یہ شادی کی ضیافت ابدی خوشی اور مسیح کے ساتھ رفاقت کی علامت ہے (مکاشفہ 19:7-9)۔
3. صرف وہی لوگ شامل ہوں گے جو مسیح کی راستبازی میں شریک ہیں (متی 22:11-14)۔
4. ہمیں اپنے آپ کو مقدس اور تیار رکھنا چاہیے تاکہ اس دعوت میں شامل ہو سکیں (مکاشفہ 19:8)۔

آخری بات:

برّہ ہمیں مسیح کی محبت کی شادی کی ضیافت میں شرکت کی دعوت دیتی ہے۔ یہی مسیح کی محبت اور اس کے وعدے کی تکمیل ہے – ابدی خوشی، جلال، اور اس کے ساتھ دائمی رفاقت!

"آؤ، کیونکہ سب کچھ تیار ہو گیا ہے۔" (لوقا 14:17)

یہی برّہ کی محبت کی حتمی دعوت ہے – ہمیشہ کی خوشی میں شریک ہو جاؤ!

باب اول: مسیح کی محبت اور نیا یروشلیم (The Love of Christ and the New Jerusalem)

"اور میں نے شہر مقدس، نیا یروشلیم، خدا کے پاس سے آسمان سے اترتے دیکھا، جو اپنے شوہر کے لیے سنوری ہوئی دلہن کی مانند تیار تھا" (مکاشفہ 21:2)

1. تعارف – مسیح کی محبت اور نیا یروشلیم کا تعلق

مسیح کی محبت کی معراج اور خدا کی ابدی حضوری کا مرکز نیا یروشلیم ہے۔ یہ ایمانداروں کے لیے ابدی مسکن ہوگا، جہاں وہ ہمیشہ کے لیے خدا کے ساتھ رہیں گے۔

مسیح نے اپنے شاگردوں سے وعدہ کیا:

"میرے باپ کے گھر میں بہت سے مکان ہیں... میں جاتا ہوں تاکہ تمہارے لیے جگہ تیار کروں" (یوحنا 14:2)۔

یہ ظاہر کرتا ہے کہ:

1. ہے۔ تکمیل کی وعدے اور محبت کی خدا یروشلیم نیا
2. کی مسیح جو ،ہے مقام خاص ایک لیے کے ایمانداروں یہ
ہے۔ گیا کیا تیار سے محبت
3. علامت کی راستبازی اور ،خوشی ،سکون ابدی جگہ یہ
ہوگی۔

Strong's Concordance میں "یروشلیم نیا" (**New Jerusalem**) کا
تجزیہ:

- یونانی میں "καινὸς Ἰερουσαλήμ" (**Kainos Ierousalēm – Strong's G2537, G2419**) یعنی "ایک بالکل نیا اور جلالی شہر، جو آسمانی اور الٰہی شان کا حامل ہو"۔

---

2. پیشگوئی بائبلی کی یروشلیم نیا

(1) گوئی پیشن کی نبی یسعیاہ

یسعیاہ 17:65-18 میں خدا فرماتا ہے:

"کیونکہ دیکھو! میں نیا آسمان اور نئی زمین پیدا کرتا ہوں... اور میں یروشلیم کو خوشی کا مقام اور اس کے لوگوں کو شادمانی کا باعث بنا دوں گا۔"

یہ آیت ظاہر کرتی ہے کہ:

- نیا یروشلیم ایک ایسا مقام ہوگا جہاں ہمیشہ خوشی اور شادمانی ہوگی۔
- یہ زمین دکھوں اور تکالیف سے آزاد ہوگا۔

Strong's Concordance میں "خوشی" (**Joy**) کا تجزیہ:

- عبرانی میں "שִׂמְחָה" (**Simchah – Strong's H8057**) یعنی "انتہائی خوشی، مسرت، اور ابدی شادمانی"۔

---

(2) مکاشفہ میں نیا یروشلیم کی تفصیل

مکاشفہ 21:2 میں یوحنا رسول فرماتے ہیں:

"اور میں نے مقدس شہر، نیا یروشلیم، خدا کے پاس سے آسمان سے اترتے دیکھا، جو اپنے شوہر کے لیے سنوری ہوئی دلہن کی مانند تیار تھا۔"

یہ ظاہر کرتا ہے کہ:

- یہ شہر خدا کی حضوری سے آسمان سے نازل ہوگا۔
- یہ مسیح اور اس کی کلیسیا (دُلہن) کی دائمی رفاقت کی علامت ہوگا۔

Strong's Concordance میں "دُلہن" (**Bride**) کا تجزیہ:

- میں یونانی "νύμφη" (Nymphē – Strong's G3565)
"ہو تیار لیے کے شادی جو وہ" یعنی-
- ابدی کے اس ساتھ کے مسیح اور پاکیزگی کی کلیسیا یہ
ہے۔ علامت کی تعلق

---

3. کی محبت کی مسیح – خصوصیات کی یروشلیم نیا جھلکیاں

(1) ہوگی لیے کے ہمیشہ حضوری کی خدا

مکاشفہ 21:3 میں لکھا ہے:

"دیکھو! خدا کا خیمہ آدمیوں کے درمیان ہے، اور وہ ان کے ساتھ سکونت کرے گا، اور وہ اس کے لوگ ہوں گے، اور خدا آپ ہی ان کے ساتھ رہے گا اور ان کا خدا ہوگا"۔

یہ آیت ظاہر کرتی ہے کہ:

- گی۔ رہے ہمیشہ حضوری کی خدا میں یروشلیم نیا
- نہیں تنہا کبھی ہمیں وہ کہ ہے انتہا کی محبت کی مسیح یہی
گا۔ چھوڑے

---

(2) کوئی موت، غم، یا آنسو نہیں ہوں گے

مکاشفہ 21:4 میں لکھا ہے:

"اور وہ ان کی آنکھوں کے سب آنسو پونچھ دے گا، اور اس کے بعد نہ موت رہے گی، نہ ماتم، نہ رونا، نہ درد، کیونکہ جو کچھ پہلے کا تھا، وہ جاتا رہا"۔

یہ ظاہر کرتا ہے کہ:

- گی۔ دے مٹا کو دکھ اور، درد، غم ہر محبت کی مسیح
- ہوگی۔ خوشی اور سکون ابدی جہاں ہوگا مقام ایسا ایک یہ

---

(3) حسن جلالی کا یروشلیم نیا

مکاشفہ 21:18-21 میں لکھا ہے کہ:

- چمکتا مانند کی شیشے شفاف جو، ہوگا بنا کا سونے شہر
ہوگا۔
- گی۔ ہوں جڑی سے جواہرات قیمتی بنیادیں کی اس
- ایک دروازہ ہر اور، گے ہوں کے موتیوں دروازے کے اس
ہوگا۔ کا موتی ہی

یہ ثابت کرتا ہے کہ:

- ہوگا۔ حامل کا شوکت و شان بالاتر سے تخیل انسانی شہر یہ

• ہوگا۔ علامت کی جلال اور محبت انتہا ہے کی مسیح یہ
Strong's Concordance میں "سونا" **(Gold)** کا تجزیہ:
• یونانی میں "χρυσίον" **(Chrysion – Strong's G5553)** یعنی "بہترین خالص سونا، جو الٰہی شان کا اظہار کرے"۔

---

4. کی مسیح – شرط کی ہونے داخل میں یروشلیم نیا نجات وسیلے کے محبت

(1) کتاب کی زندگی نام کے جن گے ہوں داخل وہی ہیں لکھے میں

مکاشفہ 21:27 میں لکھا ہے:

"اور اس میں کوئی ناپاک چیز یا وہ جو گھنونے کام کرتا ہے، یا جھوٹ بولتا ہے، ہرگز داخل نہ ہوگا، مگر وہی جو برّہ کی زندگی کی کتاب میں لکھے ہیں۔"

یہ ظاہر کرتا ہے کہ:

• **صرف وہی لوگ نیا یروشلیم میں داخل ہوں گے جو مسیح کی محبت کو قبول کر چکے ہیں۔**

Strong's Concordance میں "کتاب کی زندگی" **(Book of Life)** کا تجزیہ:

• یونانی میں "βιβλίον τῆς ζωῆς" **(Biblion Tēs Zōēs – Strong's G976, G2222)** یعنی "خدا کی فہرست جس میں نجات یافتہ لوگوں کے نام درج ہیں"۔

---

5. لیے کے یروشلیم نیا – داری ذمہ کی ایمانداروں رہنا تیار

(1) ہمیں پاکیزہ زندگی گزارنی چاہیے

عبرانیوں 12:14 میں لکھا ہے:

"پاکیزگی کے پیچھے چلو، کیونکہ اس کے بغیر کوئی خداوند کو نہیں دیکھے گا۔"

(2) ہمیں نئے یروشلیم کی امید کو اپنے دل میں زندہ رکھنا چاہیے

ططس 2:13 میں لکھا ہے:

جلال کے مسیح یسوع دہندہ نجات اور خدا عظیم ہمارے اور امید مبارک اس''
-''رہیں منتظر کے ہونے ظاہر کے

کی یروشلیم نیا اور محبت کی مسیح – نتیجہ .6
معراج

1. ایماندار جہاں ،ہے تکمیل کی محبت کی مسیح یروشلیم نیا
-(21:2 مکاشفہ) گے رہیں ساتھ کے اس ہمیشہ
2. -(21:4 مکاشفہ) ہوگی پاک سے دکھ اور ،موت ،غم جگہ یہ
3. مکاشفہ) ہوگا معمور سے خوبصورتی اور جلال الٰہی شہر یہ
21:18-21)-
4. میں حیات کتابِ کی برّہ جو گے ہوں داخل لوگ وہی صرف
-(21:27 مکاشفہ) ہیں درج

:بات آخری

ہے، جہاں دیتی دعوت کی ہونے داخل میں یروشلیم مسیح کی محبت ہمیں نئے
گے۔ رہیں ساتھ کے اس لیے کے ہم ہمیشہ
(مکاشفہ 21:5)۔ ''ہوں بناتا نیا کو چیزوں سب میں !دیکھو''
،یروشلیم نیا – ہے تکمیل کی وعدے ابدی کے اس اور محبت کی یہی مسیح
!گھر ابدی

تخت کا خدا اور محبت کی مسیح :اول باب (The Love of Christ and the Throne of God)

مکاشفہ) "تھا بیٹھا کوئی پر اس اور تھا رکھا پر آسمان تخت ایک ،دیکھو اور"
4:2)

کا تخت کے خدا اور محبت کی مسیح – تعارف .1
تعلق

بادشاہی کی علامت ہے۔ ابدی اور ،قدرت ،خدا کا تخت حاکمیت
زندگی میں ظاہر ہوتی ہے، بلکہ یہ ابدی اور ،تقدیس ،مسیح کی محبت نہ صرف نجات
ہے۔ جاتی لے قریب کے تخت کے خدا ہمیں
:ہے لکھا میں 4:16 عبرانیوں
اور ہو رحم پر ہم تاکہ چلیں سے دلیری پاس کے تخت کے فضل ہم !آؤ پس''
-''کرے مدد ہماری وقت کے ضرورت جو کریں حاصل فضل وہ
:یہ آیت ظاہر کرتی ہے کہ

1. ہے۔ دیتی رسائی تک تخت کے فضل ہمیں محبت کی مسیح
2. کیونکہ ہیں سکتے ہو حاضر خوف بلا حضور کے خدا ہم
ہے۔ کھولی راہ لیے ہمارے نے مسیح
3. محبت اور رحم بلکہ نہیں علامت کی طاقت محض تخت یہ
ہے۔ بھی منبع کا

Strong's Concordance میں "تخت" (Throne) کا تجزیہ:

- میں یونانی "θρόνος" (Thronos – Strong's G2362)
"اختیار خدائی یا ،حاکمیت ،تخت شاہی" یعنی-
- ،ہے کرتا حکمرانی خدا سے جہاں ہے جگہ ایسی ایک یہ
ہے۔ کرتا عطا فضل اور محبت ہی ساتھ لیکن

---

2. تصویر بائبلی کی تخت کے خدا

(1) ہے متزلزل غیر اور ابدی تخت کا خدا

زبور 45:6 میں لکھا ہے:

"اے خدا! تیرا تخت ابد تک قائم ہے، تیری سلطنت کا عصا راستی کا عصا ہے"۔

یہ آیت ظاہر کرتی ہے کہ:

- **خدا کی بادشاہی ہمیشہ قائم رہے گی، کیونکہ اس کا تخت ابدی ہے۔**
- **یہ تخت انصاف، سچائی، اور محبت پر مبنی ہے۔**

Strong's Concordance میں "ابد تک" (Forever) کا تجزیہ:

- **عبرانی میں "עוֹלָם" (Olam – Strong's H5769) یعنی "ہمیشہ کے لیے، غیر متزلزل"۔**

---

(2) مسیح کو تخت پر بٹھایا گیا

عبرانیوں 1:8 میں لکھا ہے:

"لیکن بیٹے سے کہتا ہے: اے خدا! تیرا تخت ابد تک قائم ہے، اور تیری بادشاہی کا عصا راستی کا عصا ہے"۔

یہ ظاہر کرتا ہے کہ:

- **مسیح کو خدا کے تخت میں شریک کیا گیا ہے۔**
- **وہ ہمیشہ کے لیے حکمرانی کرے گا اور اس کی بادشاہی راستبازی پر قائم ہے۔**

---

3. فضل تختِ اور محبت کی مسیح

(1) دی رسائی تک فضل تختِ نے مسیح

رومیوں 5:2 میں لکھا ہے:

"جس کے وسیلہ سے ہم نے اس فضل تک رسائی پائی، جس پر ہم قائم ہیں اور خدا کے جلال کی امید پر فخر کرتے ہیں"۔

یہ ثابت کرتا ہے کہ:

- **مسیح کی محبت نے ہمیں خدا کے تخت کے قریب کیا۔**
- **یہ تخت فضل، رحمت، اور نئی زندگی کا منبع ہے۔**

Strong's Concordance میں "فضل" (Grace) کا تجزیہ:

- **یونانی میں "χάρις" (Charis – Strong's G5485)**

یعنی "بغیر کسی قیمت کے دیا گیا الٰہی تحفہ"۔

---

(2) مسیح کے وسیلہ سے ہم تخت کے وارث ہیں

مکاشفہ 3:21 میں مسیح فرماتا ہے:

"جو غالب آئے، میں اسے اپنے ساتھ اپنے تخت پر بٹھاؤں گا، جیسے میں غالب آ کر اپنے باپ کے ساتھ اس کے تخت پر بیٹھا"۔

یہ ظاہر کرتا ہے کہ:

- **مسیح کی محبت ہمیں تخت کے وارث بناتی ہے۔**
- **جو ایمان میں ثابت قدم رہتے ہیں، وہ مسیح کے ساتھ حکمرانی میں شریک ہوں گے۔**

---

4. خدا کے تخت سے جاری ہونے والی برکات

(1) زندگی کا دریا تخت سے بہتا ہے

مکاشفہ 22:1 میں یوحنا دیکھتا ہے:

"اور اس نے مجھے بلور کی مانند چمکتا ہوا زندگی کے پانی کا دریا دکھایا، جو خدا اور برّہ کے تخت سے نکل کر بہتا تھا"۔

یہ آیت ظاہر کرتی ہے کہ:

- **خدا کے تخت سے ابدی زندگی کا پانی بہتا ہے۔**
- **یہ پانی مسیح کی محبت اور حیاتِ جاودانی کی علامت ہے۔**

Strong's Concordance میں "زندگی کا دریا" (River of Life) کا تجزیہ:

- میں یونانی "ποταμὸς ὕδατος ζωῆς" (Potamos Hydatos Zōēs – Strong's G4215, G5204, G2222) یعنی "ایسا دریا جو ہمیشہ زندگی بخشتا رہے"۔

---

(2) خدا کا تخت نیا یروشلیم میں ہوگا

مکاشفہ 22:3 میں لکھا ہے:

"اور پھر کسی قسم کی لعنت نہ ہوگی، اور خدا اور برّہ کا تخت اس میں ہوگا، اور اس کے بندے اس کی عبادت کریں گے۔"

یہ ظاہر کرتا ہے کہ:

- خدا اور مسیح کا تخت نیا یروشلیم میں ہوگا۔
- یہ تخت محبت، جلال، اور ہمیشہ کی حضوری کا مقام ہوگا۔

---

5. ایمانداروں کی ذمہ داری – خدا کے تخت کے سامنے کیسے جینا چاہیے؟

(1) ہمیں دلیری سے خدا کے حضور آنا چاہیے

عبرانیوں 4:16 میں لکھا ہے:

"پس آؤ! ہم فضل کے تخت کے پاس دلیری سے چلیں۔"

یہ ثابت کرتا ہے کہ:

- ہمیں دعا، عبادت، اور مسیح کے وسیلے دلیری کے ساتھ خدا کے قریب جانا چاہیے۔

---

(2) ہمیں مسیح کی حکمرانی کو قبول کرنا چاہیے

کلسیوں 3:1 میں لکھا ہے:

"پس اگر تم مسیح کے ساتھ جلائے گئے ہو، تو اوپر کی چیزیں تلاش کرو، جہاں مسیح خدا کے دہنے ہاتھ بیٹھا ہے۔"

یہ ظاہر کرتا ہے کہ:

- ہمیں دنیاوی چیزوں کے بجائے آسمانی بادشاہی پر اپنی توجہ مرکوز رکھنی چاہیے۔

---

6. نتیجہ – مسیح کی محبت اور خدا کے تخت کی معراج

1. خدا کا تخت ابدی، راستباز، اور جلالی ہے (زبور 45:6)۔

2. لیے کے ہمیشہ وہ اور ،گیا بٹھایا پر تخت کو مسیح
حکمرانی گا کرے (عبرانیوں 1:8)-

3. تخت کے فضل کے خدا وسیلے کے محبت کی مسیح ہمیں
تک رسائی دی گئی ہے (رومیوں 5:2)-

4. کے اس ساتھ کے مسیح وہ ،گے آئیں غالب میں ایمان جو
تخت پر بیٹھیں گے (مکاشفہ 3:21)-

5. کا زندگی جہاں ،ہوگا تخت کا برّہ اور خدا میں یروشلیم نیا
دریا بہے گا (مکاشفہ 22:1-3)-

بات آخری:

ہمیشہ ہم جہاں ،ہے جاتی لے قریب کے تخت کے خدا مسیح کی محبت ہمیں
گے۔ رہیں میں حضوری کی اس لیے کے
مکاشفہ) "گا بٹھاؤں پر تخت اپنے ساتھ اپنے اسے میں ،آئے غالب جو"
3:21)-
لیے کے ہمیشہ – ہے پیغام حتمی کا تخت کے خدا اور محبت کی یہی مسیح
!ہونا شریک میں بادشاہی کی اس

باب 02

بنیادیں بائبلی کی محبت کی مسیح :دوم باب

عتیق عہدِ اور محبت کی مسیح (The Love of Christ in the Old Testament)

کہے تو تاکہ دی خبر کی اس سے ہی پہلے اور ،بتایا تجھے نے میں سے ہی ابتدا اور" کہ میرا بُت اسے کر گزرا ہے" (یسعیاہ 48:5)

اظہار میں عتیق عہدِ کا محبت کی مسیح – تعارف .1

عتیق گیا، لیکن **عہدِ کیا ظاہر پر طور مکمل میں جدید** اگرچہ مسیح کی محبت کو **عہدِ میں اس کی محبت کی جھلکیاں ،پیشگوئیاں ،اور علامتی اشارات موجود ہیں۔**

لوقا 24:27 میں لکھا ہے:
"تب اس نے موسیٰ سے اور سب نبیوں سے شروع کر کے تمام کتابوں میں ان باتوں کی وضاحت کی جو اس کے بارے میں لکھی گئی تھیں"۔

یہ ظاہر کرتا ہے کہ:

1. **مسیح کی محبت صرف عہدِ جدید تک محدود نہیں بلکہ عہدِ عتیق میں بھی واضح ہے۔**
2. **عہدِ عتیق کے قوانین، قربانیاں، اور سب نبوتیں مسیح کی محبت کی نشانیاں ہیں۔**
3. **پرانے عہد میں خدا نے بارہا اپنی محبت کا اعلان کیا، جو مسیح میں مکمل ہوئی۔**

Strong's Concordance میں "محبت" (Love) کا تجزیہ:

- **عبرانی میں "חֶסֶד" (Chesed – Strong's H2617) یعنی "وفادار، لازوال، اور رحم بھری محبت"۔**

- میں مسیح جو ،ہے رکھتا ساتھ کے لوگوں اپنے خدا جو ہے محبت وہ یہ ہوئی۔ مکمل

اظہار میں عتیق عہدِ کا محبت کی خدا .2

اظہار کا محبت میں باغ کے عدن (1)

دیا وعدہ نے خدا میں 3:15 پیدائش:
درمیان کے نسل کی اس اور نسل تیری اور ،درمیان کے عورت اور تیرے میں اور" "گا کاٹے کو ایڑی کی اس تو اور گی کچلے کو سر تیرے وہ گا؛ ڈالوں دشمنی۔

یہ آیت ظاہر کرتی ہے کہ:

- **گا چھوڑے اسے باوجود کے گناہ کے انسان خدا کہ ہے گوئی پیشن پہلی یہ نہیں۔**
- **سے سب کا محبت کہ جو ،گا پائے فتح پر شیطان مسیح یعنی نسل کی عورت ہے۔ اظہار بڑا**

Strong's Concordance میں "نسل" (Seed) کا تجزیہ:

- **کی وعدہ ،نسل" یعنی (Zera – Strong's H2233) "זֶרַע" میں عبرانی "تکمیل۔**

اظہار کا محبت میں نظام کے قربانیوں (2)

احبار 17:11 میں لکھا ہے:
پر گاہ قربان لیے تمہارے اسے نے میں اور ،ہے میں خون جان کی جسم کیونکہ" "ہو کفارہ لیے کے جانوں تمہاری تاکہ دیا دے۔

یہ آیت ظاہر کرتی ہے کہ:

- **جانا بہایا خون لیے کے معافی کی گناہ کہ تھی علامت ایک نظام کا قربانیوں ہے۔ ضروری**

- نجات ہمیں وہ جہاں ،تھی تصویر پیشگی کی قربانی صلیبی کی مسیح یہ گا۔ بہائے خون اپنا لیے کے دینے

Strong's Concordance میں "کفارہ" **(Atonement)** کا تجزیہ:

- معاف ،ڈھانپنا" یعنی **(Kaphar – Strong's H3722)** "כָּפַר" میں عبرانی "دینا بدل یا ،کرنا"۔

تصویر کی محبت میں آزمائش کی اسحاق اور ابراہیم (3)

پیدائش 22:2 میں خدا نے ابراہیم سے کہا:

"اب اپنے بیٹے کو ،اپنے اکلوتے بیٹے کو، جس سے تو محبت کرتا ہے، یعنی اسحاق کو لے اور موریاہ کے ملک میں جا اور وہاں اسے جلانے کی قربانی کے طور پر چڑھا"۔

یہ ثابت کرتا ہے کہ:

- یہ خدا کے اس منصوبے کا عکس تھا کہ وہ بھی اپنا اکلوتا بیٹا ہمارے لیے قربان کرے گا۔
- جیسے اسحاق قربان ہونے کے لیے تیار تھا، ویسے ہی مسیح بھی صلیب پر گیا۔

Strong's Concordance میں "اکلوتا" **(Only Begotten)** کا تجزیہ:

- عبرانی میں "יָחִיד" **(Yachid – Strong's H3173)** یعنی "اکیلا، منفرد، یا بے مثال"۔

---

3. عہدِ عتیق کی نبوتوں میں مسیح کی محبت

مسیح کا دکھ اٹھانا اور محبت کا اظہار (1)

یسعیاہ 53:5 میں لکھا ہے:

"لیکن وہ ہماری خطاؤں کے سبب سے گھائل کیا گیا اور ہماری بدکاریوں کے باعث کچلا گیا؛ ہماری ہی سلامتی کی سزا اس پر تھی، اور اس کے کوڑوں سے ہم شفا پائے"۔

مسیح کی محبت

:یہ آیت ظاہر کرتی ہے کہ

- **مجبور پر بننے قربانی لیے کے گناہ کے انسانوں اسے نے محبت کی مسیح کیا۔**
- **کچلا اور زخمی لیے ہمارے وہ کہ تھا یہ اظہار بڑا سے سب کا محبت کی اس گیا۔**

گوئی پیشن کی مشن کے مسیح میں یسعیاہ (2)

:یسعیاہ 61:1 میں لکھا ہے
کو غریبوں میں تاکہ کیا مسح مجھے نے اس کیونکہ ،ہے پر مجھ روح کا خداوند" ۔"دوں شفا کو دلوں شکستہ کہ بھیجا مجھے نے اس ،سناؤں خوشخبری

:یہ ظاہر کرتا ہے کہ

- **شفا کو دلوں وہ بلکہ نہیں محدود تک معافی کی گناہ صرف محبت کی مسیح تھا۔ آیا دینے**
- **تھی۔ بنیاد کی مشن پورے کے اس محبت یہی**

کی عتیق عہدِ – اطلاق عملی کا محبت کی مسیح .4 میں روشنی

رکھنی محبت جیسی مسیح لیے کے دوسروں بھی ہمیں (1) چاہیے

:میکاہ 6:8 میں لکھا ہے
کیا سے تجھ خداوند اور ہے اچھا کیا کہ دیا کر بیان سے تجھ نے اس !آدمی اے" ساتھ کے فروتنی اور ،کرے رحم اور ،کرے انصاف تو کہ کے اس سوائے ،ہے چاہتا ۔"چلے ساتھ کے خدا اپنے

:یہ آیت ثابت کرتی ہے کہ

- ہے۔ رکھتا توقع کی رحم اور محبت سے ہم خدا
- چاہیے۔ کرنا ظاہر میں زندگی اپنی کو محبت کی مسیح بھی ہمیں

معراج کی عتیق عہدِ اور محبت کی مسیح – نتیجہ **5.**

1. پیدائش) تھی علامت کی محبت کی مسیح گوئی پیشن پہلی گئی دی میں عدن 3:15)-
2. -(17:11 احبار) تھا کرتا اشارہ طرف کی کفارہ کے مسیح نظام کا قربانیوں
3. تھی تصویر پیشگی کی قربانی کی مسیح آزمائش کی اسحاق اور ابراہیم (22:2 پیدائش)-
4. کی گوئی پیشن کی دکھوں کے اس اور محبت کی مسیح نے نبی یسعیاہ (53:5 یسعیاہ)-
5. ہے۔ بیان کا خدمت بھری محبت کے مسیح میں **61:1** یسعیاہ
6. -(**6:8** میکاہ) چاہیے بانٹنا ساتھ کے دوسروں کو محبت کی مسیح ہمیں

:بات آخری

ہوئی۔ مکمل میں جدید عہدِ جو ،ہے جھلکتی بھی میں عتیق مسیح کی محبت عہدِ اور ،ہے والا کرنے محبت سے ہمیشہ خدا – ہے حقیقت بڑی سے سب کی یہی بائبل !ہوئی مکمل میں مسیح محبت کی اس

"پر تم کو شفقت اپنی نے میں لیے اس ،رکھی محبت ابدی سے تم نے میں کیونکہ (یرمیاہ 31:3)۔ "رکھا قائم

بے اور ،دائمی ،متزلزل غیر – ہے پیغام حتمی کا عتیق عہدِ اور محبت کی یہی مسیح !محبت حساب و حد

محبت کی مسیح میں عتیق عہدِ :دوم باب

(**7:7-8** استثنا) – عہد کا خدا ساتھ کے اسرائیل

"سب میں تعداد تم کہ رکھی محبت سے تم نہ اور چُنا نہ لیے اس تمہیں نے خداوند" نے اس اور رکھی محبت سے تم نے خداوند کہ لیے اس بلکہ ،تھے زیادہ سے قوموں (7:7-8 استثنا) "تھی کھائی سے دادا باپ تمہارے نے اس جو کیا پورا کو قسم اس

اظہار میں عتیق عہدِ کا محبت کی خدا – تعارف .1

وفاداری کا سب سے بڑا ثبوت ہے۔ **اور عہد** اس کی **محبت ساتھ کے** خدا **کا اسرائیل مشروط غیر کی وعدہ** ہے، جس کی بنیاد **خدا الٰہی ایک بلکہ** نہیں **معاہدہ ایک** یہ **محض محبت** ہے۔

ہے فرماتا خدا میں 31:3 یرمیاہ:
پر تم کو شفقت اپنی نے میں لیے اس ،رکھی محبت ابدی سے تم نے میں کیونکہ" رکھا قائم"۔

یہ آیت ظاہر کرتی ہے کہ:

1. **ہے۔ متزلزل غیر اور ابدی محبت کی خدا**
2. **اپنے کے خدا بلکہ نہیں پر بنیاد کی اعمال یا خوبی انسانی کسی محبت یہ ہے۔ مبنی پر فیصلے کے جانے چنے**
3. **لایا۔ نجات لیے کے قوموں تمام جو ،ہوئی مکمل میں مسیح محبت یہی**

Strong's Concordance □□□ "□□□□" ***(Love)*** □□ □□□□□:

- **رحم ،وفادار" یعنی (Chesed – Strong's H2617) "חֶסֶד" میں عبرانی محبت مشروط غیر ،بھری"۔**
- **کرتی ظاہر کو رحم اور ،وفاداری ،شفقت کی خدا لیے کے اسرائیل محبت یہ ہے۔**

محبت متزلزل غیر کی خدا – عہد ساتھ کے اسرائیل .2

مقصد کا چننے کو اسرائیل کا خدا (1)

استثنا 7:7-8 میں لکھا ہے:
سب میں تعداد تم کہ رکھی محبت سے تم نہ اور چُنا نہ لیے اس تمہیں نے خداوند" اس اور رکھی محبت سے تم نے خداوند کہ لیے اس بلکہ ،تھے زیادہ سے قوموں تھی کھائی سے دادا باپ تمہارے نے اس جو کیا پورا کو قسم اس نے"۔

:یہ آیت ظاہر کرتی ہے کہ

- **تھا۔ نہیں پر بنیاد کی تعداد یا قابلیت کسی چناؤ کا اسرائیل**
- **اور ،اسحاق ،ابراہیم نے اس جو ،تھا فیصلہ کا محبت اپنی کی خدا محض یہ تھا۔ کیا وعدہ سے یعقوب**
- **ہوئی۔ مہیا لیے کے قوموں تمام وسیلے کے مسیح میں جدید عہدِ محبت یہی**

Strong's Concordance میں "چننا" (Choose) کا تجزیہ:

- **،کرنا منتخب" یعنی (Bachar – Strong's H977) "בָּחַר" میں عبرانی "لیے کے مقصد خاص کسی کرنا الگ۔**

---

(2) نہیں مبنی پر شرط کسی محبت کی خدا

:حبقوق 3:17-18 میں لکھا ہے
"اگرچہ انجیر کا درخت نہ پھلے، اور تاک میں پھل نہ لگے... تو بھی میں خداوند میں خوش رہوں گا اور اپنے نجات دینے والے خدا میں شادمان ہوں گا۔"

:یہ آیت ظاہر کرتی ہے کہ

- **نہیں۔ منحصر پر کامیابی انسانی یا نعمت مادی کسی محبت کی خدا**
- **ہے۔ پہنچتی کو تکمیل اپنی میں مسیح جو ،ہے محبت مشروط غیر یہ**

---

3. کی عہد میں مسیح – تکمیل کی عہد کے محبت کی خدا تجدید

(1) عہد نیا کا مسیح اور عہد کا موسیٰ

:یرمیاہ 31:31-33 میں خدا فرماتا ہے
"دیکھو! وہ دن آتے ہیں، خداوند فرماتا ہے، جب میں بنی اسرائیل اور بنی یہوداہ کے ساتھ ایک نیا عہد باندھوں گا۔"

:یہ ظاہر کرتا ہے کہ

- پر محبت اور فضل عہد نیا کا مسیح جبکہ ،تھا مبنی پر قانون عہد کا موسیٰ ہے۔ مبنی
- جو ہے لیے کے ایک ہر بلکہ ،نہیں محدود تک اسرائیل صرف اب محبت یہ لائے۔ ایمان

Strong's Concordance میں "عہد" (Covenant) تجزیہ کا:

- قانونی ،وعدہ" یعنی (Berith – Strong's H1285) "בְּרִית" میں عبرانی "معاہدہ روحانی یا۔

کیا قائم کو عہد نئے سے خون اپنے نے مسیح (2)

متی 26:28 میں یسوع نے فرمایا:
کے معافی کی گناہوں لیے کے بہتیروں جو ہے عہد کا خون میرے یہ کیونکہ" واسطے بہایا جاتا ہے"۔

یہ ظاہر کرتا ہے کہ:

- ہوا۔ میں قربانی کی مسیح اظہار آخری کا محبت کی خدا
- ہے۔ بنیاد کی نجات مکمل اور کامل یہ مگر ،ہے تسلسل کا عہد پرانے عہد یہ

نشانیاں کی عہد کے خدا ساتھ کے اسرائیل **.4**

آزادی کی محبت – خروج (1)

خروج 6:6 میں خدا فرماتا ہے:
آزاد سے غلامی کی ان تمہیں اور ،گا لاؤں نکال سے بوجھ کے مصریوں تمہیں میں" گا کراؤں"۔

یہ ظاہر کرتا ہے کہ:

- تھی۔ ثبوت عملی کا محبت کی خدا آزادی سے مصر کی اسرائیل

- کرتا آزاد سے غلامی کی گناہ ہمیں جو ،تھی علامت کی محبت کی مسیح یہ ہے۔

Strong's Concordance میں "کرنا آزاد" (Redeem) تجزیہ کا:

- **چھڑانا کو کسی" یعنی (Ga'al – Strong's H1350) "גָּאַל" میں عبرانی، دینا رہائی"۔**

کفالت کی محبت – سلویٰ و من (2)

استثنا 8:3 میں لکھا ہے:

"اس نے تمہیں من کھلایا، تاکہ تم جان لو کہ انسان فقط روٹی سے جیتا نہیں بلکہ ہر ایک بات جو خداوند کے منہ سے نکلتی ہے۔"

یہ ثابت کرتا ہے کہ:

- **خدا کی محبت جسمانی ضروریات کو بھی پورا کرتی ہے۔**
- **یہ مسیح کی محبت کی طرف اشارہ کرتا ہے، جس نے خود کو "زندگی کی روٹی" کہا (یوحنا 6:35)۔**

---

5. ایمانداروں کے لیے عملی سبق – خدا کی محبت کے عہد میں ہماری ذمہ داری

(1) ہمیں خدا کی محبت کے جواب میں اس کے احکام پر چلنا چاہیے

استثنا 7:9 میں لکھا ہے:

"پس جان لے کہ خداوند تیرا خدا وہی خدا ہے، جو وفادار خدا ہے، اور جو اس سے محبت رکھتے اور اس کے حکموں کو مانتے ہیں، ان کے ساتھ ہزار پشتوں تک عہد قائم رکھتا ہے۔"

یہ ظاہر کرتا ہے کہ:

- ہے۔ دیتی ترغیب کی فرمانبرداری کی اس ہمیں محبت کی خدا

بانٹنا ساتھ کے دوسروں کو محبت کی مسیح ہمیں (2) چاہیے

متی 37:22-39 میں یسوع نے فرمایا:
عقل ساری اپنی اور ،جان ساری اپنی ،دل سارے اپنے سے خدا اپنے خداوند تو" برابر اپنے سے پڑوسی اپنے تو کہ ہے یہ برابر کے اس دوسرا رکھ محبت سے "رکھ محبت۔

یہ ثابت کرتا ہے کہ:

- **کریں۔ محبت سے قریبوں اپنے ہم کہ ہے یہی جواب حقیقی کا محبت کی خدا**

معراج کی محبت کی عہد کے خدا – نتیجہ .6

1. **استثنا) تھا ثبوت کا محبت مشروط غیر کی اس عہد کا خدا ساتھ کے اسرائیل** 7:7-8)۔
2. **تھی علامت کی وفاداری کی خدا بلکہ ،نہیں معاہدہ ایک محض محبت یہ** (یرمیاہ 31:3)۔
3. **متی) کیا پیش لیے کے قوموں تمام کو محبت اس میں عہد نئے نے مسیح** 26:28)۔
4. **22:37- متی) چاہیے بانٹنا ساتھ کے دوسروں اور چلنا میں محبت اس ہمیں** 39)۔

بات آخری:

لیے کے دنیا کو محبت اس نے مسیح اور ،ہے ہوتی ظاہر میں عہد محبت کی خدا کیا مکمل!

(یرمیاہ 31:3)۔ "ہوں رکھتا محبت ابدی سے تم میں"

محبت کی مسیح میں عتیق عہدِ :دوم باب

نبوتیں مسیحی – 53 یسعیاہ میں دکھ اٹھانے والا خادم (The Suffering Servant who Will Bear the Sins of Many)

"لیکن وہ ہماری خطاؤں کے سبب سے گھائل کیا گیا اور ہماری بدکاریوں کے باعث کچلا گیا؛ ہماری سلامتی کی سزا اس پر تھی، اور اس کے کوڑوں سے ہم شفا پائے"
(یسعیاہ 53:5)

نبوتیں کی عتیق عہدِ اور محبت کی مسیح – تعارف **.1**

مسیح پر کئی مقامات عتیق عہدِ میں **کی آمد، اس کی قربانی، اور اس کی محبت کا ذکر ہے۔ لیکن یسعیاہ** کیا گیا ہے، **53 میں یہ پیشگوئی سب سے زیادہ واضح اور مفصل**

لوقا 24:27 میں لکھا ہے:
"تب اس نے موسیٰ سے اور سب نبیوں سے شروع کر کے تمام کتابوں میں ان باتوں کی وضاحت کی جو اس کے بارے میں لکھی گئی تھیں۔"

یہ آیت ظاہر کرتی ہے کہ:

1. **مسیح کی محبت کوئی نیا تصور نہیں بلکہ عتیق عہدِ میں پیشگوئی کی گئی تھی۔**
2. **یسعیاہ 53 مسیح کے دکھ، اس کی قربانی، اور اس کے وسیلے گناہوں کی معافی کو بیان کرتا ہے۔**
3. **یہی محبت یسوع مسیح کی صلیبی قربانی میں مکمل ہوئی۔**

Strong's Concordance میں "دکھ اٹھانے والا خادم" (Suffering Servant) کا تجزیہ:

- **عبرانی میں "עֶבֶד" (Ebed – Strong's H5650) یعنی "غلام، خادم، یا خدا کا مخصوص بندہ"۔**
- **یہ مسیح کی طرف اشارہ کرتا ہے، جو اپنے لوگوں کے لیے دکھ اٹھانے آیا۔**

---

2. یسعیاہ 53 میں مسیح کی محبت اور قربانی کی تفصیل

(1) مسیح کی رسوائی اور رد کیا جانا

یسعیاہ 53:3 میں لکھا ہے:
"وہ آدمیوں میں حقیر و مردود، رنجوں کا مرد اور بیماریوں کا آشنا تھا، اور لوگ اس سے ایسا منہ موڑ لیتے تھے جیسے وہ کوئی حقیر چیز ہو؛ اور ہم نے اس کی کچھ قدر نہ جانی"۔

یہ آیت ظاہر کرتی ہے کہ:

- **مسیح کو دنیا میں رد کیا گیا، جبکہ وہ محبت کا مجسمہ تھا۔**
- **اس نے رنج اور دکھ کو خود پر لیا تاکہ ہم گناہ سے آزاد ہوں۔**
- **یہ پیشگوئی یسوع کے زمینی خدمت میں پوری ہوئی جب فریسیوں اور سردار کاہنوں نے اسے رد کر دیا (یوحنا 1:11)۔**

Strong's Concordance میں "مردود و حقیر" (Despised and Rejected) کا تجزیہ:

- **عبرانی میں "נִבְזֶה" (Nivzeh – Strong's H959) یعنی "بے عزت، دھتکارا ہوا"۔**

---

(2) مسیح کا ہمارے گناہوں کو اپنے اوپر لینا

یسعیاہ 53:4 میں لکھا ہے:
"یقیناً اس نے ہماری بیماریاں برداشت کیں اور ہمارے غموں کو اٹھا لیا؛ مگر ہم نے اسے خدا کا مارا، کوٹا اور ستایا ہوا سمجھا"۔

یہ ظاہر کرتا ہے کہ:

- **مسیح نے صرف جسمانی تکلیف نہیں اٹھائی بلکہ روحانی طور پر ہمارے گناہوں کا بوجھ بھی اٹھایا۔**

- یافتہ سزا بدلے ہمارے وہ جہاں ،ہے علامت کی قربانی کی اس پر صلیب یہ ہوا۔

Strong's Concordance میں "کیں برداشت" (Borne) کا تجزیہ:

- **،جانا لے ،اٹھانا" یعنی (Nasa – Strong's H5375) "נָשָׂא" میں عبرانی "لینا بوجھ کا دوسرے کسی یا۔**

نجات اور شفا وسیلے کے قربانی کی مسیح (3)

یسعیاہ 53:5 میں لکھا ہے:

"لیکن وہ ہماری خطاؤں کے سبب سے گھائل کیا گیا اور ہماری بدکاریوں کے باعث کچلا گیا؛ ہماری سلامتی کی سزا اس پر تھی، اور اس کے کوڑوں سے ہم شفا پائے"۔

یہ آیت ظاہر کرتی ہے کہ:

- ہے۔ موت صلیبی کی اس ثبوت بڑا سے سب کا محبت کی یسوع
- کیا۔ پیش کو بدن اپنے نے اس لیے کے معافی کی گناہوں ہمارے
- (متی 8:17)۔ ملی شفا روحانی اور جسمانی ہمیں سے کوڑوں کے اس

Strong's Concordance میں "گھائل" (Wounded) کا تجزیہ:

- **شدید" یعنی (Mecholal – Strong's H2490) "מְחֹלָל" میں عبرانی "گیا چھیدا ،زخمی۔**

بنا کفارہ کا گناہوں ہمارے مسیح (4)

یسعیاہ 53:6 میں لکھا ہے:

"ہم سب بھیڑوں کی مانند بھٹک گئے، ہم میں سے ہر ایک نے اپنی راہ لی، اور خداوند نے ہم سب کی بدکاری اس پر ڈال دی"۔

یہ ظاہر کرتا ہے کہ:

- اپنے بوجھ کا بدکاری ہماری نے مسیح لیکن ،گئے ہو گمراہ میں گناہ سب ہم لیا۔ اوپر
- -(19:30 یوحنا) "ہوا تمام" :کہا نے اس جب ہوئی مکمل پر صلیب محبت یہی

Strong’s Concordance میں "بدکاری" (Iniquity) کا تجزیہ:

- سزا یا ،جرم ،گناہ" یعنی (Avon – Strong’s H5771) "עָוֹן" میں عبرانی "بدکاری قابل کے"-

---

3. گوئی پیشن کی فتح اور موت کی مسیح

(1) تھی رضاکارانہ قربانی کی مسیح

یسعیاہ 53:7 میں لکھا ہے:

"وہ ستایا گیا، تو بھی اس نے اپنا منہ نہ کھولا؛ جس طرح برہ کو ذبح کرنے کے لیے لے جاتے ہیں، اور جیسے بھیڑ اپنے بال کاٹنے والوں کے آگے بے زبان ہوتی ہے، ویسے ہی وہ خاموش رہا"-

یہ ثابت کرتا ہے کہ:

- **کیا پیش کو آپ اپنے سے مرضی اپنی لیے کے جانے پر صلیب نے مسیح** (10:18 یوحنا)-
- **لیے کے گناہوں کے اسرائیل بنی جو ،ہے تصویر کی قربانی کی برّہ یہ تھی جاتی چڑھائی** (12:3-6 خروج)-

---

(2) جلال اور فتح کی مسیح

یسعیاہ 53:11 میں لکھا ہے:

"وہ اپنی جان کا دکھ دیکھ کر سیر ہوگا؛ اپنی دانش کے ذریعہ سے میرا صادق خادم بہتوں کو راستباز ٹھہرائے گا، کیونکہ وہ ان کی بدکاریوں کو آپ اٹھا لے گا"-

یہ ظاہر کرتا ہے کہ:

- تھی۔ فتح بلکہ نہیں موت صرف قربانی کی مسیح
- گا ٹھہرائے مقبول حضور کے خدا کو راستبازوں بعد کے پانے جلال وہ (2:9-11 فلپیوں)-

---

معراج کی 53 یسعیاہ اور محبت کی مسیح – نتیجہ 4.

1. (53:3 یسعیاہ) آیا سے محبت وہ لیکن ،کیا رد نے دنیا کو مسیح -
2. یسعیاہ) ہوا قربان لیے ہمارے اور اٹھایا بوجھ کا گناہوں ہمارے نے اس 53:4-5)-
3. (53:6 یسعیاہ) لی جگہ ہماری نے مسیح لیکن ،تھے گم میں گناہ سب ہم -
4. یسعیاہ) دی دے جان اپنی پر صلیب اور سہا دکھ سے خاموشی نے اس 53:7)-
5. یسعیاہ) ہے دیتی زندگی ابدی ہمیں اور ہے بناتی راستباز ہمیں قربانی کی اس 53:11)-

بات آخری:

!ہے تصویر مکمل کی فتح اور ،قربانی ،محبت کی مسیح میں 53 یسعیاہ

"دے لیے کے دوستوں اپنے جان اپنی کوئی کہ نہیں کی کسی محبت بڑی سے اس" (یوحنا 15:13)-

محبت کی مسیح میں عتیق عہدِ :دوم باب

تصویر کی کفارہ کے مسیح پر صلیب – نظام کا قربانی

(16 احبار)

"دے پر گاہ قربان لیے تمہارے اسے نے میں اور ،ہے میں خون جان کی جسم کیونکہ دیتا کفارہ ہی خون بدلے کے جان کیونکہ ہو؛ کفارہ لیے کے جانوں تمہاری تاکہ دیا ہے" (17:11 احبار)

محبت کی مسیح اور نظام کا قربانی – تعارف **1.**

نظام گناہ کے کفارہ کے لیے قائم کیا گیا تھا، جس میں **کا** عہدِ عتیق میں **قربانی ہوں۔** لیکن یہ قربانیاں **معاف گناہ کے اسرائیل بنی تاکہ تھا جاتا بہایا خون کا جانوروں تھیں،** جو صلیب پر مسیح کی حتمی قربانی کی طرف اشارہ کرتی **علامت ایک محض** تھیں۔

ہے لکھا میں 10:1 عبرانیوں:
"کیونکہ شریعت میں آئندہ کی اچھی چیزوں کا عکس ہے، خود اصلی چیزیں نہیں؛ **اسی لیے وہ ہر سال یکساں قربانیاں چڑھانے سے، ان لوگوں کو جو عبادت میں آتے ہیں، کامل نہیں کر سکتی"۔**

یہ ظاہر کرتا ہے کہ:

1. **قربانیوں کا نظام ایک "سایہ" تھا، جو مسیح کے کفارہ کی حقیقت کو ظاہر کرتا تھا۔**
2. **جانوروں کی قربانی محدود تھی، لیکن مسیح کی قربانی ابدی** ہے۔
3. **یہ سارا نظام درحقیقت خدا کی محبت کا ایک حصہ تھا، جو مسیح میں مکمل ہوا۔**

Strong's Concordance میں "کفارہ" (Atonement) کا تجزیہ:

- **عبرانی میں "כָּפַר" (Kaphar – Strong's H3722) یعنی "ڈھانپنا، معاف کرنا، یا کسی چیز کو بدل دینا"۔**
- **یہ اس بات کی علامت ہے کہ خدا گناہ کو معاف کرتا ہے، لیکن کسی قربانی کے وسیلے۔**

محبت کی مسیح اور کفارہ یومِ – **16** احبار **2.**

علامت کی مسیح اور کاہن سردار (1)

احبار 16 میں **یومِ کفارہ** (Day of Atonement) کا بیان ہے، جو **بنی اسرائیل کے گناہوں کی معافی کے لیے سب سے اہم دن تھا۔**

احبار 16:30 میں لکھا ہے:
"کیونکہ آج کے دن تمہاری خطاؤں کے لیے کفارہ دیا جائے گا تاکہ تم پاک ہو جاؤ اور خداوند کے حضور تمہاری سب خطائیں معاف ہو جائیں"۔

یہ ظاہر کرتا ہے کہ:

- **سردار کاہن، جو گناہوں کے لیے قربانی پیش کرتا تھا، مسیح کی علامت تھا۔**
- **مسیح نے بھی سردار کاہن کے طور پر کام کیا، لیکن وہ خود قربانی بھی تھا (عبرانیوں 9:11-12)۔**

Strong's Concordance میں "کاہن" (Priest) کا تجزیہ:

- **عبرانی میں "כֹּהֵן" (Kohen – Strong's H3548) یعنی "وہ جو خدا اور انسان کے درمیان ثالث ہو"۔**
- **یہ مسیح کی نمائندگی کرتا ہے، جو ہمارا حتمی سردار کاہن ہے۔**

دو بکرے – مسیح کی دوہری خدمت کی علامت (2)

یومِ کفارہ میں دو بکرے چُنے جاتے تھے:

1. **ایک بکرا خداوند کے لیے قربان کیا جاتا تھا (احبار 16:9)۔**
2. **دوسرا بکرا، جسے "اذازیل" (scapegoat) کہا جاتا تھا، صحرا میں چھوڑ دیا جاتا تھا، جو گناہوں کو دور لے جاتا تھا (احبار 16:10)۔**

مسیح بکرے یہ کی صلیبی قربانی کی مکمل تصویر ہیں:

- **پہلا بکرا – مسیح کا خون بہانا، جو ہمارے گناہ کا کفارہ بنا (عبرانیوں 9:22)۔**
- **دوسرا بکرا – مسیح نے ہمارے گناہ کو دور کر دیا، تاکہ ہم مکمل معاف ہو جائیں (یوحنا 1:29)۔**

Strong's Concordance میں "اذازیل" (Scapegoat) کا تجزیہ:

- **عبرانی میں "עֲזָאזֵל" (Azazel – Strong's H5799) یعنی "دور لے جانا، چھوڑ دینا"۔**

لیے کے ہمیشہ انہیں وہ – کیا ساتھ کے گناہوں ہمارے نے یہی وہ کام ہے جو یسوع ہے دیتا مٹا!

کفارہ کا خون کے مسیح – چھڑکاؤ کا خون (3)

احبار 16:14 میں لکھا ہے:
"اور وہ بچھڑے کے خون میں سے لے کر اپنی انگلی سے پردہ کے آگے سات مرتبہ چھڑکے"۔

یہ ظاہر کرتا ہے کہ:

- **خون کا چھڑکاؤ گناہوں کی معافی کے لیے ضروری تھا۔**
- **یہ صلیب پر مسیح کے خون کے بہانے کی طرف اشارہ تھا۔**

عبرانیوں 9:12 میں لکھا ہے:
"اور نہ بکروں اور بچھڑوں کے خون سے، بلکہ اپنے ہی خون سے ایک ہی بار پاک مکان میں داخل ہو کر ابدی نجات حاصل کر لی"۔

یہ آیت ثابت کرتی ہے کہ:

- **مسیح نے اپنا خون بہا کر ہمیں نجات دی۔**
- **یہی محبت کا سب سے بڑا اظہار ہے۔**

---

3. مسیح کی محبت اور یومِ کفارہ کی تکمیل

مسیح حتمی قربانی ہے (1)

عبرانیوں 10:10 میں لکھا ہے:
"اور اسی مرضی کے سبب سے ہم یسوع مسیح کے بدن کے ایک ہی بار قربان ہونے کے وسیلہ سے پاک کیے گئے ہیں"۔

یہ ظاہر کرتا ہے کہ:

- قربانی کی مسیح کیونکہ ،نہیں ضرورت کی قربانی کی جانوروں ہمیں اب ہے۔ کافی لیے کے ہمیشہ

کی خدمت پر طور کے کاہن سردار نے مسیح (2)

عبرانیوں 9:24 میں لکھا ہے:
بلکہ ،گیا بنایا سے ہاتھوں جو ،ہوا نہیں داخل میں مکان مقدس اصلی مسیح کیونکہ'' وہ خود آسمان میں داخل ہوا تاکہ اب ہمارے لیے خدا کے حضور حاضر ہو''۔

یہ ثابت کرتا ہے کہ:

- **مقدس کاہن سردار جیسے ،ہے کرتا شفاعت لیے ہمارے میں آسمان یسوع تھا۔ ہوتا داخل میں مقام ترین**

---

4. میں کفارہ کے مسیح – سبق عملی لیے کے ایمانداروں شرکت ہماری

چاہیے لانا ایمان پر خون کے مسیح ہمیں (1)

رومیوں 3:25 میں لکھا ہے:
کے ایمان تاکہ ،ہو کفارہ سے وسیلہ کے خون اپنے وہ کہ کیا مقرر نے خدا جسے'' ذریعہ گناہوں کو معاف کرے''۔

چاہیے چلنا میں زندگی نئی ہمیں (2)

عبرانیوں 10:22 میں لکھا ہے:
اپنے اور ،جائیں نزدیک کے خدا ساتھ کے ایمان کامل اور دل سچے ہم !آؤ پس'' دلوں کو بُری نیت سے صاف کر کے اور اپنے بدن کو پاک پانی سے دھو کر''۔

---

5. معراج کی کفارہ یومِ اور محبت کی مسیح – نتیجہ

1. **کفارہ یومِ مسیح کے کفارہ کی علامت تھا** (احبار 16:30)۔

2. دو بکرے مسیح کی دوہری خدمت کو ظاہر کرتے ہیں – کفارہ اور گناہ کو دور کرنا (احبار 16:9-10)۔
3. مسیح نے اپنا خون بہا کر ہمیں مکمل معافی دی (عبرانیوں 9:12)۔
4. اب ہمیں جانوروں کی قربانی کی ضرورت نہیں، کیونکہ مسیح کی قربانی ہمیشہ کے لیے کافی ہے (عبرانیوں 10:10)۔

آخری بات:

مسیح کی محبت یومِ کفارہ میں پیشگوئی کی گئی، اور صلیب پر مکمل ہوئی!

"دیکھو! یہ خدا کا برّہ ہے جو دنیا کے گناہ کے اٹھا لے جاتا ہے"۔ (یوحنا 1:29)

باب دوم: عہدِ جدید میں تکمیل

مسیح کی محبت کا مکمل اظہار – (یوحنا 3:16)

"کیونکہ خدا نے دنیا سے ایسی محبت رکھی کہ اس نے اپنا اکلوتا بیٹا بخش دیا تاکہ جو کوئی اس پر ایمان لائے، ہلاک نہ ہو بلکہ ہمیشہ کی زندگی پائے" (یوحنا 3:16)

---

1. تعارف – مسیح کی محبت کی تکمیل

مسیح کی محبت عہدِ عتیق میں **پیشگوئیوں، علامتوں، اور قربانیوں میں چھپی ہوئی تھی، لیکن** عہدِ **جدید میں یہ محبت یسوع مسیح میں مکمل طور پر ظاہر ہوئی۔ بائبل** یوحنا 3:16 **سب سے طاقتور اور مرکزی آیت ہے جو خدا کی محبت کی وضاحت کرتی ہے۔**

رومیوں 5:8 میں لکھا ہے:

"لیکن خدا اپنی محبت ہم پر یوں ظاہر کرتا ہے کہ جب ہم گناہگار ہی تھے، تو مسیح ہماری خاطر موا"۔

یہ ظاہر کرتا ہے کہ:

1. **خدا کی محبت عمل میں ظاہر ہوتی ہے، محض الفاظ میں نہیں۔**

2. منصوبہ حتمی کا محبت کی خدا بلکہ تھی نہیں حادثہ کوئی موت کی یسوع تھا۔
3. منظر پس یا ،قوم ،نسل بھی کسی وہ چاہے ،ہے لیے کے انسان ہر محبت یہ ہو۔ سے

Strong's Concordance میں "محبت" (Love) کا تجزیہ:

- بے ،غرض ہے" یعنی (Agape – Strong's G26) "ἀγάπη" میں یونانی "محبت خدائی اور ،لوث"۔
- مکمل میں یسوع جو اور ،رکھی لیے کے دنیا نے خدا جو ہے محبت وہی یہ ہوئی۔

گہرائی کی محبت کی مسیح میں 3:16 یوحنا .2

خدا – "رکھی محبت ایسی سے دنیا نے خدا کیونکہ" (1) محبت عالمگیر کی

یہ جملہ ظاہر کرتا ہے کہ:

- کے دنیا پوری بلکہ نہیں محدود لیے کے قوم یا افراد مخصوص محبت یہ ہے۔ لیے
- ہے بھی لیے کے گناہگاروں بلکہ نہیں لیے کے لوگوں نیک صرف محبت یہ (3:23 رومیوں)۔

1 یوحنا 4:9 میں لکھا ہے:
"خدا کی محبت ہم پر یوں ظاہر ہوئی کہ خدا نے اپنے اکلوتے بیٹے کو دنیا میں بھیجا تاکہ ہم اس کے وسیلہ سے زندہ رہیں"۔

Strong's Concordance میں "دنیا" (World) کا تجزیہ:

- پوری" یعنی (Kosmos – Strong's G2889) "κόσμος" میں یونانی انسانیت ،ہر نسل اور قوم"۔

سب کی محبت - "دیا بخش بیٹا اکلوتا اپنا نے اس کہ" (2) قربانی بڑی سے

یہ الفاظ ثابت کرتے ہیں کہ:

- کر قربان کو بیٹے اپنے نے اس کیونکہ ہے حقیقی اور سچی محبت کی خدا دیا۔
- تھا حتمی کفارہ یہ کیونکہ ،تھی کر بڑھ سے قربانیوں کی جانوروں قربانی یہ (9:12 عبرانیوں)-

Strong's Concordance میں "اکلوتا" (Only Begotten) کا تجزیہ:

- یونانی میں "μονογενής" (Monogenēs – Strong's G3439) یعنی "منفرد، مثال بے، جس کا کوئی ثانی نہ ہو"-
- یسوع محض ایک نبی یا رسول نہیں بلکہ خدا کا اکلوتا بیٹا ہے، جو نجات کا واحد ذریعہ ہے (14:6 یوحنا)-

---

شرط کی نجات - "لائے ایمان پر اس کوئی جو تاکہ" (3)

یہ جملہ ظاہر کرتا ہے کہ:

- محبت سب کے لیے ہے، لیکن اس محبت کو قبول کرنے کے لیے ایمان ضروری ہے۔
- نجات کسی نیک عمل یا مذہبی رسوم کی بنیاد پر نہیں بلکہ صرف اور صرف یسوع پر ایمان لانے سے ممکن ہے۔

اعمال 4:12 میں لکھا ہے:
"اور کسی دوسرے میں نجات نہیں کیونکہ آسمان کے نیچے آدمیوں کو کوئی دوسرا نام نہیں دیا گیا، جس کے وسیلہ سے ہم نجات پا سکیں"-

Strong's Concordance میں "ایمان لائے" (Believe) کا تجزیہ:

- یونانی میں "πιστεύω" (Pisteuō – Strong's G4100) یعنی "بھروسہ کرنا، مکمل سپردگی کرنا"-

- ہے۔ علامت کی سپردگی اور اعتماد مکمل بلکہ نہیں اعتقاد ذہنی محض یہ

کی محبت – "پائے زندگی کی ہمیشہ بلکہ ہو نہ ہلاک" (4) منزل حتمی

یہ الفاظ ظاہر کرتے ہیں کہ:

- **ہے۔ دینا زندگی ابدی اور بچانا سے ہلاکت ہمیں مقصد کا محبت کی خدا**
- **ہمیشہ کی زندگی جنت میں خدا کے ساتھ رفاقت کا وعدہ ہے** (مکاشفہ 21:3-4)۔

یوحنا 10:28 میں مسیح نے فرمایا:
"اور میں انہیں ہمیشہ کی زندگی دیتا ہوں، اور وہ کبھی ہلاک نہ ہوں گے، اور کوئی انہیں میرے ہاتھ سے چھین نہ لے گا۔"
Strong's Concordance میں "ہمیشہ کی زندگی" (Eternal Life) کا تجزیہ:

- **یونانی میں "ζωὴν αἰώνιον" (Zōēn Aiōnion – Strong's G2222, G166) یعنی "لازوال زندگی، جو خدا کے ساتھ ابدی رفاقت میں بسر ہو"۔**

---

3. مسیح کی محبت کا عملی اظہار – یوحنا **3:16** کے نتائج

چاہیے کرنا بھروسہ پر محبت کی خدا ہمیں (1)

رومیوں 8:38-39 میں پولس رسول فرماتے ہیں:
"کیونکہ میں یقین کرتا ہوں کہ نہ موت، نہ زندگی، نہ فرشتے، نہ حکمران، نہ موجودہ چیزیں، نہ آئندہ چیزیں... ہمیں خدا کی محبت سے جدا کر سکیں گی جو ہمارے خداوند یسوع مسیح میں ہے۔"

(2) ہمیں دوسروں سے بھی ایسی محبت رکھنی چاہیے

یوحنا 4:11 میں لکھا ہے 1:
"اے عزیزو! جب خدا نے ہم سے ایسی محبت کی، تو ہمیں بھی ایک دوسرے سے محبت رکھنی چاہیے"۔

(3) ہمیں انجیل کو سب تک پہنچانا چاہیے

متی 19:28-20 میں مسیح نے فرمایا:
"پس تم جاؤ اور سب قوموں کو شاگرد بناؤ، اور انہیں باپ، بیٹے، اور روح القدس کے نام سے بپتسمہ دو"۔

---

4. نتیجہ – یوحنا 3:16 میں مسیح کی محبت کی معراج

1. **خدا کی محبت عالمگیر اور غیر مشروط ہے** (یوحنا 3:16)۔
2. **محبت کا سب سے بڑا اظہار یسوع کی صلیبی قربانی میں ہوا** (رومیوں 5:8)۔
3. **نجات صرف مسیح پر ایمان لانے سے ممکن ہے** (اعمال 4:12)۔
4. **یہ محبت ہمیں ہمیشہ کی زندگی دیتی ہے، جو خدا کے ساتھ ابدی رفاقت ہے** (یوحنا 10:28)۔
5. **ہمیں بھی اسی محبت کو دوسروں تک پہنچانا چاہیے** (متی 28:19)۔

آخری بات:

یوحنا 3:16 پوری بائبل کا خلاصہ ہے – خدا کی بے پناہ محبت، یسوع کی قربانی، اور ایمان کے وسیلے نجات!

"کیونکہ خدا نے دنیا سے ایسی محبت رکھی کہ اس نے اپنا اکلوتا بیٹا بخش دیا، تاکہ جو کوئی اس پر ایمان لائے، ہلاک نہ ہو بلکہ ہمیشہ کی زندگی پائے" (یوحنا 3:16)۔

مسیح کی یہی محبت کا حتمی پیغام ہے – غیر مشروط، بے مثال، اور ہمیشہ قائم رہنے والی محبت!

تکمیل میں جدید عہدِ :دوم باب

(5:8 رومیوں) – اظہار مکمل کا محبت کی مسیح

مسیح تو ،تھے ہی گناہگار ہم جب کہ ہے کرتا ظاہر یوں پر ہم محبت اپنی خدا لیکن" ہماری خاطر موا" (5:8 رومیوں)

---

1. تعارف – مسیح کی محبت کا بے مثال اظہار

پر **طور** مسیح کی محبت عہدِ عتیق میں پیشگوئیوں، علامتوں، اور قربانیوں میں **جزوی** **میں قربانی صلیبی کی مسیح یسوع محبت یہ میں جدید تھی،** لیکن **عہدِ** **ہوئی ظاہر ہوئی۔ ظاہر پر طور مکمل**

دلاتا یاد کی محبت مشروط غیر کی خدا ہمیں جو ہے بیان طاقتور ایک 5:8 رومیوں ہے۔ یہ آیت ہمیں سکھاتی ہے کہ:

1. **فضل اور رحمت کی اس بلکہ نہیں مبنی پر کاموں نیک ہمارے محبت کی خدا ہے۔ پر**
2. **ہم یعنی ،تھے گناہگار ابھی ہم جب دی جان وقت اس لیے ہمارے نے مسیح تھے۔ نہ لائق کے اس سے طریقے بھی کسی**
3. **کی مسیح – ہوئی ظاہر پر طور عملی بلکہ نہیں نظریاتی محض محبت یہ میں۔ موت صلیبی**

Strong's Concordance میں "محبت" (Love) کا تجزیہ:

- **میں یونانی "ἀγάπη" (Agape – Strong's G26) یعنی "خدائی، بے لوث، اور غیر مشروط محبت"۔**
- **مکمل میں مسیح جو اور رکھی لیے کے دنیا نے خدا جو ہے محبت وہی یہ ہوئی** (3:16 یوحنا)۔

وضاحت کی محبت کی مسیح میں **5:8** رومیوں **.2**

خدا – "ہے کرتا ظاہر یوں پر ہم محبت اپنی خدا لیکن" (1) اظہار عملی کا محبت کی

یہ جملہ ظاہر کرتا ہے کہ:

- **عملی اسے نے اس بلکہ نہیں محدود تک جذبات یا الفاظ محض محبت کی خدا کیا۔ ظاہر پر طور**
- **انسان ہر بلکہ نہیں لیے کے طبقے یا ،نسل ،قوم مخصوص کسی محبت یہ ہے۔ لیے کے**

1 یوحنا 4:9 میں لکھا ہے:
بھیجا میں دنیا کو بیٹے اکلوتے اپنے نے خدا کہ ہوئی ظاہر یوں پر ہم محبت کی خدا" "رہیں زندہ سے وسیلہ کے اس ہم تاکہ"۔
Strong's Concordance میں "ظاہر کرتا ہے" (Demonstrates) کا تجزیہ:

- **یعنی (Synistēmi – Strong's G4921) "συνίστημι" میں یونانی "کرنا ظاہر پر طور عملی یا ،کرنا ثابت ،کرنا واضح"۔**
- **جیتی ایک بلکہ نہیں چیز ہوئی چھپی کوئی محبت کی خدا کہ ہے کرتا ظاہر یہ ہوئی۔ ظاہر میں صلیب کی مسیح جو ،ہے حقیقت جاگتی**

مشروط غیر کی محبت – "تھے ہی گناہگار ہم جب" (2) نوعیت

یہ الفاظ ثابت کرتے ہیں کہ:

- **تھے۔ خلاف کے اس ہم جب کیا پیار وقت اس ہمیں نے خدا**
- **نہیں ضرورت کی کرنے عمل نیک کوئی لیے کے بنانے لائق کے نجات ہمیں ہے۔ مشروط غیر محبت کی خدا کیونکہ ،تھی**

افسیوں 2:4-5 میں لکھا ہے:
"لیکن خدا جو رحمت میں غنی ہے، اپنی اس بڑی محبت کے سبب سے جو اس نے ہم سے رکھی، جب ہم قصوروں کے سبب سے مردہ تھے، تو ہمیں مسیح کے ساتھ زندہ کیا – (فضل ہی سے تم نجات یافتہ ہو)"۔

Strong's Concordance میں "گناہگار" (Sinners) کا تجزیہ:

- یونانی میں "ἁμαρτωλός" (Hamartōlos – Strong's G268) یعنی "وہ جو خدا کے معیار سے چوک جائے، سرکش"۔
- یہ ظاہر کرتا ہے کہ ہم خدا کے دشمن تھے، لیکن پھر بھی اس نے ہمیں پیار کیا۔

---

(3) "تو مسیح ہماری خاطر موا" – محبت کی انتہا

یہ جملہ ظاہر کرتا ہے کہ:

- مسیح نے ہماری خاطر صلیب پر جان دے دی – یہی سب سے بڑی قربانی تھی۔
- یہ اس بات کا ثبوت ہے کہ حقیقی محبت صرف الفاظ میں نہیں بلکہ عمل میں ظاہر ہوتی ہے۔

یوحنا 15:13 میں یسوع نے فرمایا:
"اس سے بڑی محبت کسی کی نہیں کہ کوئی اپنی جان اپنے دوستوں کے لیے دے"۔

Strong's Concordance میں "موا" (Died) کا تجزیہ:

- یونانی میں "ἀποθνῄσκω" (Apothnēskō – Strong's G599) یعنی "کسی کے لیے جان دینا، مکمل طور پر قربان ہو جانا"۔
- یہی وہ محبت ہے جو مسیح نے ہمارے لیے ظاہر کی۔

منصوبہ کا نجات وسیلے کے محبت کی مسیح 3.

حالت آلودہ گناہ کی انسان (1)

:ہے لکھا میں 3:23 رومیوں
"ہیں محروم سے جلال کے خدا اور کیا گناہ نے سب"-

:یہ آیت ثابت کرتی ہے کہ

- **تھے۔ چکے ہو محروم سے حضوری کی خدا سے سبب کے گناہ سب ہم**
- **کی قربانی کی مسیح ہمیں ،تھے نہیں قابل کے دینے نجات کو خود ہم تھی۔ ضرورت**

راستبازی وسیلے کے قربانی کی مسیح (2)

:ہے لکھا میں 5:9 رومیوں
سے وسیلہ کے اس تو ،ٹھہرے راستباز وسیلے کے خون کے اس اب ہم جب پس" "گے بچیں ضرور سے غضب-

:یہ ثابت کرتا ہے کہ

- **ہے۔ مبنی پر خون کے مسیح بلکہ نہیں مبنی پر اعمال ہمارے نجات ہماری**
- **ہے۔ ثبوت بڑا سے سب کا محبت مشروط غیر کی خدا یہی**

زندگی ابدی وسیلے کے مسیح (3)

:ہے لکھا میں 6:23 رومیوں
مسیح یسوع خداوند ہمارے بخشش کی خدا مگر ،ہے موت مزدوری کی گناہ کیونکہ" "ہے زندگی کی ہمیشہ میں-

:یہ آیت ظاہر کرتی ہے کہ

- ہوئی۔ ممکن ذریعے کے مسیح جو ،ہے دیتی زندگی ابدی ہمیں محبت کی خدا

کے محبت کی مسیح – سبق عملی لیے کے ایمانداروں **.4** ردعمل ہمارا میں جواب

چاہیے لانا ایمان پر خون کے مسیح ہمیں (1)

ہے لکھا میں 10:9 رومیوں:
خدا کہ لائے ایمان سے دل اپنے اور کہے خداوند کو یسوع سے منہ اپنے تو اگر"
نے اسے مردوں میں سے زندہ کیا، تو نجات پائے گا"۔

چاہیے آنا پیش سے محبت ساتھ کے دوسروں ہمیں (2)

ہے لکھا میں 4:11 یوحنا 1:
سے دوسرے ایک بھی ہمیں تو ،کی محبت ایسی سے ہم نے خدا جب !عزیزو اے"
محبت رکھنی چاہیے"۔

پہنچانی تک دوسروں خوشخبری کی انجیل ہمیں (3) چاہیے

فرمایا نے مسیح میں 28:19 متی:
"پس تم جاؤ اور سب قوموں کو شاگرد بناؤ"۔

معراج کی محبت کی مسیح میں **5:8** رومیوں – نتیجہ **.5**

1. **خدا کی محبت عالمگیر اور غیر مشروط ہے** (رومیوں 5:8)۔
2. **یہ محبت اس وقت ظاہر ہوئی جب ہم گناہگار تھے، یعنی ہم اس کے لائق نہیں تھے** (افسیوں 2:4-5)۔
3. **مسیح کی صلیبی موت محبت کا سب سے بڑا اظہار ہے** (یوحنا 15:13)۔

4. (6:23 رومیوں) ہے دیتی زندگی ابدی اور راستبازی ہمیں محبت یہ -
5. 1) چاہیے پھیلانا پیغام کا انجیل اور کرنی محبت سے دوسروں بھی ہمیں (28:19 متی ،4:11 یوحنا)-

:بات آخری

،قربانی کی یسوع ،محبت پناہ بے کی خدا – ہے خلاصہ کا بائبل پوری 5:8 رومیوں نجات وسیلے کے ایمان اور!

"ہوتی نہیں ختم کبھی محبت کی مسیح" -(8:39 رومیوں)

تکمیل میں جدید عہدِ :دوم باب

(15:13 یوحنا) – اظہار مکمل کا محبت کی مسیح

"دے لیے کے دوستوں اپنے جان اپنی کوئی کہ نہیں کی کسی محبت بڑی سے اس" (15:13 یوحنا)

محبت مثال بے کی مسیح – تعارف .1

ہے، اور یسوع مسیح نے ہمیں یہ **(Sacrifice)** محبت کی سب سے بڑی تعریف **ایثار** محبت اپنی صلیبی قربانی میں دی۔ یوحنا 15:13 میں یسوع نے محبت کی سب سے **دینا**۔ **دے لیے کے دوستوں اپنے جان** کی بڑی مثال پیش کی – **کسی**

ہیں فرماتے رسول پولس میں 5:7-8 رومیوں:
"آدمی نیک کسی شاید مگر ،گا دے جان اپنی کوئی سے مشکل لیے کے راستباز کسی کہ ہے کرتا ظاہر یوں پر ہم محبت اپنی خدا لیکن کرے۔ جرات کی مرنے کوئی لیے کے موا خاطر ہماری مسیح تو ،تھے ہی گناہگار ہم جب"۔

:یہ آیت ہمیں سکھاتی ہے کہ

1. **ہے۔ کرتی تقاضا کا قربانی اور ہے ہوتی لوث بے محبت سچّی**
2. **کے دشمنوں اپنے وہ کیونکہ ہے برتر سے محبت انسانی محبت کی مسیح آیا۔ دینے جان بھی لیے**

3. ہے لیے کے ایک ہر بلکہ ،نہیں لیے کے گروہ مخصوص ایک محبت یہ (3:16 یوحنا)-

Strong's Concordance میں "محبت" (Love) کا تجزیہ:

- بے ،خالص" یعنی (Agape – Strong's G26) "ἀγάπη" میں یونانی "محبت خدائی اور ،غرض"-
- جان اپنی پر صلیب نے اس جب دکھائی ہمیں نے یسوع جو ہے محبت وہی یہ دی۔ دے

---

2. عظمت کی محبت میں 15:13 یوحنا

(1) "اس سے بڑی محبت کسی کی نہیں" – محبت کا اعلیٰ ترین درجہ

یہ الفاظ ظاہر کرتے ہیں کہ:

- لیے کے دوسروں جان اپنی کوئی کہ ہے یہ آزمائش بڑی سے سب کی محبت دے۔
- جان اپنی لیے ہمارے نے اس جب ،کیا ثابت پر طور کامل نے یسوع صرف یہ دی۔

1 یوحنا 3:16 میں لکھا ہے:
"ہم نے محبت کو اسی سے جانا کہ اس نے ہمارے لیے اپنی جان دے دی، پس ہم پر بھی لازم ہے کہ ہم اپنے بھائیوں کے لیے جان دیں"۔
Strong's Concordance میں "بڑی" (Greater) کا تجزیہ:

- سے سب" یعنی (Meizōn – Strong's G3173) "μείζων" میں یونانی اعلیٰ، سب سے عظیم"-
- ہر جو ،ہے رکھتی درجہ بلند سے سب محبت کی مسیح کہ ہے کرتا ظاہر یہ قسم کی انسانی محبت سے بالاتر ہے۔

محبت کی ایثار - "دے جان اپنی کوئی کہ" (2)

:یہ جملہ ہمیں سکھاتا ہے کہ

- ہے۔ قربانی عملی بلکہ ،نہیں نام کا جذبات یا الفاظ صرف محبت
- کی۔ قائم مثال بڑی سے سب کی محبت کر دے جان اپنی پر صلیب نے یسوع

:ہے لکھا میں **2:6-8** فلپیوں
بلکہ ،جانا نہ غنیمت کو ہونے برابر کے خدا ،تھا پر صورت کی خدا اگرچہ نے اس"
رہا فرمانبردار تک یہاں اور ...کی اختیار صورت کی خادم اور دیا کر خالی کو آپ اپنے
-"کی گوارا بھی موت صلیبی بلکہ موت کہ
Strong's Concordance میں "دینا جان" (**Lay Down One's Life**) تجزیہ کا:

- چیز کسی" یعنی (**Tithēmi – Strong's G5087**) "τίθημι" میں یونانی
  -"کرنا قربان یا دینا چھوڑ ،رکھنا پر طور دانستہ کو
- اپنی کر بوجھ جان نے اس – کیا لیے ہمارے نے مسیح جو ہے کام وہ یہی
  کی۔ قربان زندگی

محبت کی رفاقت - "لیے کے دوستوں اپنے" (3)

:یہ الفاظ ظاہر کرتے ہیں کہ

- تھے۔ گناہگار ہم حالانکہ ،کہا "دوست" ہمیں نے یسوع
- ،ہے قربانی علامت بڑی سے سب کی محبت کہ ہے کرتا ثابت عمل یہ کا اس
  ہو۔ لیے کے دشمنوں یا دوستوں وہ چاہے

:فرمایا نے یسوع میں **15:15** یوحنا
کرتا کیا مالک کا اس کہ جانتا نہیں نوکر کیونکہ ،کہتا نہیں نوکر تمہیں میں سے اب"
سے باپ اپنے جو کچھ سب نے میں کیونکہ ،ہے کہا دوست تمہیں نے میں بلکہ ہے؛
-"دیا بتا تمہیں سنا
Strong's Concordance میں "دوست" (**Friends**) تجزیہ کا:

- ،ساتھی قریبی" یعنی (Philos – Strong’s G5384) "φίλος" میں یونانی "دوست محبوب ،عزیز".
- رفاقت قریبی بلکہ ،نہیں پر طور کے غلاموں ہمیں یسوع کہ ہے کرتا ظاہر یہ ہے۔ دیکھتا پر طور کے دوستوں شریک میں

---

3. قربانی پر صلیب – اظہار عملی کا محبت کی مسیح

(1) دی جان اپنی لیے ہمارے نے مسیح

فرمایا نے یسوع میں 20:28 متی:
"اور کرے خدمت کہ آیا لیے اس بلکہ ،لے خدمت کہ آیا نہیں لیے اس آدم ابن چنانچہ" "دے میں فدیہ بدلے کے بہتیروں جان اپنی".

یہ آیت ثابت کرتی ہے کہ:

- ہوئی۔ مکمل میں قربانی کی اس جو ،تھی مبنی پر خدمت محبت کی یسوع

---

(2) ہے محبت بخش نجات محبت کی مسیح

ہے لکھا میں 5:10 رومیوں:
"سے خدا سے وسیلہ کے موت کی بیٹے کے اس تو ،تھے ہی دشمن ہم جب کیونکہ" نجات ضرور ہم سے وسیلہ کے زندگی کی اس بعد کے ہونے صلح تو ،ہوئی صلح "گے پائیں".

یہ آیت ظاہر کرتی ہے کہ:

- بھی لیے کے دشمنوں بلکہ ،نہیں لیے کے دوستوں صرف قربانی کی یسوع تھی۔
- ہوئی۔ ظاہر میں مسیح جو ،ہے محبت خدائی اور حقیقی یہی

چاہیے کرنی محبت بھی ہمیں - جواب کا محبت (3)

یسوع نے اپنے شاگردوں کو حکم دیا:
"میں تمہیں ایک نیا حکم دیتا ہوں کہ ایک دوسرے سے محبت رکھو، جیسے میں نے تم سے محبت رکھی، تم بھی ایک دوسرے سے محبت رکھو" - (یوحنا 13:34)

یہ ثابت کرتا ہے کہ:

- **ہمیں بھی دوسروں کے لیے قربانی دینے کے لیے تیار رہنا چاہیے۔**
- **یہی مسیح کی محبت کی حقیقی پیروی ہے۔**

---

4. ایمانداروں کے لیے عملی سبق – مسیح کی محبت میں جینا

چاہیے کرنی محبت غرض بے سے دوسروں ہمیں (1)

1 یوحنا 4:11 میں لکھا ہے:
"اے عزیزو! جب خدا نے ہم سے ایسی محبت کی، تو ہمیں بھی ایک دوسرے سے محبت رکھنی چاہیے" -

چاہیے رکھنی محبت بھی سے دشمنوں ہمیں (2)

متی 5:44 میں یسوع نے فرمایا:
"مگر میں تم سے کہتا ہوں: اپنے دشمنوں سے محبت رکھو اور اپنے ستانے والوں کے لیے دعا کرو" -

پہنچانی تک دوسروں خوشخبری کی انجیل ہمیں (3) چاہیے

متی 28:19 میں مسیح نے فرمایا:
"پس تم جاؤ اور سب قوموں کو شاگرد بناؤ" -

معراج کی محبت کی مسیح میں 15:13 یوحنا – نتیجہ .5

1. ہے مبنی پر قربانی جو ،ہے محبت کی درجہ اعلیٰ سے سب محبت کی یسوع (15:13 یوحنا)-
2. (5:10 رومیوں) ہے لیے کے دونوں دشمنوں اور دوستوں محبت یہ-
3. دی دے جان اپنی نے اس جہاں ،ہوئی ظاہر پر صلیب پر طور عملی محبت یہ (20:28 متی)-
4. یوحنا 1) کر ہو غرض بے ،ہے پہنچانا تک دوسروں کو محبت اس بھی ہمیں 4:11)-
5. (10:28 یوحنا) ہے دیتی رفاقت ابدی ساتھ کے خدا ہمیں محبت یہ-

بات آخری:

،قربانی صلیبی ،محبت لوث بے کی مسیح – ہے خلاصہ کا بائبل پوری 15:13 یوحنا دعوت کی رفاقت ابدی اور!

(1 کرنتھیوں 13:8)- "ہوتی نہیں ختم کبھی محبت"

ظہور کا محبت میں جسم – ہونا مجسم :دوم باب فلپیوں) تکمیل حتمی کی محبت الٰہی ہونا مجسم کا مسیح 2:6-8)

"بلکہ جانا نہ غنیمت کو ہونے برابر کے خدا ،تھا پر صورت کی خدا اگرچہ نے جس ،گیا ہو مشابہ کے انسانوں اور کی اختیار صورت کی خادم اور دیا کر خالی کو آپ اپنے (2:6-7 فلپیوں) "گیا پایا میں وضع کی انسان اور

اظہار کا محبت اور ہونا مجسم کا مسیح – تعارف .1

بننا بائبل میں محبت کی سب **انسان کا** یعنی **خدا (Incarnation) ہونا** مسیح کا **مجسم** سے بڑی مثال ہے۔
ہے۔ مبنی پر قربانی اور عملی بلکہ نہیں جذباتی یا زبانی یہ محبت **محض**

یوحنا 1:14 میں لکھا ہے:
"اور کلام جسم بنا اور ہمارے درمیان رہا، اور ہم نے اس کا جلال دیکھا، جو باپ کے اکلوتے کا جلال تھا، فضل اور سچائی سے بھرا ہوا"۔

یہ آیت ظاہر کرتی ہے کہ:

1. **خدا کی محبت کو مجسم ہونے کے ذریعے سب پر ظاہر کیا گیا۔**
2. **یسوع نے آسمانی جلال چھوڑ کر انسان کی شکل اختیار کی تاکہ وہ ہمیں نجات دے سکے۔**
3. **یہی محبت کی سب سے بڑی مثال ہے – دوسروں کے لیے اپنا مرتبہ چھوڑ دینا۔**

Strong's Concordance میں "جسم بنا" (Became Flesh) کا تجزیہ:

- **یونانی میں "σὰρξ ἐγένετο" (Sarx Egeneto – Strong's G4561, G1096) یعنی "خدا کا مکمل طور پر انسانی جسم اختیار کرنا"۔**
- **یہ مسیح کی الوہیت (Divinity) اور انسانیت (Humanity) کا امتزاج ہے، جو اس کی بے پناہ محبت کو ظاہر کرتا ہے۔**

---

2. فلپیوں 2:6-8 میں محبت کا اظہار

(1) "جس نے اگرچہ خدا کی صورت پر تھا" – مسیح کی الوہیت

فلپیوں 2:6 ظاہر کرتا ہے کہ:

- **مسیح ازل سے خدا ہے، لیکن اس نے خود کو محدود کیا تاکہ وہ انسان بن سکے۔**
- **یہ محبت کی سب سے بڑی قربانی تھی – ایک لا محدود ہستی کا محدود جسم میں آنا۔**

کلسیوں 1:15 میں لکھا ہے:
"وہ اس نادیدہ خدا کی صورت ہے اور تمام مخلوقات میں پہلوٹھا ہے"۔
Strong's Concordance میں "صورت" (Form) کا تجزیہ:

- جوہر" یعنی (Morphē – Strong's G3444) "μορφή" میں یونانی، اصل، حقیقی فطرت"۔
- یہ ظاہر کرتا ہے کہ یسوع حقیقی خدا ہے، لیکن اس نے اپنے اختیارات کو محدود کر کے انسان کا روپ اختیار کیا۔

---

(2) "بلکہ اپنے آپ کو خالی کر دیا" – مسیح کی خودسپردگی

یہ الفاظ ظاہر کرتے ہیں کہ:

- مسیح نے اپنی مرضی سے آسمانی جلال چھوڑا۔
- یہ محبت کی سب سے بڑی علامت ہے – دوسروں کے لیے اپنا سب کچھ قربان کر دینا۔

2 کرنتھیوں 8:9 میں لکھا ہے:
"کیونکہ تم ہمارے خداوند یسوع مسیح کے فضل کو جانتے ہو کہ اگرچہ وہ دولتمند تھا، مگر تمہاری خاطر غریب بن گیا تاکہ تم اس کی غریبی سے دولت مند ہو جاؤ۔"
Strong's Concordance میں "خالی کر دیا" (Emptied Himself) کا تجزیہ:

- یونانی میں "ἐκένωσεν" (Ekenōsen – Strong's G2758) یعنی" اپنی مرضی سے اپنے اختیارات چھوڑ دینا"۔
- یہ ظاہر کرتا ہے کہ مسیح نے اپنی الوہیت کی شان و شوکت کو وقتی طور پر محدود کر دیا تاکہ وہ انسانوں کے درمیان رہے۔

---

(3) "اور خادم کی صورت اختیار کی" – مسیح کی عاجزی

یہ الفاظ ظاہر کرتے ہیں کہ:

- یسوع بادشاہ ہو کر بھی دنیا میں غلام کی طرح آیا۔
- اس نے خدمت کو اختیار کیا، تاکہ وہ ہمارے لیے نجات کا ذریعہ بن سکے۔

فرمایا نے یسوع میں 20:28 متی:
اپنی اور کرے خدمت کہ آیا لیے اس بلکہ ،لے خدمت کہ آیا نہیں لیے اس آدم ابنِ''
''دے میں فدیہ بدلے کے بہتیروں جان.
Strong's Concordance میں "خادم" (Servant) کا تجزیہ:

- **خدمت ،غلام" یعنی (Doulos – Strong's G1401) "δοῦλος" میں یونانی "گزار.**
- **عاجزی ،بجائے کے حکمرانی طرح کی بادشاہ نے مسیح کہ ہے کرتا ظاہر یہ دی۔ ترجیح کو کرنے خدمت ساتھ کے فروتنی اور**

انسانیت کی مسیح – "گیا ہو مشابہ کے انسانوں اور" (4)

یہ الفاظ ظاہر کرتے ہیں کہ:

- **انسانی تمام نے اس بلکہ کیا نہیں اختیار جسم انسانی صرف نے یسوع کیا۔ قبول بھی کو تجربات**
- **دکھوں ہمارے وہ تاکہ کیا محسوس کو درد اور ،دکھ ،پیاس ،بھوک نے اس سکے۔ ہو شریک میں**

ہے لکھا میں 4:15 عبرانیوں:
،ہو نہ شریک ہمارا میں کمزوریوں ہماری جو نہیں کاہن سردار ایسا ہمارا کیونکہ''
''رہا گناہ بے مگر ،گیا آزمایا مانند ہماری میں باتوں سب وہ بلکہ.
Strong's Concordance میں "مشابہ" (Likeness) کا تجزیہ:

- **یعنی (Homoiōma – Strong's G3667) "*ὁμοίωμα*" میں یونانی "ساتھ کے فرق مگر ،مشابہ بالکل".**
- **بغیر۔ کے گناہ لیکن بنا انسان مکمل یسوع کہ ہے کرتا ظاہر یہ**

سفر طرف کی صلیب - اظہار عملی کا محبت کی مسیح .3

کی اختیار فرمانبرداری مکمل نے مسیح (1)

:ہے لکھا میں 2:8 فلپیوں
بلکہ موت اور دیا کر فروتن کو آپ اپنے نے اس ،گیا پایا میں وضع کی انسان اور"
-"رہا فرمانبردار تک موت صلیبی

:یہ ظاہر کرتا ہے کہ

- **کیا۔ قبول پر طور مکمل کو مرضی کی خدا خاطر کی محبت نے مسیح**
- **کے دینے نجات ہمیں نے اس جہاں ،ہوئی مکمل پر صلیب فرمانبرداری یہ**
  دی۔ دے جان اپنی لیے

دی جان میں محبت نے مسیح (2)

:ہے لکھا میں 15:13 یوحنا
-"دے لیے کے دوستوں اپنے جان اپنی کوئی کہ نہیں کی کسی محبت بڑی سے اس"

:یہ آیت ظاہر کرتی ہے کہ

- **نے اس کیونکہ ہے تر عظیم سے محبت انسانی بھی کسی محبت کی یسوع**
  دی۔ دے جان اپنی

میں محبت کی مسیح - سبق عملی لیے کے ایمانداروں .4
جینا

چاہیے بننا گزار خدمت اور عاجزی بھی ہمیں (1)

:ہے لکھا میں 9:35 مرقس
-"بنے خادم کا سب وہ تو ،چاہے بننا بڑا کوئی اگر"

چاہیے کرنا قبول کو قربانی کی مسیح ہمیں (2)

ہے لکھا میں 1:12 یوحنا:
"بخشا حق کا بننے فرزند کے خدا انہیں نے اس ،کیا قبول اسے نے جتنوں لیکن"-

رہنا تیار کو دینے قربانی لیے کے دوسروں ہمیں (3) چاہیے

ہے لکھا میں 12:1 رومیوں:
اپنے کہ ہوں کرتا التماس کر دلا یاد رحمتیں کی خدا سے تم میں !بھائیو اے پس"
"کرو پیش پر طور کے قربانی زندہ کو بدنوں"-

معراج کی محبت کی مسیح میں 8-2:6 فلپیوں – نتیجہ .5

1. مسیح نے الوہیت چھوڑ کر انسان کا روپ اختیار کیا (فلپیوں 2:6)-
2. اس نے خادم کی صورت اختیار کی، جو حقیقی عاجزی کی علامت ہے (فلپیوں 2:7)-
3. اس نے صلیب پر اپنی جان دے کر محبت کا سب سے بڑا اظہار کیا (فلپیوں 2:8)-
4. ہمیں بھی اس محبت کو اپنی زندگی میں ظاہر کرنا چاہیے (مرقس 9:35)-

بات آخری:

!ہے ثبوت بڑا سے سب کا محبت مشروط غیر کی خدا ہونا مجسم کا مسیح

"محبت کبھی ختم نہیں ہوتی" -(1 کرنتھیوں 13:8)

ظہور کا محبت میں جسم ـ ہونا مجسم :دوم باب
فلپیوں) تکمیل حتمی کی محبت الٰہی ہونا مجسم کا مسیح 2:6-8)

بلکہ جانا نہ غنیمت کو ہونے برابر کے خدا ،تھا پر صورت کی خدا اگرچہ نے جس" ،گیا ہو مشابہ کے انسانوں اور کی اختیار صورت کی خادم اور دیا کر خالی کو آپ اپنے اور انسان کی وضع میں پایا گیا" (2:6-7 فلپیوں)

---

1. اظہار عملی کا محبت کی مسیح ـ تعارف

بننا، بائبل میں محبت اور **انسان کا** یعنی **خدا** **(Incarnation)** **ہونا** مسیح کا **مجسم**
کی سب سے بڑی مثال ہے۔ (Compassion) شفقت
ہے۔ مبنی پر قربانی اور عملی بلکہ نہیں نظریاتی یا زبانی یہ محبت **محض**

ہے لکھا میں 1:14 یوحنا:
کے باپ جو ،دیکھا جلال کا اس نے ہم اور ،رہا درمیان ہمارے اور بنا جسم کلام اور" ہوا بھرا سے سچائی اور فضل ،تھا جلال کا اکلوتے"۔

یہ آیت ظاہر کرتی ہے کہ:

1. **کیا۔ اظہار کامل کا محبت اپنی کر بھیج میں دنیا کو بیٹے اپنے نے خدا**
2. **لیا۔ لے اوپر اپنے کو مشکلات اور تکلیف کی انسانوں نے یسوع**
3. **تھی۔ مبنی پر خدمت اور ،شفقت ،قربانی محبت یہ**

Strong's Concordance میں "بنا جسم" (Became Flesh) کا تجزیہ:

- **میں یونانی "σὰρξ ἐγένετο" (Sarx Egeneto – Strong's G4561, G1096) یعنی "کرنا اختیار جسم انسانی پر طور مکمل کا خدا"۔**
- **،ہے امتزاج کا (Humanity) انسانیت اور (Divinity) الوہیت کی مسیح یہ ہے۔ کرتا ظاہر کو محبت پناہ بے کی اس جو**

محبت اور شفقت کی مسیح میں **9:36** متی **.2**

"جب اس نے بھیڑ کو دیکھا، تو اس کو ان پر ترس آیا، کیونکہ وہ بھیڑوں کی مانند تھیں، جن کا کوئی چرواہا نہ ہو" (متی 9:36)

یہ آیت مسیح کی محبت اور شفقت کا خلاصہ ہے، جو اس کے مجسم ہونے کا بنیادی مقصد تھا۔

(1) "جب اس نے بھیڑ کو دیکھا" - خدا کی محبت سب کے لیے ہے

یہ الفاظ ظاہر کرتے ہیں کہ:

- مسیح کی محبت مخصوص لوگوں کے لیے نہیں بلکہ پوری انسانیت کے لیے ہے۔
- وہ ہر کسی کو دیکھتا ہے، چاہے وہ غریب ہو، بیمار ہو، یا گناہ میں ڈوبا ہوا ہو۔

لوقا 19:10 میں لکھا ہے:
"کیونکہ ابن آدم کھوئے ہوؤں کو ڈھونڈنے اور نجات دینے آیا"۔
Strong's Concordance میں "دیکھا" (Saw) کا تجزیہ:

- یونانی میں "εἶδεν" (Eiden – Strong's G1492) یعنی "گہری نظر سے دیکھنا، کسی کی حالت کو جانچنا"۔
- یہ ظاہر کرتا ہے کہ مسیح نے محض جسمانی نظر سے نہیں بلکہ روحانی نظر سے لوگوں کو دیکھا اور ان کی ضروریات کو محسوس کیا۔

اظہار عملی کا محبت - "آیا ترس پر ان کو اس تو" (2)

یہ جملہ ظاہر کرتا ہے کہ:

- ہمدردی حقیقی میں دل کے اس بلکہ ،تھا نہیں والا دیکھنے صرف مسیح تھی۔
- اور ،کھلایا کو بھوکوں ،دی شفا کو بیماروں نے اس کہ ہے وجہ یہی کیا۔ معاف کو گناہگاروں

مرقس 1:41 میں لکھا ہے:
"یسوع نے ترس کھا کر ہاتھ بڑھایا اور اسے چھوا اور کہا: میں چاہتا ہوں، تو پاک ہو جا"۔
Strong's Concordance میں "آیا ترس" (Compassion) کا تجزیہ:

- یونانی میں "σπλαγχνίζομαι" (Splagchnizomai – Strong's G4697) یعنی "دل کی گہرائیوں سے رحم کرنا، کسی کے دکھ میں شریک ہونا"۔
- بلکہ ،تھی نہیں تک حد کی الفاظ محض شفقت کی مسیح کہ ہے کرتا ظاہر یہ تھا۔ شریک واقعی میں دکھ کے دوسروں وہ

چرواہا کوئی کا جن ،تھیں مانند کی بھیڑوں وہ کیونکہ" (3) ضرورت کی قیادت روحانی - "ہو نہ

یہ الفاظ ظاہر کرتے ہیں کہ:

- تھی۔ ضرورت کی رہنما ایک انہیں ،تھے ہوئے کھوئے میں گناہ لوگ
- روشناس سے محبت کی خدا اور سنبھالا انہیں مانند کی چرواہے نے مسیح کروایا۔

یوحنا 10:11 میں یسوع نے فرمایا:
"میں اچھا چرواہا ہوں، اچھا چرواہا بھیڑوں کے لیے اپنی جان دیتا ہے"۔
Strong's Concordance میں "چرواہا" (Shepherd) کا تجزیہ:

- جو وہ" یعنی (Poimēn – Strong's G4166) "ποιμήν" میں یونانی دیتا زندگی انہیں اور ،ہے کرتا رہنمائی ،ہے کرتا حفاظت کی پیروکاروں اپنے ہے"۔
- دینے قربانی اور محافظ بلکہ ہے رہنما صرف نہ مسیح کہ ہے کرتا ظاہر یہ ہے۔ بھی والا

مظاہر عملی کے شفقت کی مسیح .3

شفقت پر بیماروں (1)

متی 14:14 میں لکھا ہے:
ان اور کھایا ترس پر ان اور دیکھی بھیڑ بڑی نے اس تو ،اترا پر کنارے وہ جب اور" "کیا اچھا کو بیماروں کے"۔

یہ ظاہر کرتا ہے کہ:

- جائے۔ کیا دور کو دکھوں کے دوسروں کہ ہے تقاضا کا محبت
- دیا۔ ثبوت کا محبت اپنی کر دے شفا پر طور عملی نے مسیح

شفقت پر بھوکوں (2)

متی 15:32 میں یسوع نے فرمایا:
ان اور ہیں ساتھ میرے سے دن تین وہ کیونکہ ،ہے آتا ترس پر لوگوں ان مجھے" "نہیں کچھ کو کھانے پاس کے"۔

یہ آیت ثابت کرتی ہے کہ:

- رکھا۔ خیال بھی کا ضروریات جسمانی ساتھ کے تعلیم روحانی نے مسیح
- اس نے پانچ ہزار لوگوں کو معجزانہ طور پر کھانا کھلایا (متی 14:19-21)۔

شفقت پر گناہگاروں (3)

لوقا 7:48 میں یسوع نے زناکار عورت سے کہا:
"تیرے گناہ معاف کیے گئے"۔

یہ ثابت کرتا ہے کہ:

- **مسیح نے محبت کے ذریعے گناہگاروں کو معاف کیا اور انہیں نئی زندگی دی۔**

---

4. ایمانداروں کے لیے عملی سبق – مسیح کی شفقت میں جینا

(1) ہمیں دوسروں کے لیے ہمدردی رکھنی چاہیے

1 یوحنا 3:17 میں لکھا ہے:
"اگر کوئی اپنے بھائی کو محتاج دیکھے اور اپنا دل اس پر بند کرے، تو خدا کی محبت اس میں کیسے قائم رہ سکتی ہے؟"۔

(2) ہمیں عملی محبت کا مظاہرہ کرنا چاہیے

یعقوب 2:15-16 میں لکھا ہے:
"اگر کوئی بھائی یا بہن ننگے ہوں اور روزانہ خوراک سے محروم ہوں، اور تم میں سے کوئی ان سے کہے: سلامتی کے ساتھ جاؤ، گرم اور سیر ہو، مگر انہیں جو چیزیں جسم کے لیے ضروری ہیں نہ دے، تو کیا فائدہ؟"۔

(3) ہمیں مسیح کے چرواہے کی مانند بننا چاہیے

یوحنا 21:17 میں یسوع نے فرمایا:
"اگر تو مجھ سے محبت رکھتا ہے، تو میری بھیڑوں کی دیکھ بھال کر"۔

معراج کی محبت کی مسیح میں 9:36 متی – نتیجہ 5.

1. (19:10 لوقا) ہے لیے کے کسی ہر محبت کی مسیح -
2. (1:41 مرقس) ہے مبنی پر خدمت اور ،ہمدردی ،ترس محبت یہ -
3. (3:17 یوحنا 1) چاہیے رکھنی محبت سے دوسروں مانند کی مسیح بھی ہمیں -

بات آخری:

!دی دے جان اپنی نے اس جہاں ،ہوا پر صلیب اظہار حتمی کا شفقت کی مسیح

(1 کرنتھیوں 13:8)- "ہوتی نہیں ختم کبھی محبت"

ظہور کا محبت میں جسم – ہونا مجسم :دوم باب

فلپیوں) تکمیل حتمی کی محبت الٰہی ہونا مجسم کا مسیح (2:6-8

بلکہ جانا نہ غنیمت کو ہونے برابر کے خدا ،تھا پر صورت کی خدا اگرچہ نے جس"
،گیا ہو مشابہ کے انسانوں اور کی اختیار صورت کی خادم اور دیا کر خالی کو آپ اپنے
(2:6-7 فلپیوں) "گیا پایا میں وضع کی انسان اور

مصالحت اور محبت کی مسیح – تعارف 1. (Reconciliation)

قائم امن درمیان کے فریقوں مخالف دو ہے مطلب کا (Reconciliation) مصالحت کرنا۔

لی (اشعیا 59:2)، لیکن کر اختیار علیحدگی سے خدا سے وجہ کی انسان نے گناہ
تھا۔ لیے کے کرنے ختم کو علیحدگی اس ہونا مجسم کا مسیح

:ہے لکھا میں 5:19 کرنتھیوں 2
کے ان اور تھا ہوئے ملائے ساتھ اپنے کو دنیا اور تھا میں مسیح خدا چنانچہ"

سونپ ہمیں خوشخبری کی صلح نے اس اور ،تھا چلاتا نہ پر ان حساب کا گناہوں دی"۔

یہ آیت ظاہر کرتی ہے کہ:

1. عملی کا محبت مصالحتی کی خدا بلکہ نہیں معجزہ ایک محض آمد کی مسیح تھا۔ اظہار
2. گرا دیوار کی گناہ تاکہ ،ملایا ساتھ اپنے کو دنیا وسیلے کے مسیح نے خدا جائے۔ دی
3. بنانا۔ دوست کو دشمنوں – تھا مظہر بڑا سے سب کا محبت یہی

Strong's Concordance میں "مصالحت" (Reconciliation) کا تجزیہ:

- **میں یونانی "καταλλάσσων" (Katallassō – Strong's G2644) یعنی "کرنا قائم امن اور ،کرنا ختم دشمنی ،کرنا بحال تعلق دوبارہ"۔**
- **کا اس اور ،ہوا سے طرف کی خدا آغاز کا مصالحت کہ ہے کرتا ظاہر یہ بنا۔ مسیح ذریعہ**

اظہار کا محبت اور مصالحت میں 5:19 کرنتھیوں 2 .2

سب کی محبت کی خدا – "تھا میں مسیح خدا چنانچہ" (1) مثال بڑی سے

یہ الفاظ ظاہر کرتے ہیں کہ:

- **دی۔ انجام وسیلے کے مسیح نے اس جو ،ہوئی سے مرضی کی خدا مصالحت**
- **بنایا۔ راستہ کا کرنے معاف ہمیں آکر درمیان ہمارے خود نے خدا**

فرمایا نے یسوع میں 14:9 یوحنا:
"لیا دیکھ کو باپ نے اس ،ہے چکا دیکھ مجھے جو"۔
Strong's Concordance میں "تھا میں مسیح خدا" (God Was in Christ) کا تجزیہ:

- یونانی میں "θεὸς ἦν ἐν Χριστῷ" (Theos ēn en Christō – Strong's G2316, G1510, G1722, G5547) یعنی "خدا نے مسیح میں جسمانی طور پر سکونت اختیار کی"۔
- یہ ظاہر کرتا ہے کہ مسیح کی آمد کا مقصد صرف تعلیم دینا نہیں بلکہ دنیا کو خدا سے جوڑنا تھا۔

---

(2) "اور دنیا کو اپنے ساتھ ملائے ہوئے تھا" – تمام انسانوں کے لیے نجات

یہ جملہ ثابت کرتا ہے کہ:

- یہ مصالحت صرف ایک مخصوص قوم یا طبقے کے لیے نہیں، بلکہ پوری دنیا کے لیے ہے۔
- خدا نے تمام گناہگاروں کو اپنے فضل کے وسیلے اپنے ساتھ ملایا۔

رومیوں 5:10 میں لکھا ہے:
"کیونکہ جب ہم دشمن ہی تھے، تو اس کے بیٹے کی موت کے وسیلہ سے خدا سے صلح ہوئی، تو صلح ہونے کے بعد اس کی زندگی کے وسیلہ سے ہم ضرور نجات پائیں گے"۔
Strong's Concordance میں "ملائے ہوئے تھا" (**Reconciling**) کا تجزیہ:

- یونانی میں "καταλλάσσω" (Katallassō – Strong's G2644) یعنی "دشمنی ختم کر کے دو فریقوں کو ایک کرنا"۔

---

(3) "اور ان کے گناہوں کا حساب ان پر نہ چلاتا تھا" – گناہوں کی معافی

یہ الفاظ ظاہر کرتے ہیں کہ:

- مسیح کے وسیلے گناہ کا قرض معاف ہو گیا۔

- پا نجات میں مسیح ہم تاکہ ،چُنا راستہ کا فضل بجائے کے عدالت نے خدا سکیں۔

:ہے لکھا میں **2:14** کلسیوں
اور ،دیا مٹا ،تھا خلاف ہمارے جو ،کو فرمان ہوئے لکھے خلاف ہمارے نے اس"
"دیا جڑ پر صلیب اسے۔
Strong's Concordance میں "تھا چلاتا نہ حساب" **(Not Counting Their Trespasses)** کا تجزیہ:

- میں یونانی "μὴ λογιζόμενος" **(Mē Logizomenos – Strong's G3361, G3049)** یعنی "کسی کے خلاف الزام نہ لگانا، یا جرم کو معاف کر دینا"۔

– "دی سونپ ہمیں خوشخبری کی صلح نے اس اور" (4) مشن کا ایمانداروں

:یہ جملہ ظاہر کرتا ہے کہ

- ہے۔ گیا دیا حکم کا پہنچانے پیغام کا مصالحت میں دنیا بھی ہمیں
- اور محبت کی خدا کو دوسروں ہمیں ،ناطے کے ہونے پیروکار کے یسوع چاہیے۔ بتانا میں بارے کے نجات

:فرمایا نے یسوع میں **28:19** متی
"بناؤ شاگرد کو قوموں سب اور جاؤ تم پس"۔
Strong's Concordance میں "دی سونپ" **(Entrusted)** کا تجزیہ:

- میں یونانی "τίθημι" **(Tithēmi – Strong's G5087)** یعنی "کسی کے سپرد کرنا، ذمہ داری دینا"۔

مظاہر عملی کے مصالحت کی مسیح .3

اظہار کا محبت پر صلیب (1)

ہے لکھا میں 2:16 افسیوں:
کو دشمنی اور دے ملا سے خدا میں بدن ایک کو دونوں سے وسیلہ کے صلیب اور"
دے مٹا".

یہ آیت ظاہر کرتی ہے کہ:

- **تھی۔ قربانی کی مسیح قیمت کی مصالحت**
- **تھا۔ اظہار بڑا سے سب کا محبت یہ**

محبت لیے کے دشمنوں (2)

فرمایا نے یسوع میں 23:34 لوقا:
"ہیں رہے کر کیا کہ جانتے نہیں یہ کیونکہ کر معاف انہیں !باپ اے".

یہ ثابت کرتا ہے کہ:

- **رہے چڑھا پر صلیب اسے جو کی دعا بھی لیے کے لوگوں ان نے مسیح تھے۔**

جینا میں مصالحت – سبق عملی لیے کے ایمانداروں .4

چاہیے کرنا معاف کو دوسروں ہمیں (1)

ہے لکھا میں 6:14 متی:
معاف تمہیں بھی باپ آسمانی تمہارا تو ،گے کرو معاف قصور کے لوگوں تم اگر"
گا کرے".

چاہیے کرنی صلح ذریعے کے محبت ہمیں (2)

ہے لکھا میں 12:18 رومیوں:
-"رکھو صلح ساتھ کے آدمیوں سب ،ہو قدرت تمہاری تک جہاں تو ہو ممکن اگر"

پہنچانی تک دوسروں خوشخبری کی انجیل ہمیں (3) چاہیے

ہے لکھا میں 5:20 کرنتھیوں 2:
ہم ،ہے کرتا درخواست سے وسیلہ ہمارے خدا گویا ،ہیں ایلچی کے مسیح ہم پس"
مسیح کی طرف سے التجا کرتے ہیں کہ خدا سے صلح کر لو"-

معراج کی مصالحت کی مسیح – نتیجہ **5.**

1. **خدا نے مسیح کے وسیلے دنیا سے مصالحت کی** (2 کرنتھیوں 5:19)-
2. **یہ مصالحت گناہوں کی معافی کے ذریعے ممکن ہوئی** (کلسیوں 2:14)-
3. **ہمیں بھی دوسروں کے ساتھ مصالحت کرنی چاہیے** (متی 6:14)-
4. **یہ محبت کی سب سے بڑی مثال ہے – دشمنوں کو دوست بنانا** (رومیوں 5:10)-

بات آخری:

مسیح کی مصالحت کا حتمی اظہار صلیب پر ہوا، جہاں اس نے ہمیں خدا کے قریب کر دیا!

"محبت کبھی ختم نہیں ہوتی" -(1 کرنتھیوں 13:8)

کردار اور فطرت کی محبت کی مسیح :دوم حصہ
کردار اور فطرت کی محبت کی مسیح – تعارف

"کیونکہ میں یقین کرتا ہوں کہ نہ موت، نہ زندگی، نہ فرشتے، نہ حکمران، نہ موجودہ چیزیں، نہ آئندہ چیزیں... نہ کوئی اور مخلوق ہمیں خدا کی محبت سے جدا کر سکے گی جو ہمارے خداوند یسوع مسیح میں ہے" (رومیوں 8:38-39)

---

1. تعارف – مسیح کی محبت کیا ہے؟

مسیح کی محبت محض ایک جذبہ نہیں، بلکہ ایک حقیقت، ایک قوت، اور ایک ازلی سچائی ہے۔
یہ وہ محبت ہے جو ازل سے موجود تھی، جس نے دنیا کی تخلیق کو ممکن بنایا، جو گناہگاروں کی نجات کے لیے قربان ہوئی، اور جو ہمیشہ کے لیے قائم رہے گی۔

یوحنا **3:16** میں لکھا ہے:
"کیونکہ خدا نے دنیا سے ایسی محبت رکھی کہ اس نے اپنا اکلوتا بیٹا بخش دیا، تاکہ جو کوئی اس پر ایمان لائے، ہلاک نہ ہو بلکہ ہمیشہ کی زندگی پائے"۔

یہ ظاہر کرتا ہے کہ:

1. مسیح کی محبت بے لوث اور قربانی پر مبنی ہے۔
2. یہ محبت عالمگیر ہے – ہر نسل، قوم، اور زبان کے لیے۔
3. یہ محبت ابدی ہے – کبھی ختم نہیں ہوتی۔

تجزیہ کا (Love) "محبت" میں Strong's Concordance:

- یونانی میں "ἀγάπη" (Agape – Strong's G26) یعنی "خدائی، بے غرض، اور غیر مشروط محبت"۔
- یہ وہی محبت ہے جو یسوع نے صلیب پر دکھائی، جو محض الفاظ نہیں بلکہ عمل کی صورت میں ثابت ہوئی۔

بنیادی کی اس – فطرت کی محبت کی مسیح .2 خصوصیات

ہے مشروط غیر محبت کی مسیح (1)

:ہے لکھا میں 5:8 رومیوں
مسیح تو ،تھے ہی گناہگار ہم جب کہ ہے کرتا ظاہر یوں پر ہم محبت اپنی خدا لیکن" ہماری خاطر موا".

:یہ آیت ظاہر کرتی ہے کہ

- **گناہگار ہم جب تھی بھی وقت اس یہ – نہیں مبنی پر شرط کسی محبت یہ تھے۔**
- **لیے کے انسان ہر بلکہ ،نہیں لیے کے ایمانداروں یا نیکوکاروں محض یہ ہے۔**

ہے مبنی پر قربانی محبت کی مسیح (2)

:ہے لکھا میں 15:13 یوحنا
".دے لیے کے دوستوں اپنے جان اپنی کوئی کہ نہیں کی کسی محبت بڑی سے اس"

:یہ ظاہر کرتا ہے کہ

- **سے سب پر صلیب نے مسیح اور ،ہے قربانی ثبوت بڑا سے سب کا محبت بڑی قربانی دی۔**

ہے ابدی محبت کی مسیح (3)

:ہے فرماتا خدا میں 31:3 یرمیاہ
پر تم کو شفقت اپنی نے میں لیے اس ،رکھی محبت ابدی سے تم نے میں کیونکہ" قائم رکھا".

:یہ آیت ثابت کرتی ہے کہ

- **ہے۔ متزلزل غیر اور ازلی یہ – ہوتی نہیں تبدیل ساتھ کے وقت محبت یہ**

3. مسیح کی محبت کا کردار – اس کے عملی پہلو

(1) مسیح کی محبت مہربان اور نرم دل ہے

متی 9:36 میں لکھا ہے:
"جب اس نے بھیڑ کو دیکھا، تو اس کو ان پر ترس آیا، کیونکہ وہ بھیڑوں کی مانند تھیں، جن کا کوئی چرواہا نہ ہو"۔

یہ ظاہر کرتا ہے کہ:

- **مسیح کی محبت انسانوں کی ضرورتوں سے بے خبر نہیں – وہ ہمدرد اور نرم دل ہے۔**

(2) مسیح کی محبت صبر اور تحمل والی ہے

1 کرنتھیوں 13:4 میں لکھا ہے:
"محبت صابر ہے اور مہربان ہے"۔

یہ ثابت کرتا ہے کہ:

- **یہ محبت جلد بازی نہیں کرتی، بلکہ ہمیشہ معاف کرنے اور برداشت کرنے والی ہے۔**

(3) مسیح کی محبت راستبازی اور سچائی پر مبنی ہے

یوحنا 14:6 میں لکھا ہے:
"یسوع نے کہا: میں راہ، حق، اور زندگی ہوں"۔

یہ آیت ظاہر کرتی ہے کہ:

- **مسیح کی محبت ہمیشہ حق اور سچائی پر مبنی ہے – یہ کبھی دھوکہ یا فریب نہیں دیتی۔**

میں محبت کی مسیح – سبق عملی لیے کے ایمانداروں 4. جینا

چاہیے کرنی محبت طرح اسی سے دوسروں بھی ہمیں (1)

ہے لکھا میں 4:11 یوحنا 1:
سے دوسرے ایک بھی ہمیں تو ،کی محبت ایسی سے ہم نے خدا جب !عزیزو اے" "چاہیے رکھنی محبت-.

چاہیے کرنی خدمت ذریعے کے محبت ہمیں (2)

ہے لکھا میں 5:13 گلتیوں:
"کرو خدمت کی دوسرے ایک سے وسیلہ کے محبت"-.

پہنچانا تک دوسروں کو انجیل ذریعے کے محبت ہمیں (3) چاہیے

فرمایا نے یسوع میں 28:19 متی:
"بناؤ شاگرد کو قوموں سب اور جاؤ تم پس"-.

معراج کی محبت کی مسیح – نتیجہ 5.

1. **یہ محبت غیر مشروط اور عالمگیر ہے** (رومیوں 5:8)-
2. **یہ محبت قربانی پر مبنی ہے** (یوحنا 15:13)-
3. **یہ محبت ابدی اور غیر متزلزل ہے** (یرمیاہ 31:3)-
4. **یہ محبت راستبازی اور سچائی پر قائم ہے** (یوحنا 14:6)-
5. **یہ محبت ہمدردی، صبر، اور مہربانی پر مشتمل ہے** (متی 9:36، 1 کرنتھیوں 13:4)-

بات آخری:

محبت یہ اور ،ہے قائم زندگی کی ایمانداروں پر جس ہے بنیاد وہ محبت کی مسیح ہوتی نہیں ختم کبھی!

(1 کرنتھیوں 13:8)- **"ہوتی نہیں ختم کبھی محبت"**

باب 03

محبت آگاپے کی مسیح - محبت مشروط غیر :سوم باب

سمجھنا کو محبت آگاپے

مسیح تو ،تھے ہی گناہگار ہم جب کہ ہے کرتا ظاہر یوں پر ہم محبت اپنی خدا لیکن"
موا خاطر ہماری" (رومیوں 5:8)

ہے؟ کیا محبت آگاپے - تعارف 1.

اور ،لوث بے ،مشروط غیر جو ہے محبت ترین اعلیٰ وہ محبت (Agape) آگاپے
ہے۔ مبنی پر فطرت خدائی
محض یہ بلکہ ،ہوتی نہیں مبنی پر نیکی یا ،قابلیت ،خوبی کی انسان یہ محبت کسی
ہے۔ ہوتی موجود میں ذات کی والے کرنے محبت

ہے لکھا میں 3:16 یوحنا:
تاکہ ،دیا بخش بیٹا اکلوتا اپنا نے اس کہ رکھی محبت ایسی سے دنیا نے خدا کیونکہ"
پائے زندگی کی ہمیشہ بلکہ ہو نہ ہلاک ،لائے ایمان پر اس کوئی جو"۔

یہ ظاہر کرتا ہے کہ:

1. سے رحمت اور فضل کے خدا بلکہ ،نہیں مبنی پر قابلیت کی انسان محبت یہ ہے۔ ہوتی جاری
2. بھی۔ لیے کے دشمنوں اور گناہگاروں کہ حتیٰ – ہے لیے کے ایک ہر یہ
3. ہے۔ محبت مبنی پر قربانی اور عملی بلکہ ،نہیں محبت جذباتی محض یہ

Strong's Concordance میں "محبت آگاپے" (Agape Love) کا تجزیہ:

- ،لوث بے ،الٰہی" یعنی (Agape – Strong's G26) "ἀγάπη" میں یونانی "محبت مشروط غیر اور.
- مکمل میں مسیح جو اور رکھی لیے کے دنیا نے خدا جو ہے محبت وہی یہ ہوئی۔

نوعیت مشروط غیر کی محبت آگاپے .2

نہیں مبنی پر خوبی کی انسان محبت کی خدا (1)

:ہے لکھا میں 5:6 رومیوں
لیے کے دینوں بے مسیح پر وقت مقررہ تو ،تھے ہی کمزور ابھی ہم جب کیونکہ'' ''موا۔

:یہ آیت ثابت کرتی ہے کہ

- **تھا۔ دشمن کا خدا انسان جب گیا کیا وقت اس اظہار کا محبت**
- **کے محبت غرض بے کی خدا بلکہ ،نہیں سے وجہ کی قابلیت کسی ہماری گیا۔ کھولا دروازہ کا نجات باعث**

(2) خدا کی محبت بغیر کسی شرط کے سب کے لیے ہے

:ہے لکھا میں 5:45 متی
راستبازوں اور ہے چمکاتا پر دونوں نیکوں اور بدوں کو سورج اپنے وہ کیونکہ'' اور ناراستوں دونوں پر مینہ برساتا ہے''۔

:یہ آیت ظاہر کرتی ہے کہ

- **بدکار۔ یا ہو نیک وہ چاہے ،ہے یکساں لیے کے ایک ہر محبت کی خدا**

- جانے چنے اپنے کے خدا بلکہ ،نہیں منحصر پر اعمال انسانی کسی محبت یہ ہے۔ پر

رکھی محبت بھی لیے کے دشمنوں نے مسیح (3)

فرمایا نے یسوع میں 23:34 لوقا:
"ہیں رہے کر کیا کہ جانتے نہیں یہ کیونکہ ،کر معاف انہیں !باپ اے"۔

یہ ظاہر کرتا ہے کہ:

- کے گناہوں کے ان وہ – تھی بھی لیے کے دشمنوں اپنے محبت کی مسیح ہوا۔ قربان بھی لیے
- ہے۔ نمونہ ترین اعلیٰ کا محبت مشروط غیر یہ

صلیب اور محبت آگاپے .3

مظہر کا محبت کی مسیح پر صلیب (1)

ہے لکھا میں 2:4-5 افسیوں:
نے اس جو سے سبب کے محبت بڑی اس اپنی ،ہے غنی میں رحمت جو خدا لیکن" ساتھ کے مسیح ہمیں تو ،تھے مردہ سے سبب کے قصوروں ہم جب ،رکھی سے ہم "(ہو یافتہ نجات تم سے ہی فضل) – کیا زندہ۔

یہ ثابت کرتا ہے کہ:

- کے دینے نجات ہمیں نے یسوع جہاں ،ہوا پر صلیب اظہار حتمی کا محبت دی۔ جان اپنی لیے
- ہے۔ قربانی حقیقی ایک بلکہ نہیں جذبات یا الفاظ محض محبت یہ

ہے بنیاد کی نجات کی انسان محبت آگاپے (2)

:ہے لکھا میں 3:4-5 ططس
کی اس لیے کے انسان اور مہربانی کی خدا والے دینے نجات ہمارے جب مگر" سے سبب کے اعمال کے راستبازی – دی نجات ہمیں نے اس تو ،ہوئی ظاہر محبت "مطابق کے رحمت اپنی بلکہ ،کیے نے ہم جو نہیں۔

:یہ آیت ظاہر کرتی ہے کہ

- **ہے۔ مبنی پر محبت کی خدا بلکہ نہیں پر اعمال ہمارے نجات ہماری**
- **ہے۔ مثال بڑی سے سب کی محبت مشروط غیر یہی**

محبت مشروط غیر – سبق عملی لیے کے ایمانداروں .4 جینا میں

کرنی محبت مشروط غیر سے دوسروں بھی ہمیں (1) چاہیے

:ہے لکھا میں 4:11 یوحنا 1
سے دوسرے ایک بھی ہمیں تو ،کی محبت ایسی سے ہم نے خدا جب !عزیزو اے" "چاہیے رکھنی محبت۔

چاہیے رکھنی محبت بھی سے دشمنوں ہمیں (2)

:فرمایا نے یسوع میں 5:44 متی
والوں ستانے اپنے اور رکھو محبت سے دشمنوں اپنے :ہوں کہتا سے تم میں مگر" "کرو دعا لیے کے۔

چاہیے کرنی خدمت ذریعے کے محبت ہمیں (3)

:ہے لکھا میں 5:13 گلتیوں
"کرو خدمت کی دوسرے ایک سے وسیلہ کے محبت"-

دوسروں ساتھ کے محبت خوشخبری کی انجیل ہمیں (4) چاہیے پہنچانی تک

:فرمایا نے یسوع میں 28:19 متی
"بناؤ شاگرد کو قوموں سب اور جاؤ تم پس"-

---

5. معراج کی محبت آگاپے – نتیجہ

1. **پر فیصلے اپنے کے خدا بلکہ ،نہیں مبنی پر قابلیت یا خوبی انسانی محبت یہ ہے** (رومیوں 5:6)-
2. **محبت یہ دشمنوں اور گناہگاروں کے لیے بھی ہے** (لوقا 23:34)-
3. **محبت یہ عمل میں ظاہر ہوئی، خاص طور پر صلیب پر** (افسیوں 2:4-5)-
4. **محبت یہ ہر کسی کے لیے یکساں ہے – نیکوں اور بدکاروں کے لیے بھی** (متی 5:45)-
5. **محبت یہ ہمیں بھی سکھاتی ہے کہ ہم دوسروں سے غیر مشروط محبت کریں** (1 یوحنا 4:11)-

:بات آخری

آگاپے محبت خدا کی سب سے بڑی نعمت ہے، جو مسیح میں مکمل ہوئی، اور جس کا عملی اظہار ہمیں اپنی زندگی میں کرنا ہے!

"محبت کبھی ختم نہیں ہوتی" -(1 کرنتھیوں 13:8)

محبت آگاپے کی مسیح ۔ محبت مشروط غیر :سوم باب

ہے؟ کیا محبت آگاپے – تعارف **.1**

آگاپے محبت وہ اعلیٰ ترین محبت ہے جو خدا کی ذات کی عکاسی کرتی ہے۔ یہ محبت محض جذبات یا عارضی لگاؤ نہیں بلکہ ایک ایسی محبت ہے جو ہمیشہ کے لیے، ابدی اور بے لوث ہوتی ہے۔ بائبل میں آگاپے کو "خدائی محبت" بھی کہا گیا ہے، جو نہ تو کسی انسان کی خوبی یا کارکردگی پر منحصر ہے اور نہ ہی اس کا تقاضا کرتی ہے کہ ہمیں اس کے لائق بنایا جائے، بلکہ یہ خدا کی اپنی رحمت اور فضل کا مظہر ہے۔

:ہے لکھا میں 3:16 یوحنا
کیونکہ خدا نے دنیا سے ایسی محبت رکھی کہ اس نے اپنا اکلوتا بیٹا بخش دیا، تاکہ " جو کوئی اس پر ایمان لائے، ہلاک نہ ہو بلکہ ہمیشہ کی زندگی پائے"۔

یہ آیت آگاپے محبت کی غیر مشروطیت اور ابدیت کی دلیل پیش کرتی ہے، کیونکہ یہ محبت دنیا کی کوئی بھی حالت یا ہماری کمزوریوں سے متاثر نہیں ہوتی۔

Strong's Concordance:

- *ἀγάπη* **(Agape – Strong's G26):** اور لوث بے ،خالص جو لفظ یونانی ہے۔ رکھتا معنی کے محبت مشروط غیر

خصوصیات کی محبت آگاپے **.2**

پہلو والا ہونے ختم نہ کبھی کا محبت ۔ ابدیت (1)

آگاپے محبت کی سب سے منفرد خصوصیت یہ ہے کہ یہ **ابدیت** کا حامل ہے، یعنی یہ محبت نہ ختم ہونے والی ہے۔
:ہے لکھا میں 13:8 کرنتھیوں 1
محبت کبھی ختم نہیں ہوتی"۔"

:یہ آیت ثابت کرتی ہے کہ

- ہے۔ رہتی برقرار ہمیشہ یہ بلکہ ہوتی نہیں کمزور ساتھ کے وقت محبت آگاپے
- ہمارے لیے کے ہمیشہ جو ،ہے وعدہ ابدی ایک سے طرف کی خدا محبت یہ گی۔ رہے ساتھ

Strong's Concordance:

- **ζωή αἰώνιος (Eternal Life – Strong's G2222, G166):** یہ اگرچہ وہ کا محبت یہ مگر ،ہوتی نہیں استعمال لیے کے محبت راست براہ اصطلاح ہے۔ دیتا ضمانت کی رفاقت ابدی ایک ساتھ کے خدا جو ہے نتیجہ

سے معیار انسانی بنیاد کی محبت – مشروطیت غیر (2) آزاد

مشروط ہے، یعنی یہ نہ ہمارے اعمال یا ہماری خوبیوں پر منحصر آگاپے محبت **غیر** ہے اور نہ ہی ہماری طرف سے حاصل کی جا سکتی ہے۔

ہے لکھا میں 5:8 رومیوں:

لیکن خدا اپنی محبت ہم پر یوں ظاہر کرتا ہے کہ جب ہم گنہگار ہی تھے، تو مسیح " ہماری خاطر موا"۔

یہ آیت بتاتی ہے کہ:

- تھے۔ گناہگار اور نااہل ہم جب کیا پیار وقت اس ہمیں نے خدا
- ابدی اور نجات ہمیں بلکہ ہے والا کرنے معاف صرف نہ معیار یہ کا محبت ہے۔ بھی والا جانے لے طرف کی زندگی

Strong's Concordance:

- **πίστις (Pistis – Strong's G4102):** محبت آگاپے جو کیفیت وہ کی ایمان مکمل خود آگاپے مگر ،ہے مددگار میں کرنے عمل پر اس اور کرنے قبول کو ہے۔ گئی کی عطا سے طرف کی خدا پر طور

علامت کی خدمت اور قربانی - لوثیت بے (3)

لوث ہے، یعنی یہ محبت کسی بھی ذاتی فائدہ، شہرت یا خود غرضی آگاپے محبت بے
کے بغیر دی جاتی ہے۔
ہیں فرماتے یسوع میں 15:13 یوحنا:
اس سے بڑی محبت کسی کی نہیں کہ کوئی اپنی جان اپنے دوستوں کے لیے دے"۔"

یہ آیت ظاہر کرتی ہے کہ:

- کی۔ ظاہر پر طور عملی محبت یہ کر دے قربانی زندگی اپنی نے مسیح
- ہے۔ کرتی پیدا جذبہ کا قربانی اور خدمت لیے کے دوسروں محبت یہ

Strong's Concordance:

- **τίθημι (Tithēmi – Strong's G5087):** کسی کہ ہے مطلب کا لفظ اس
  ہے۔ ثبوت عملی کا قربانی کی مسیح جو ،کرنا قربان کر بوجھ جان کو چیز

اطلاق عملی اور اثر روحانی کا محبت آگاپے .3

جذبہ کا خدمت اور ایمانداری (1)

آگاپے محبت ہمیں سکھاتی ہے کہ ہمیں دوسروں سے اسی بے لوث محبت کا مظاہرہ
کرنا چاہیے۔
1 ہے لکھا میں 4:11 یوحنا:
اے عزیزو! جب خدا نے ہم سے ایسی محبت کی، تو ہمیں بھی ایک دوسرے سے "
محبت رکھنی چاہیے"۔

یہ ہمیں دعوت دیتا ہے کہ:

- اختیار رویہ کا خدمت اور ہمدردی ،محبت ساتھ کے لوگوں کے پاس آس اپنے ہم
  کریں۔
- بھی میں اقدامات عملی بلکہ ہو نظریاتی صرف نہ محبت یہ میں زندگیوں ہماری
  ہو۔ جھلکتی

منادی کی انجیل (2)

آگاپے محبت ہمیں دعوت دیتی ہے کہ ہم خدا کے اس پیغام کو دوسروں تک پہنچائیں۔
فرمایا نے یسوع میں 28:19 متی:
پس تم جاؤ اور سب قوموں کو شاگرد بناؤ"۔"

یہ ہمیں یاد دلاتا ہے کہ:

- کی خدا تک دوسروں ہمیں بلکہ نہیں محدود تک نجات ذاتی صرف ایمان ہمارا چاہیے۔ پہنچانا بھی پیغام کا نجات اور محبت
- ایک بلکہ کریں محبت صرف نہ کو دوسرے ایک ہم بدولت کی محبت آگاپے کریں۔ بھی رہنمائی اور مدد کی دوسرے

جھلک کی محبت آگاپے میں زندگی عملی .4

تعلقات سماجی اور رفاقتی (1)

آگاپے محبت ہمارے رشتوں کو مضبوط بناتی ہے۔ اس محبت کی بدولت:

- پاتے کر قائم تعلقات مضبوط اور گہرے ساتھ کے خاندان اور دوستوں اپنے ہم ہیں۔
- بھی کسی وہ خواہ ،جائے کی عزت کی شخص ہر کہ ہے سکھاتی ہمیں محبت یہ ہو۔ نہ کیوں سے منظر پس

بھلائی اور خدمت میں کمیونٹی (2)

آگاپے محبت ہمارے معاشرتی رویوں کا بھی حصہ ہے:

- سے حالات مشکل جو چاہیے کرنی مدد کی لوگوں ان میں معاشرے اپنے ہمیں ہیں۔ دوچار
- دوسروں ذریعے کے خدمت اور انصاف ہم کہ ہے دیتی دعوت ہمیں محبت یہ لائیں۔ بہتری میں زندگیوں کی

پیغام حتمی کا محبت آگاپے – نتیجہ 5.

1. آگاپے محبت خدا کی بے لوث، غیر مشروط اور ابدی محبت ہے (یوحنا 3:16, رومیوں 5:8)-
2. یہ محبت نہ صرف نظریاتی بلکہ عملی قربانی اور خدمت کی شکل میں ظاہر ہوتی ہے (یوحنا 15:13)-
3. ایمانداروں کی زندگی میں آگاپے محبت کا اثر ایسا ہونا چاہیے کہ وہ دوسروں کے لیے مثال بن جائیں (1 یوحنا 4:11)-
4. یہ محبت ہمیں خدا کے پیغام کی منادی اور ایک دوسرے کے لیے محبت کا درس دیتی ہے (متی 28:19)-

بات آخری:

آگاپے محبت وہ اعلیٰ ترین محبت ہے جس کا تصور انسان کی محدودیتوں سے ماورا ہے-
یہ محبت نا صرف ہمیں خدا کے قریب لاتی ہے بلکہ ہمیں ایک ایسا پیغام دیتی ہے جس کے ذریعے ہم دنیا میں امن، خدمت اور خلوص کا چراغ جلائے رکھ سکتے ہیں۔

"محبت کبھی ختم نہیں ہوتی" (1 کرنتھیوں 13:8) – یہی آگاپے محبت کا حتمی پیغام ہے جو ہمیں سچائی، خدمت اور رفاقت کی نئی راہوں پر گامزن کرتا ہے-

باب سوم: غیر مشروط محبت – مسیح کی آگاپے محبت

آگاپے محبت کو سمجھنا – نجات بخش (Redemptive) محبت

"کیونکہ ابن آدم اس لیے آیا کہ کھوئے ہوؤں کو ڈھونڈے اور نجات دے" (لوقا 19:10)

---

1. تعارف – آگاپے محبت کیا ہے؟

خدا آگاپے محبت **سب سے اعلیٰ اور کامل** غیر مشروط، بے لوث، جو **محبت** ہے، **نجات** اور **بخش (Redemptive)** ہے-
انسانوں کو **گناہ، تباہی اور موت سے** جو عملی ہے، بلکہ یہ محبت صرف جذباتی نہیں

ہے۔ رہتی عمل سرگرم لیے کے بچانے
کی۔ ظاہر پر دنیا ذریعے کے مسیح یسوع نے یہی وہ محبت ہے جو خدا

ہے لکھا میں 3:16 یوحنا:
"کیونکہ خدا نے دنیا سے ایسی محبت رکھی کہ اس نے اپنا اکلوتا بیٹا بخش دیا، تاکہ جو کوئی اس پر ایمان لائے، ہلاک نہ ہو بلکہ ہمیشہ کی زندگی پائے"۔

یہ آیت ثابت کرتی ہے کہ:

1. **آگاپے محبت کی نجات محبت ہے، جو گناہگاروں کو زندگی دینے کے لیے کام کرتی ہے۔**
2. **یہ محبت دنیا کے لیے ایک تحفہ ہے، جو کسی کی قابلیت پر منحصر نہیں بلکہ خدا کی مہربانی پر مبنی ہے۔**
3. **یہ محبت صلیب پر مکمل ہوئی، جہاں مسیح نے گناہ کے بدلے کفارہ دیا۔**

Strong's Concordance میں "محبت" (Love) کا تجزیہ:

- *ἀγάπη* **(Agape – Strong's G26):** یونانی میں "آگاپے" کا مطلب **خالص، غیر مشروط، نجات بخش محبت** ہے، جو خدا کی محبت کی کامل مثال ہے۔

---

2. نجات بخش محبت کی نوعیت

(1) مسیح کی محبت کھوئے ہوؤں کو نجات دیتی ہے

ہے لکھا میں 19:10 لوقا:
"کیونکہ ابن آدم اس لیے آیا کہ کھوئے ہوؤں کو ڈھونڈے اور نجات دے"۔

یہ آیت ظاہر کرتی ہے کہ:

- **مسیح کی محبت فعال ہے – وہ کھوئے ہوؤں کو ڈھونڈنے کے لیے آیا۔**
- **یہ محبت نجات پر مبنی ہے – وہ گناہگاروں کو واپس خدا کے پاس لانا چاہتا ہے۔**

Strong's Concordance میں "نجات" (Salvation) کا تجزیہ:

- *σῴζω* **(Sōzō – Strong's G4982):** اس کا مطلب ہے "بچانا، رہائی دینا، یا محفوظ کرنا"، جو یسوع کے کام کو بیان کرتا ہے۔

ہے کرتی قبول کو گناہگاروں محبت کی مسیح (2)

ہے لکھا میں 5:8 رومیوں:
مسیح تو ،تھے ہی گناہگار ہم جب کہ ہے کرتا ظاہر یوں پر ہم محبت اپنی خدا لیکن" "موا خاطر ہماری.

یہ ظاہر کرتا ہے کہ:

- **پر فضل کے خدا بلکہ ،نہیں پر صلاحیت یا نیکی کی کسی محبت بخش نجات ہے۔ مبنی**
- **دیتی دعوت کی نجات انہیں بلکہ کرتی نہیں مسترد کو گناہگاروں محبت یہ ہے۔**

Strong's Concordance میں "گناہگار" (Sinners) کا تجزیہ:

- **ἁμαρτωλός (Hamartōlos – Strong's G268):** اس کا مطلب ہے "وہ جو خدا کے معیار سے محروم ہو"۔
- **گناہ جو کی مہیا بھی لیے کے لوگوں ان نجات نے یسوع کہ ہے کرتا ظاہر یہ تھے۔ میں**

ہے کرتی مطالبہ کا قربانی محبت بخش نجات (3)

فرمایا نے یسوع میں 15:13 یوحنا:
"دے لیے کے دوستوں اپنے جان اپنی کوئی کہ نہیں کی کسی محبت بڑی سے اس".

یہ آیت ثابت کرتی ہے کہ:

- **پر صلیب – ہوئی ظاہر میں عمل بلکہ نہیں میں الفاظ صرف محبت کی مسیح کر۔ دے جان اپنی**
- **دینا۔ قربانی لیے کے دوسروں – ہے مظہر حقیقی کا محبت بخش نجات یہی**

Strong's Concordance میں "دینا قربانی" (Lay Down One's Life) کا تجزیہ:

- **τίθημι (Tithēmi – Strong's G5087):** کر بوجھ جان" ہے مطلب کا اس کرتا بیان کو محبت صلیبی کی مسیح جو ،"کرنا قربان یا کرنا ترک کو چیز کسی ہے۔

صلیب اور محبت بخش نجات کی مسیح .3

گیا دیا کفارہ کا گناہ پر صلیب (1)

ہے لکھا میں 1:7 افسیوں:
اس ،معافی کی قصوروں یعنی مخلصی سے وسیلہ کے خون کے اس میں اس کو ہم" کے فضل کی دولت کے موافق حاصل ہے"۔

:یہ آیت ظاہر کرتی ہے کہ

- **تھا۔ بہانا خون کا مسیح عروج کا محبت بخش نجات**
- **راستبازی ہمیں اور ہے رکھتی محفوظ سے غضب کے خدا ہمیں محبت یہ ہے۔ کرتی عطا**

ہوا مکمل کام کا بحالی اور صلح پر صلیب (2)

ہے لکھا میں 5:19 کرنتھیوں 2:
کے ان اور تھا ہوئے ملائے ساتھ اپنے کو دنیا اور تھا میں مسیح خدا چنانچہ" گناہوں کا حساب ان پر نہ چلاتا تھا"۔

:یہ ثابت کرتا ہے کہ

- **بھی قریب کے خدا ہمیں بلکہ کرتی نہیں معاف کو گناہ صرف محبت کی مسیح ہے۔ کرتی**
- **سکیں۔ رہ ہمیشہ ساتھ کے خدا ہم تاکہ ہے کرتی بحال ہمیں محبت یہ**

محبت بخش نجات – سبق عملی لیے کے ایمانداروں 4. جینا میں

چاہیے کرنا معاف کو دوسروں ہمیں (1)

ہے لکھا میں 6:14 متی:
''اگر تم لوگوں کے قصور معاف کرو گے، تو تمہارا آسمانی باپ بھی تمہیں معاف کرے گا''۔

تک دوسروں خوشخبری کی محبت کی مسیح ہمیں (2) چاہیے پہنچانی

فرمایا نے یسوع میں 28:19 متی:
''پس تم جاؤ اور سب قوموں کو شاگرد بناؤ''۔

کرنی خدمت ساتھ کے محبت لیے کے دوسروں ہمیں (3) چاہیے

ہے لکھا میں 5:13 گلتیوں:
''محبت کے وسیلہ سے ایک دوسرے کی خدمت کرو''۔

پیغام حتمی کا محبت بخش نجات – نتیجہ 5.

1. **مسیح کی محبت نجات پر مبنی ہے، جو کھوئے ہوؤں کو واپس خدا کے پاس لاتی ہے** (لوقا 19:10)۔
2. **یہ محبت گناہگاروں کو قبول کرتی ہے، چاہے وہ کتنے ہی دور کیوں نہ ہوں** (رومیوں 5:8)۔
3. **یہ محبت صلیب پر مکمل ہوئی، جہاں مسیح نے ہمارے لیے جان دی** (یوحنا 15:13)۔

4. **2) ہے دیتی رفاقت ابدی ساتھ کے خدا اور آزادی ،معافی ہمیں محبت یہ**
5:19 کرنتھیوں)-
5. **خدا بھی وہ تاکہ ،ہے پہنچانا تک دوسروں کو محبت بخش نجات بھی ہمیں**
(28:19 متی) ہوں داخل میں بادشاہی کی-

بات آخری:

ابدی ہمیں بلکہ ،گئے کیے معاف صرف نہ ہم بدولت کی محبت بخش نجات کی یسوع
!گیا مل بھی تعلق مکمل ساتھ کے خدا اور زندگی

(1 کرنتھیوں 13:8) – اور یہ نجات بخش محبت ہر **''ہوتی نہیں ختم کبھی محبت''**
!انسان کے لیے دستیاب ہے جو اسے قبول کرے

پر طور عملی محبت کی مسیح :سوم باب
ہوئی بھری سے اعمال کے محبت خدمت زمینی کی مسیح
تھی

اظہار عملی کا ہمدردی اور محبت – دینا شفا کو بیماروں

اس کو لوگوں گرفتہ بدروح اور بیماروں سے بہت لوگ تو ،گیا ڈھل سورج جب کو شام"
جو ہو پوری بات وہ تاکہ دی شفا کو سب کے کر ایک ایک نے اس اور ،لائے پاس کے
اور لیں لے کمزوریاں ہماری آپ نے اس' :کہ تھی گئی کہی سے وسیلہ کے نبی یسعیاہ
(8:16-17 متی) "'لیں اٹھا بیماریاں ہماری

خدمت بخش شفا اور محبت کی مسیح – تعارف **1.**

خدمت، رحمت اور مسیح کی محبت صرف الفاظ تک محدود نہ تھی، بلکہ وہ **عملی**
،دینا شفا کو بحالی پر مبنی تھی۔ اس کی زمینی خدمت میں **بیماروں کی انسانیت**
کرنا شامل تھا۔ **آزاد کو لوگوں زدہ بدروح اور ،کرنا بحال کو معذوروں**

کے نجات کی خدا خدمت والی دینے شفا کی مسیح کہ ہے دکھاتا ہمیں 8:16-17 متی
تھی۔ حصہ کا منصوبے

یہ آیت ہمیں سکھاتی ہے کہ:

1. کو درد اور تکلیف کی انسان وہ – ہے مبنی پر ہمدردی محبت کی مسیح ہے۔ کرتا محسوس
2. بیماروں سے بہت نے یسوع – ہے کرتی دور کو تکلیف اور بیماری محبت یہ کیا۔ شفایاب کو
3. اس کے مسیح ہی پہلے نے نبی یسعیاہ – ہے تکمیل کی گوئی پیشن محبت یہ تھی۔ دی خبر کی عمل

Strong's Concordance میں "شفا" (Healing) تجزیہ کا:

- یعنی (Therapeuō – Strong's G2323) "θεραπεύω" میں یونانی "کرنا مند صحت مکمل کو کسی یا ،کرنا بحال ،کرنا دور کو بیماری"۔
- کی انسان بلکہ نہیں عارضی صرف محبت کی مسیح کہ ہے کرتا ظاہر یہ ہے۔ مرکوز پر بحالی مکمل

شفا اور محبت میں 8:16-17 متی .2

اس کو بیماروں سے بہت لوگ تو ،گیا ڈھل سورج جب" (1) ہے کرتا قبول کو سب مسیح – "لائے پاس کے

یہ الفاظ ظاہر کرتے ہیں کہ:

- گا۔ دے شفا انہیں وہ کہ آئے میں امید اس پاس کے مسیح لوگ
- محدود تک قوم یا طبقے خاص کسی محبت کی مسیح کہ ہے کرتا ظاہر یہ تھا۔ آیا لیے کے دینے شفا کو کسی ہر وہ – تھی نہیں

ہے لکھا میں 4:40 لوقا:

انہیں ،تھے مبتلا میں بیماریوں مختلف جو لوگ سب تو ،ہوا غروب سورج جب" یسوع کے پاس لے آئے، اور اس نے ایک ایک پر ہاتھ رکھ کر انہیں شفا دی"۔

Strong's Concordance میں "گیا لایا" (Brought) تجزیہ کا:

- یعنی (Prospherō – Strong's G4374) "προσφέρω" میں یونانی "کسی کو نجات دینے والے کے پاس لے جانا"۔

(2) "اور اس نے ایک ایک کر کے سب کو شفا دی" – محبت انفرادی

یہ جملہ ظاہر کرتا ہے کہ:

- **مسیح کی محبت اجتماعی نہیں بلکہ انفرادی تھی – اس نے ہر بیمار شخص کو ذاتی طور پر شفا دی۔**
- **یہی محبت ہمیں خدا کے ذاتی تعلق کا احساس دلاتی ہے۔**

متی 14:14 میں لکھا ہے:
"جب یسوع کنارے پر پہنچا، تو اس نے ایک بڑی بھیڑ دیکھی اور ان پر ترس کھایا، اور ان کے بیماروں کو شفا دی"۔
"ترس آیا" (Compassion) کا Strong's Concordance میں تجزیہ:

- **یونانی میں "σπλαγχνίζομαι" (Splagchnizomai – Strong's G4697) یعنی "دل کی گہرائیوں سے رحم محسوس کرنا"۔**

(3) "تاکہ وہ بات پوری ہو جو یسعیاہ نبی کے وسیلہ سے کہی گئی تھی" – پیشن گوئی کی تکمیل

یہ الفاظ ظاہر کرتے ہیں کہ:

- **مسیح کی شفایابی محض معجزہ نہیں بلکہ خدا کے نجات کے منصوبے کا حصہ تھی۔**
- **یہ یسعیاہ 53:4 کی پیشن گوئی کی تکمیل تھی:**

"یقیناً اس نے ہماری بیماریاں برداشت کیں اور ہمارے غموں کو اٹھا لیا" (یسعیاہ 53:4)۔
"اٹھا لیا" (Took Away) کا Strong's Concordance میں تجزیہ:

- بوجھ کا کسی" یعنی (Nasa – Strong's H5375) "נָשָׂא" میں عبرانی "لینا اٹھا خود-

---

مظاہر عملی کے محبت والی دینے شفا کی مسیح .3

سے لوگوں شدہ مسترد - دینا شفا کو مریض کے جذام (1) محبت

ہے لکھا میں 8:2-3 متی:
تو اگر !خداوند اے' :کہا اور کیا سجدہ اسے کر آ نے کوڑھی ایک ،دیکھو اور" اور چھوا اسے کر بڑھا ہاتھ نے یسوع 'ہے- سکتا کر صاف پاک مجھے تو ،چاہے "گئی ہو دور جذام کی اس ہی فوراً اور 'جا- ہو صاف پاک تو ،ہوں چاہتا میں' :کہا-

یہ ظاہر کرتا ہے کہ:

- ہے- پہنچتی بھی تک لوگوں کردہ مسترد کے سماج محبت کی مسیح
- کیا اظہار کا محبت پر طور عملی بلکہ نہیں سے لفظوں محض نے اس - تھا- ممنوع چھونا کو جذامی مطابق کے شریعت حالانکہ ،چھوا اسے

بحالی جسمانی اور روحانی - دینا بینائی کو نابینا (2)

ہے لکھا میں 9:6-7 یوحنا:
آنکھوں کی اندھے کو گارے اس اور ،بنایا گارا سے مٹی اور تھوکا پر زمین نے اس" دھو اور گیا وہ پس 'لے- دھو میں تالاب کے شیلوح ،جا' :کہا سے اس اور ،لگایا پر "لگا دیکھنے کر-

یہ ظاہر کرتا ہے کہ:

- ہے- کرتی عطا بھی روشنی روحانی ساتھ کے شفا جسمانی محبت کی مسیح
- ہے- علامت کی زندگی نئی اور نجات واقعہ یہ

---

4. دینے شفا کی مسیح – سبق عملی لیے کے ایمانداروں جینا میں محبت والی

(1) چاہیے رکھنی ہمدردی لیے کے دوسروں ہمیں

1 یوحنا 4:11 میں لکھا ہے:
"اے عزیزو! جب خدا نے ہم سے ایسی محبت کی، تو ہمیں بھی ایک دوسرے سے محبت رکھنی چاہیے"۔

(2) چاہیے رکھنا بھروسہ پر خدا ہمیں

یعقوب 5:15 میں لکھا ہے:
"ایمان کی دعا بیمار کو شفا دے گی، اور خداوند اسے اٹھائے گا"۔

(3) چاہیے کرنی مدد اور دعا لیے کے دوسروں ہمیں

گلتیوں 6:2 میں لکھا ہے:
"ایک دوسرے کے بوجھ اٹھاؤ، اور یوں مسیح کی شریعت کو پورا کرو"۔

---

5. نتیجہ – مسیح کی محبت کا حتمی پیغام

1. **مسیح کی محبت ہر انسان کے لیے ہے – چاہے وہ گناہ میں ہو، بیماری میں ہو، یا سماج سے مسترد شدہ ہو** (متی 8:16-17)۔
2. **یہ محبت عملی ہے – وہ لوگوں کے قریب آیا، انہیں چھوا، اور شفا دی** (متی 8:2-3)۔
3. **یہ محبت مکمل بحالی پر مرکوز ہے – جسمانی، روحانی، اور جذباتی سطح پر** (یوحنا 9:6-7)۔
4. **یہ محبت ہمیں سکھاتی ہے کہ ہم بھی دوسروں کے لیے دعا کریں، ان کی مدد کریں، اور مسیح کی طرح محبت کا اظہار کریں** (گلتیوں 6:2)۔

بات آخری:

ہر جو ،ہے محبت مشروط غیر اور ،والی دینے بحالی ،بخش شفا محبت کی مسیح ہے دستیاب لیے کے انسان!

(1 کرنتھیوں 13:8) – یہی مسیح کی محبت کا پیغام **"ہوتی نہیں ختم کبھی محبت" ہے!**

پر طور عملی محبت کی مسیح :سوم باب
اظہار کا فضل پر لوگوں ناحق – معافی کی گناہگاروں

یوحنا) "کرنا نہ گناہ پھر اور جا ،ٹھہراتا نہیں مجرم تجھے بھی میں :کہا نے یسوع" 8:11)

محبت والی کرنے معاف کی مسیح – تعارف 1.

پر طور یسوع مسیح کی محبت صرف نظریہ یا فلسفہ نہیں تھی، بلکہ اس نے **عملی کیا۔ مظاہرہ کا رحمت و فضل اور ،کیا بحال انہیں ،دی معافی کو گناہگاروں مشروط غیر** یہ محبت کسی شخص کی نیکی یا لائق ہونے پر منحصر نہیں تھی بلکہ یہ **تھی۔ محبت بخش نجات اور**

ہے لکھا میں 19:10 لوقا:
"دے نجات اور ڈھونڈے کو ہوؤں کھوئے کہ آیا لیے اس آدم ابن کیونکہ"۔

یہ ظاہر کرتا ہے کہ:

1. **تھے۔ گم میں گناہ جو تھے لوگ وہ ہدف کا محبت کی مسیح**
2. **ہے۔ کرتی فراہم بحالی اور معافی لیے کے گناہگاروں محبت یہ**
3. **راستہ کا نجات اور فضل بلکہ نہیں مبنی پر سزا یا قانون محض محبت یہ ہے۔ دکھاتی**

Strong's Concordance میں "معافی" (Forgiveness) کا تجزیہ:

- **قرض ،رہائی" یعنی (Aphesis – Strong's G859) "ἄφεσις" میں یونانی "کرنا آزاد سے سزا یا ،کرنا معاف۔**

- ہے۔ آزادی حقیقی بلکہ نہیں الفاظ صرف معافی کی مسیح کہ ہے کرتا ظاہر یہ

معافی اور محبت میں 8:11 یوحنا .2

- "ٹھہراتا نہیں مجرم تجھے بھی میں :کہا نے یسوع" (1) فراہمی کی فضل

:یہ الفاظ ظاہر کرتے ہیں کہ

- کرتا۔ نہیں مسترد کو گناہگار لیکن ،ہے کرتا مسترد کو گناہ یسوع
- دی۔ معافی اور فضل بلکہ سنائی نہیں سزا فوری کوئی پر عورت نے اس

:ہے لکھا میں 103:10 زبور
کے بدکاریوں ہماری نہ اور ،کیا نہ سلوک سے ہم موافق کے گناہوں ہمارے نے اس"
۔"دیا بدلہ کو ہم مطابق
Strong's Concordance میں "ٹھہرانا نہ مجرم" (Condemn) کا تجزیہ:

- یعنی (Katakrinō – Strong's G2632) "κατακρίνω" میں یونانی
"کسی پر فیصلہ صادر کرنا، مجرم قرار دینا"۔
- ہے دیتی موقع کا نجات کو مجرموں محبت کی مسیح کہ ہے کرتا ظاہر یہ
کے۔ دینے سزا فوری انہیں بجائے

کا راستبازی اور بحالی - "کرنا نہ گناہ پھر اور جا" (2) پیغام

:یہ جملہ ظاہر کرتا ہے کہ

- دیا۔ بھی موقع کا گزارنے زندگی نئی ایک بلکہ دی معافی صرف نہ نے یسوع
- ہے۔ چلنا پر راستے نئے ایک بلکہ نہیں رکھنا جاری کو گناہ مطلب کا معافی

ہے لکھا میں 5:17 کرنتھیوں 2:
،رہیں جاتی چیزیں پرانی ،ہے مخلوق نئی وہ تو ،ہے میں مسیح کوئی اگر پس"
"گئیں ہو نئی سب وہ ،دیکھو".
Strong's Concordance میں "نہ کرنا" (Sin No More) کا تجزیہ:

- **میں یونانی "μηκέτι ἁμάρτανε" (Mēketi Hamartane – Strong's G3361, G264) یعنی "گناہ سے باز آ جانا ،مکمل طور پر رک جانا".**
- **کی گزارنے زندگی نئی بلکہ نہیں رہائی سے گناہ صرف مطلب کا معافی یہ ہے۔ بھی دعوت**

---

3. مثالیں عملی کی معافی کی مسیح

(1) دعا لیے کے دشمنوں پہلے سے ہونے مصلوب

ہے لکھا میں 23:34 لوقا:
رہے کر کیا کہ جانتے نہیں یہ کیونکہ ،کر معاف انہیں !باپ اے :کہا نے یسوع تب"
"ہیں".

یہ آیت ظاہر کرتی ہے کہ:

- **تھے۔ رہے کر مصلوب اسے جو کی دعا لیے کے لوگوں ان نے مسیح**
- **کے۔ شرط کسی بغیر – تھی لیے کے دشمنوں معافی یہ**

---

(2) آزمائش کی محبت بعد کے معافی – بحالی کی پطرس

کہا سے پطرس نے یسوع میں 21:15-17 یوحنا:
"کیا تو مجھ سے محبت رکھتا ہے؟ ... تو میری بھیڑوں کی دیکھ بھال کر".

یہ ظاہر کرتا ہے کہ:

- **بحال لیے کے خدمت اپنی دوبارہ اسے کے کر معاف کو پطرس نے یسوع کیا۔**

- ہے۔ دیتا موقع کا خدمت میں محبت اپنی ہمیں خدا بعد کے معافی

امید لیے کے گناہگاروں - کرنا قبول ایمان کا زکائی (3)

19:9-10 لوقا ہے لکھا میں:
"یسوع نے کہا: آج اس گھر میں نجات آئی، کیونکہ یہ بھی ابراہام کا بیٹا ہے، کیونکہ ابن آدم کھوئے ہوؤں کو ڈھونڈنے اور نجات دینے آیا ہے۔"

یہ ثابت کرتا ہے کہ:

- **معافی صرف گناہ کو مٹانے کا عمل نہیں بلکہ ایک نئی زندگی کا آغاز بھی ہے۔**
- **یسوع نے زکائی کو نجات دی اور اسے خدا کی بادشاہی میں شامل کیا۔**

---

4. معاف کی مسیح – سبق عملی لیے کے ایمانداروں جینا میں محبت والی کرنے

چاہیے کرنا معاف کو دوسروں ہمیں (1)

6:14 متی ہے لکھا میں:
"اگر تم لوگوں کے قصور معاف کرو گے، تو تمہارا آسمانی باپ بھی تمہیں معاف کرے گا۔"

موقع کا جانے نہ دوبارہ میں گناہ کو معافی ہمیں (2) چاہیے سمجھنا

6:1-2 رومیوں ہے لکھا میں:
"تو پھر کیا کہیں؟ کیا ہم گناہ کرتے رہیں تاکہ فضل زیادہ ہو؟ ہرگز نہیں!"

دینا پیغام کا معافی اور محبت کی خدا کو دوسروں ہمیں (3) چاہیے

2 کرنتھیوں 5:18 میں لکھا ہے:
"اور سب چیزیں خدا کی طرف سے ہیں، جس نے یسوع مسیح کے وسیلہ سے ہم سے صلح کر لی اور صلح کی خدمت ہمیں سونپ دی"-

---

5. نتیجہ – مسیح کی معافی کی معراج

1. یسوع کی محبت غیر مشروط معافی فراہم کرتی ہے (یوحنا 8:11)-
2. یہ محبت ہمیں ایک نئی زندگی گزارنے کی دعوت دیتی ہے (2 کرنتھیوں 5:17)-
3. یہ محبت دشمنوں کے لیے بھی معافی رکھتی ہے (لوقا 23:34)-
4. یہ محبت ہمیں دوسروں کو معاف کرنے اور خدا کی محبت بانٹنے کی دعوت دیتی ہے (متی 6:14، 2 کرنتھیوں 5:18)-

آخری بات:

مسیح کی محبت کا عروج معافی میں ہے – وہ نہ صرف ہمارے گناہ مٹاتا ہے بلکہ ہمیں ایک نئی زندگی، بحالی اور راستبازی کی راہ پر بھی لے کر جاتا ہے!

"محبت کبھی ختم نہیں ہوتی" (1 کرنتھیوں 13:8) – اور یہی معافی کا سب سے بڑا ثبوت ہے!

باب سوم: مسیح کی محبت عملی طور پر

دوسروں کی خدمت – فروتنی اور محبت کا عملی اظہار

"پھر وہ پانی میں بھری لگن لے کر شاگردوں کے پاؤں دھونے اور اس کپڑے سے پونچھنے لگا جو اس کے کمر سے بندھا تھا" (یوحنا 13:5)

یکجائی کی محبت اور خدمت – تعارف 1.

عملی کا اس بلکہ تھی مبنی پر معافی اور شفقت صرف یسوع مسیح کی محبت نہ
ہوا۔ بھی ذریعے کے خدمت اظہار
خدمت لوٹ ہے اور عاجزی کر دھو پاؤں کے شاگردوں نے یسوع میں 13:5 یوحنا
کی۔ پیش مثال اعلیٰ کی
اپنے نے بیٹے کے خدا لیکن ،تھے دیتے انجام غلام یہ ایک ایسا عمل تھا جو صرف
کیا۔ برتاؤ کا طرح اس ساتھ کے شاگردوں

ہے لکھا میں 20:28 متی:
"اپنی اور کرے خدمت کہ آیا لیے اس بلکہ ،لے خدمت کہ آیا نہیں لیے اس آدم ابن"
"دے میں فدیہ بدلے کے بہتیروں جان"۔

یہ ظاہر کرتا ہے کہ:

1. کیا۔ ظاہر کو محبت حقیقی ذریعے کے خدمت اپنی نے یسوع
2. ہوئی۔ ظاہر میں عمل بلکہ نہیں الفاظ محض محبت یہ
3. ہے۔ علامت کی لوٹی ہے اور عاجزی خدمت یہ

Strong's Concordance میں "خدمت" **(Serving)** تجزیہ کا:

- یعنی **(Diakoneō – Strong's G1247)** "διακονέω" میں یونانی
  "خدمت کرنا، مدد فراہم کرنا، کسی اور کو اپنے اوپر ترجیح دینا"۔
- ایک بلکہ نہیں عمل رسمی ایک محض خدمت کی مسیح کہ ہے کرتا ظاہر یہ
  تھی۔ حقیقت روحانی گہری

مظاہرہ کا محبت اور خدمت میں 13:5 یوحنا 2.

فروتنی عملی – "...کر لے لگن بھری میں پانی وہ پھر" (1)

یہ الفاظ ظاہر کرتے ہیں کہ:

- تھا۔ بادشاہ کا بادشاہوں وہ حالانکہ ،کیا عمل سا کا غلاموں نے یسوع
- تھا۔ دینا سبق ایک کو شاگردوں مقصد کا جس ،ہے مظہر کا عاجزی حقیقی یہ

ہے لکھا میں 2:6-7 فلپیوں:
بلکہ جانا نہ غنیمت کو ہونے برابر کے خدا ،تھا پر صورت کی خدا اگرچہ نے اس"
"کی اختیار صورت کی خادم اور دیا کر خالی کو آپ اپنے-
Strong's Concordance میں "خادم" (Servant) کا تجزیہ:

- **خدمت ،غلام" یعنی (Doulos – Strong's G1401) "δοῦλος" میں یونانی "گزار-**
- **کے خادم ایک کر رکھ پیچھے کو بادشاہت اپنی نے مسیح کہ ہے کرتا ظاہر یہ کی۔ خدمت کی شاگردوں اپنے پر طور**

کے دوسروں – "...لگا دھونے پاؤں کے شاگردوں" (2) اظہار عملی کا محبت لیے

یہ جملہ ظاہر کرتا ہے کہ:

- **سے ہم وہ اگر کہ حتیٰ ،کریں خدمت کی دوسروں ہم کہ ہے تقاضا کا محبت ہوں۔ بھی کمتر**
- **کی دوسروں عظمت حقیقی کہ کیا واضح یہ ذریعے کے محبت اپنی نے یسوع ہے۔ میں خدمت**

ہے لکھا میں 23:11 متی:
"بنے خادم تمہارا وہ ،ہو بڑا سے سب میں تم جو"-
Strong's Concordance میں "دھونا پاؤں" (Wash Feet) کا تجزیہ:

- **،کرنا صاف" یعنی (Niptō – Strong's G3538) "νίπτω" میں یونانی "کرنا پاک ،دھونا-**
- **ہے۔ بھی علامت کی پاکیزگی روحانی بلکہ صفائی جسمانی صرف نہ یہ**

کمر کے اس جو لگا پونچھنے سے کپڑے اس اور" (3) عاجزی مکمل - "تھا بندھا سے

یہ الفاظ ظاہر کرتے ہیں کہ:

- میں خدمت کو خود بلکہ دھوئے نہیں پاؤں کے شاگردوں محض نے یسوع دیا۔ جھکا
- اور خدمت محبت حقیقی کہ تھا لیے کے سکھانے کو شاگردوں عمل یہ ہے۔ میں عاجزی

فرمایا نے یسوع میں 22:27 لوقا:
"ہوں طرح کی گزار خدمت ایک درمیان تمہارے میں"۔
Strong's Concordance میں "کمر سے بندھا ہوا کپڑا" (Towel Wrapped Around) کا تجزیہ:

- **خدمت" یعنی (Lention – Strong's G3025) "λεντίον" میں یونانی "علامت کی جھکنے ،لباس کا گزار"۔**
- **لیے کے خدمت پر طور مکمل کو ذات اپنی نے یسوع کہ ہے کرتا ظاہر یہ دیا۔ جھکا**

مثالیں عملی کی خدمت کی مسیح .3

مدد کی مندوں ضرورت - کھلانا کھانا کو ہزار پانچ (1)

ہے لکھا میں 14:19-20 متی:
"برکت اور کی نظر طرف کی آسمان کر لے مچھلیاں دو اور روٹیاں پانچ نے اس پھر دی، اور انہیں توڑ کر شاگردوں کو دیا، اور شاگردوں نے لوگوں کو تقسیم کر دیا"۔

یہ ظاہر کرتا ہے کہ:

- **کیا۔ پورا کو ضروریات بنیادی کی لوگوں ذریعے کے معجزے نے یسوع**
- **پوری ضروریات کی دوسروں ہم جب – ہے ہوتی ظاہر میں خدمت محبت ہیں۔ کرتے**

رہائی روحانی - کرنا آزاد کو شخص زدہ بدروح (2)

:ہے لکھا میں 8-5:2 مرقس
سے قبرستان ،تھیں بدروحیں میں جس آدمی ایک تو ،اترا سے کشتی یسوع جب"
-"'جا نکل سے میں آدمی اس ،بدروح' :کہا نے یسوع اور ...آیا پاس کے اس کر نکل

:یہ ثابت کرتا ہے کہ

- **ہے۔ ہوتی بھی روحانی بلکہ نہیں جسمانی صرف خدمت**
- **تھا۔ دیا کر ترک نے سب جنہیں کی مدد کی لوگوں ان نے یسوع**

خدمت بڑی سے سب - دینا جان پر صلیب (3)

:فرمایا نے یسوع میں 10:11 یوحنا
-"ہے دیتا جان اپنی لیے کے بھیڑوں اپنی چرواہا اچھا ،ہوں چرواہا اچھا میں"

:یہ ظاہر کرتا ہے کہ

- **لیے کے سب نے اس جہاں ،ہوا پر صلیب عروج حتمی کا خدمت کی یسوع دی۔ دے جان**

4. محبت میں خدمت – سبق عملی لیے کے ایمانداروں کرنا ظاہر

(1) کرنی خدمت کی دوسروں ساتھ کے عاجزی ہمیں چاہیے

ہے لکھا میں 5:13 گلتیوں:
"کرو خدمت کی دوسرے ایک سے وسیلہ کے محبت".

(2) کرنا قربان لیے کے فائدے کے دوسروں کو خود ہمیں چاہیے

ہے لکھا میں 2:3-4 فلپیوں:
دوسرے ایک ساتھ کے فروتنی بلکہ ،ہو نہ فخر جا بے یا غرضی خود میں بات کسی" کو اپنے سے بہتر سمجھیے".

(3) کرنی مدد کی مندوں ضرورت اور محتاجوں ہمیں چاہیے

فرمایا نے یسوع میں 25:40 متی:
وہ ،کیا ساتھ کے ایک کسی سے میں بھائیوں چھوٹے ان میرے نے تم کچھ جو" میرے ساتھ کیا".

---

5. اظہار کا محبت ذریعے کے خدمت – نتیجہ

1. **دی شکل عملی کو محبت ذریعے کے خدمت نے یسوع** (13:5 یوحنا)-
2. **تھی علامت کی قربانی اور ،رحم ،عاجزی خدمت یہ** (2:6-7 فلپیوں)-
3. **نہیں زبانی محض – چاہیے ہونی عملی محبت یہ** (5:13 گلتیوں)-
4. **خود کسی بغیر – چاہیے جانی دی لیے کے بھلائی کی دوسروں خدمت یہ غرضی کے** (25:40 متی)-

بات آخری:

محبت حقیقی کہ دکھایا ہمیں نے اس – ہے میں خدمت خلاصہ کا محبت کی یسوع میں کرنے کام لیے کے بھلائی کی ان اور جھکانے کو آپ اپنے لیے کے دوسروں ہے!

(1 کرنتھیوں 13:8) – اور یہی خدمت کا سب سے بڑا **''ہوتی نہیں ختم کبھی محبت''** اصول ہے!

باب 04

حتمی کا محبت الہی صلیب – محبت کی قربانی :چہارم باب اظہار

عقیدہ کا کفارہ (The Doctrine of Atonement)

"مسیح تو ،تھے ہی گناہگار ہم جب کہ ہے کرتا ظاہر یوں پر ہم محبت اپنی خدا لیکن موا خاطر ہماری" (5:8 رومیوں)

مظہر ترین اعلیٰ کا محبت الہی ،صلیب – تعارف **1.**

سے سب کا محبت ابدی کی خدا بلکہ نہیں حادثہ ایک صلیب پر مسیح کی موت **محض اظہار** ہے۔ **بڑا**
کیا قربان لیے کے کفارہ کے گناہ کے دنیا کو بیٹے اپنے نے یہ وہ موقع تھا جب **خدا**
تاکہ ہر انسان نجات حاصل کر سکے۔

ہے لکھا میں 3:16 یوحنا:
"کیونکہ خدا نے دنیا سے ایسی محبت رکھی کہ اس نے اپنا اکلوتا بیٹا بخش دیا، تاکہ جو کوئی اس پر ایمان لائے، ہلاک نہ ہو بلکہ ہمیشہ کی زندگی پائے"۔

یہ ظاہر کرتا ہے کہ:

1. **ثبوت بڑا سے سب کا محبت مشروط غیر کی خدا ،قربانی کی مسیح پر صلیب ہے۔**
2. **نجات لیے کے سب – ہے لیے کے طبقات اور ،قوموں ،نسلوں تمام محبت یہ گیا۔ کھولا دروازہ کا**
3. **گئی۔ چکائی سے خون قیمت کی گناہ – ہے مبنی پر قربانی محبت یہ**

Strong's Concordance میں "کفارہ" (Atonement) کا تجزیہ:

- **یعنی (Katallagē – Strong's G2643) میں یونانی "καταλλαγή"**
  "صلح کروانا ،دشمنی کو ختم کرنا ،یا کسی کے گناہ کا معاوضہ ادا کرنا"۔
- **ٹوٹے درمیان کے انسان اور خدا خون کا مسیح پر صلیب کہ ہے کرتا ظاہر یہ تھا۔ گیا بہایا لیے کے کرنے بحال کو رشتے ہوئے**

مقصد الہی کا صلیب – عقیدہ کا کفارہ **2.**

تھی ضروری قربانی کی خون لیے کے گناہ (1)

تھا۔ ضروری جانا بہایا خون لیے کے کفارہ کے بائبل کے مطابق **گناہ**
ہے لکھا میں 17:11 احبار:
"کیونکہ جسم کی جان خون میں ہے، اور میں نے اسے تمہارے لیے قربان گاہ پر رکھا تاکہ تمہاری جانوں کا کفارہ ہو، کیونکہ خون ہی جان کے لیے کفارہ دیتا ہے"۔

یہ آیت ظاہر کرتی ہے کہ:

- تھا۔ گیا کیا قائم ذریعے کے قربانیوں میں عہد قدیم اصول کا کفارہ
- تھا۔ تکمیل کی قربانیوں کی نامہ عہد پرانے ،خون کا مسیح پر صلیب

Strong's Concordance میں "خون" (Blood) کا تجزیہ:

- **خون کا قربانی" یعنی (Haima – Strong's G129) "αἷμα" میں یونانی ہے جاتا بہایا لیے کے کفارہ کے گناہ جو"۔**

ہے کرتا پاک ہمیں خون کا مسیح (2)

1 یوحنا 1:7 میں لکھا ہے:
"اگر ہم نور میں چلیں جیسے وہ نور میں ہے، تو ہماری آپس میں شراکت ہے، اور اس کے بیٹے یسوع کا خون ہمیں ہر گناہ سے پاک کرتا ہے"۔

یہ آیت ظاہر کرتی ہے کہ:

- **یسوع کا خون گناہ کو دھوتا ہے اور ہمیں راستباز بناتا ہے۔**
- **یہ کفارہ ہر انسان کو مہیا کیا گیا ہے، صرف شرط یہ ہے کہ ہم ایمان لائیں۔**

Strong's Concordance میں "کرنا پاک" (Cleanses) کا تجزیہ:

- **یعنی (Katharizō – Strong's G2511) "καθαρίζω" میں یونانی "صاف کرنا، خالص بنانا، گناہ سے پاک کرنا"۔**

گیا دیا کر ادا فدیہ مکمل پر صلیب (3)

یوحنا 19:30 میں یسوع نے کہا:
"تمام ہوا" (It is finished)۔

یہ الفاظ ظاہر کرتے ہیں کہ:

- گئی۔ ہو پوری عدالت کی خدا خلاف کے گناہ
- رہی۔ نہیں ضرورت کی قربانی اور کسی اور ،گئی ہو مکمل نجات

تجزیہ کا (It is Finished) "ہوا تمام" میں Strong's Concordance:

- **کام" یعنی (Tetelestai – Strong's G5055) "τετέλεσται" میں یونانی جانا دیا کر ادا قرض ،جانا ہو مکمل"۔**

اثرات عملی کے قربانی کی مسیح .3

ہے تحفہ کا فضل یہ – گئی دی مفت نجات ہمیں (1)

ہے لکھا میں 2:8-9 افسیوں:
تمہاری یہ اور ،ہے ملی نجات سے وسیلہ کے ایمان ،سے ہی فضل تمہیں کیونکہ'' نہ فخر کوئی تاکہ ،سے سبب کے اعمال نہ ،ہے بخشش کی خدا یہ ،نہیں سے طرف کرے''۔

یہ ظاہر کرتا ہے کہ:

- ہے۔ تحفہ کا محبت کی خدا بلکہ نہیں مبنی پر اعمال ہمارے نجات
- دیا۔ بنا وارث کا بادشاہی کی خدا ہمیں نے قربانی کی مسیح

گیا دیا تعلق راست براہ سے خدا ہمیں (2)

ہے لکھا میں 10:19-20 عبرانیوں:
داخل میں مکان پاک ہمیں سے سبب کے خون کے یسوع چونکہ !بھائیو اے پس'' لیے ہمارے نے اس جو سے راستہ زندہ اور نئے اس ،ہے حاصل دلیری کی ہونے کیا قائم سے وسیلہ کے جسم اپنے یعنی پردہ''۔

یہ ظاہر کرتا ہے کہ:

- ضرورت کی قربانی یا کاہن کسی لیے کے جانے حضور کے خدا ہمیں اب نہیں۔
- دیا۔ کھول راستہ ہمارا ساتھ کے خدا نے مسیح

لیے کے کرنے خدمت اور محبت سے دوسروں ہمیں (3) گیا بلایا

1 یوحنا 4:11 میں لکھا ہے:
"اے عزیزو! جب خدا نے ہم سے ایسی محبت کی، تو ہمیں بھی ایک دوسرے سے محبت رکھنی چاہیے۔"

یہ ثابت کرتا ہے کہ:

- **صلیب کی محبت ہمیں دوسروں کے لیے قربانی دینے اور خدمت کرنے کی ترغیب دیتی ہے۔**
- **مسیح کی قربانی ہمیں سکھاتی ہے کہ حقیقی محبت ایثار اور قربانی پر مبنی ہے۔**

4. ایمانداروں کے لیے عملی سبق – صلیبی محبت میں جینا

ہمیں (1) گناہ سے آزاد زندگی گزارنی چاہیے

رومیوں 6:6 میں لکھا ہے:
"کیونکہ ہم جانتے ہیں کہ ہمارا پرانا انسان اس کے ساتھ مصلوب کیا گیا، تاکہ گناہ کا بدن نیست ہو جائے اور ہم آئندہ گناہ کی غلامی میں نہ رہیں۔"

ہمیں (2) اپنی زندگی مسیح کی خدمت کے لیے دینی چاہیے

رومیوں 12:1 میں لکھا ہے:
"پس اے بھائیو! میں تم سے خدا کی رحمتیں یاد دلا کر التماس کرتا ہوں کہ اپنے بدنوں کو زندہ قربانی کے طور پر پیش کرو۔"

چاہیے دینا پیغام کا نجات کو دوسروں ہمیں (3)

فرمایا نے یسوع میں 28:19 متی:
"بناؤ شاگرد کو قوموں سب اور جاؤ تم پس"-

معراج کی محبت کی صلیب – نتیجہ .5

1. **صلیب پر مسیح کی قربانی، خدا کی محبت کا حتمی اظہار ہے** (یوحنا 3:16)-
2. **یہ قربانی گناہ کے کفارہ کے لیے دی گئی، تاکہ ہم نجات پا سکیں** (رومیوں 5:8)-
3. **یہ قربانی ہمیں خدا کے قریب لاتی ہے اور ہمیں ابدی زندگی دیتی ہے** (عبرانیوں 10:19-20)-
4. **ہمیں بھی صلیب کی محبت کو دوسروں تک پہنچانا ہے** (متی 28:19)-

آخری بات:

صلیب پر مسیح کی قربانی ہمیں یہ سکھاتی ہے کہ حقیقی محبت ایثار، قربانی، اور نجات کا ذریعہ ہے۔

"محبت کبھی ختم نہیں ہوتی" یہی صلیب کا پیغام ہے – اور (1 کرنتھیوں 13:8)!

باب چہارم: تاوان کا نظریہ – مسیح نے ہماری آزادی کی قیمت ادا کی

مارک **10:45** – "کیونکہ ابن آدم اس لیے نہیں آیا کہ خدمت لے، بلکہ اس لیے آیا کہ خدمت کرے اور اپنی جان بہتیروں کے بدلے میں فدیہ دے"

---

1. کیا (Ransom Theory) نظریہ کا تاوان – تعارف ہے؟

بائبل میں نجات کے مرکزی موضوعات میں (Ransom Theory) **نظریہ کا تاوان**
سے ایک ہے۔
،موت ،گناہ ہمیں کر دے فدیہ کا جان اپنی نے مسیح یہ نظریہ بیان کرتا ہے کہ **یسوع**
کیا۔ آزاد سے غلامی کی شیطان اور

ہیں فرماتے یسوع میں 10:45 مارک:
"کیونکہ ابن آدم اس لیے نہیں آیا کہ خدمت لے، بلکہ اس لیے آیا کہ خدمت کرے اور
اپنی جان بہتیروں کے بدلے فدیہ میں دے"۔

یہ آیت ظاہر کرتی ہے کہ:

1. **مسیح کی آمد کا مقصد انسانوں کی خدمت اور ان کی نجات تھا۔**
2. **نجات کے لیے ایک قیمت ادا کی گئی، جو مسیح کی جان تھی۔**
3. **یہ فدیہ ہمیں شیطان اور گناہ کے چنگل سے آزاد کرنے کے لیے ادا کیا گیا۔**

Strong's Concordance میں "فدیہ" (Ransom) کا تجزیہ:

- **یونانی میں "λύτρον" (Lutron – Strong's G3083) یعنی "قیمت ادا کرنا، تاوان، کسی کو غلامی یا قید سے چھڑانے کے لیے ادا کی جانے والی رقم"۔**
- **یہ ظاہر کرتا ہے کہ مسیح نے ہمیں آزاد کرنے کے لیے اپنی جان دی۔**

---

2. تاوان کا مطلب – بائبلی پس منظر

(1) فدیہ کی ضرورت – گناہ اور غلامی

بائبل کے مطابق، **انسان گناہ کا غلام بن چکا تھا** اور اسے آزاد کرنے کے لیے ایک
فدیہ ادا کرنا ضروری تھا۔

رومیوں 3:23 میں لکھا ہے:
"کیونکہ سب نے گناہ کیا اور خدا کے جلال سے محروم ہیں"۔

یہ آیت ظاہر کرتی ہے کہ:

- تھی۔ ہوئی جکڑی میں زنجیروں کی گناہ انسانیت
- تھا۔ سکتا کر نہیں ادا فدیہ خود لیے کے نجات اپنی شخص بھی کوئی

Strong's Concordance میں "غلامی" (Bondage) کا تجزیہ:

- **یونانی میں "δουλεία" (Douleia – Strong's G1397) یعنی "غلامی، قید، گناہ کی زنجیریں"۔**

---

(2) یسوع نے اپنی جان دے کر فدیہ ادا کیا

1 تیمتھیس 2:5-6 میں لکھا ہے:
"کیونکہ خدا ایک ہے اور خدا اور انسانوں کے درمیان صلح کرانے والا بھی ایک ہے، یعنی مسیح یسوع، جس نے اپنے آپ کو سب کے لیے فدیہ میں دے دیا"۔

یہ ظاہر کرتا ہے کہ:

- **یسوع مسیح ہی وہ واحد شخصیت ہیں جو انسانوں کو خدا سے ملانے کے لیے قربانی دے سکتے تھے۔**
- **یہ فدیہ سب کے لیے ادا کیا گیا، نہ کہ کسی خاص طبقے یا قوم کے لیے۔**

Strong's Concordance میں "صلح کرانے والا" (Mediator) کا تجزیہ:

- **یونانی میں "μεσίτης" (Mesitēs – Strong's G3316) یعنی "درمیان میں کھڑا ہونے والا، صلح کرانے والا، ثالث"۔**

---

(3) صلیب پر فدیہ کی تکمیل

یوحنا 19:30 میں یسوع نے کہا:
"تمام ہوا" (It is finished)۔

یہ الفاظ ظاہر کرتے ہیں کہ:

- گناہ کے خلاف عدالت کا مطالبہ پورا ہو گیا۔
- نجات کے لیے فدیہ مکمل ادا کر دیا گیا۔

Strong's Concordance میں "ہوا تمام" (It is Finished) کا تجزیہ:

- یونانی میں "τετέλεσται" (Tetelestai – Strong's G5055) یعنی "کام مکمل ہو جانا، قرض ادا کر دیا جانا"۔

---

3. فدیہ کے اثرات – مسیح کی قربانی کے نتیجے میں کیا حاصل ہوا؟

(1) گناہ کی معافی اور راستبازی

افسیوں 1:7 میں لکھا ہے:

"ہم کو اس میں اس کے خون کے وسیلہ سے مخلصی یعنی قصوروں کی معافی، اس کے فضل کی دولت کے موافق حاصل ہے۔"

یہ آیت ظاہر کرتی ہے کہ:

- فدیہ کے ذریعے ہمیں گناہوں کی معافی ملی۔
- اب ہم خدا کے سامنے راستباز قرار دیے جا سکتے ہیں۔

Strong's Concordance میں "مخلصی" (Redemption) کا تجزیہ:

- یونانی میں "ἀπολύτρωσις" (Apolytrōsis – Strong's G629) یعنی "کسی کو قید سے آزاد کرانے کے لیے قیمت ادا کرنا"۔

---

(2) شیطان پر فتح

کلسیوں 2:15 میں لکھا ہے:

"اس نے حکومتوں اور اختیاروں کو اتار کر کھلم کھلا تماشا بنایا اور صلیب کے وسیلہ سے ان پر فتح پائی۔"

یہ ظاہر کرتا ہے کہ:

- دیا۔ توڑ کو طاقت کی شیطان نے قیامت اور موت کی یسوع
- ہیں۔ گئے ہو آزاد سے موت اور گناہ ،ہیں میں مسیح جو لوگ وہ اب

گیا بنایا فرزند کے خدا ہمیں (3)

گلتیوں 4:4-5 میں لکھا ہے:
"لیکن جب وقت پورا ہو گیا، تو خدا نے اپنے بیٹے کو بھیجا... تاکہ وہ شریعت کے ماتحتوں کو مخلصی دے اور ہم کو فرزند ہونے کا درجہ ملے۔"

یہ آیت ثابت کرتی ہے کہ:

- ہے۔ بناتا فرزند کا خدا کر نکال سے غلامی ہمیں فدیہ کا مسیح

---

4. میں محبت کی فدیہ – سبق عملی لیے کے ایمانداروں جینا

چاہیے جینا میں تعلق قریبی ساتھ کے خدا ہمیں (1)

عبرانیوں 10:19-20 میں لکھا ہے:
"پس اے بھائیو! چونکہ ہمیں یسوع کے خون کے سبب سے پاک مکان میں داخل ہونے کی دلیری حاصل ہے، اس نئے اور زندہ راستہ سے جو اس نے ہمارے لیے پردہ یعنی اپنے جسم کے وسیلہ سے قائم کیا۔"

چاہیے کرنی وقف لیے کے مسیح زندگی اپنی ہمیں (2)

رومیوں 12:1 میں لکھا ہے:
"پس اے بھائیو! میں تم سے خدا کی رحمتیں یاد دلا کر التماس کرتا ہوں کہ اپنے بدنوں کو زندہ قربانی کے طور پر پیش کرو۔"

چاہیے دینا پیغام کا نجات کو دوسروں ہمیں (3)

فرمایا نے یسوع میں 28:19 متی:
"بناؤ شاگرد کو قوموں سب اور جاؤ تم پس"-

معراج کی محبت کی تاوان – نتیجہ .5

1. کیا ادا فدیہ خلاف کے موت اور ،شیطان ،گناہ کر دے جان اپنی نے مسیح (10:45 مارک)-
2. تیمتھیس 1) لیے کے نسل ہر ،طبقے ہر ،قوم ہر – ہے لیے کے سب فدیہ یہ 2:5-6)-
3. (1:7 افسیوں) ہے بناتا راستباز ہمیں اور ہے لاتا قریب کے خدا ہمیں فدیہ یہ-
4. متی) چاہیے پہنچانا تک دوسروں کے کر قبول کو محبت اس بھی ہمیں 28:19)-

بات آخری:

ہے تحفہ بڑا سے سب کا نجات یہ – سکیں ہو آزاد ہم تاکہ کیا ادا تاوان نے یسوع!

"محبت کبھی ختم نہیں ہوتی" ہے پیغام کا فدیہ یہی اور – (13:8 کرنتھیوں 1)!

کی مسیح – (Moral Influence) اثر اخلاقی :چہارم باب مجبور پر کرنے محبت سے دوسرے ایک ہمیں محبت ہے کرتی

اس کہ جانا سے اسی کو محبت نے ہم" – **3:16** یوحنا **1**
ہے لازم بھی پر ہم پس ،دی دے جان اپنی لیے ہمارے نے
"دیں جان اپنی لیے کے بھائیوں ہم کہ

نظریہ کا اثر اخلاقی اور محبت کی مسیح – تعارف 1.

اس بات پر زور دیتا ہے کہ (Moral Influence Theory) نظریہ کا اثر اخلاقی
لیے کے دوسروں اور تبدیلی حقیقی میں زندگی اپنی ہمیں قربانی اور محبت کی مسیح
ہے۔ کرتی مائل طرف کی محبت لوث بے
ذریعہ کا نجات صرف دینا جان پر صلیب کا یہ نظریہ اس بنیاد پر قائم ہے کہ یسوع
اور سیکھنا ہمیں جو تھا بھی نمونہ ترین اعلیٰ کا خدمت اور محبت یہ بلکہ ،تھا نہیں
چاہیے۔ اپنانا

1 یوحنا 3:16 میں لکھا ہے:
"ہم نے محبت کو اسی سے جانا کہ اس نے ہمارے لیے اپنی جان دے دی، پس ہم پر
بھی لازم ہے کہ ہم بھائیوں کے لیے اپنی جان دیں"۔

یہ آیت ظاہر کرتی ہے کہ:

1. اپنے نے اس – ہے عملی بلکہ ،نہیں نظریاتی صرف محبت کی مسیح
   دی۔ قربانی لیے کے پیروکاروں
2. مائل طرف کی قربانی اور خدمت لوث بے لیے کے دوسروں ہمیں محبت یہ
   ہے۔ کرتی
3. کرنا عمل میں زندگی روزمرہ اپنی ہمیں پر جس ہے نمونہ ایک محبت یہ
   چاہیے۔

Strong's Concordance میں "محبت" (Love) کا تجزیہ:

- یونانی میں "ἀγάπη" (Agape – Strong's G26) یعنی "الٰہی، بے لوث،
  اور غیر مشروط محبت"۔
- یہ ظاہر کرتا ہے کہ مسیح کی محبت سب سے اعلیٰ اور بے لوث ہے، جو
  دوسروں کی بھلائی کے لیے دی جاتی ہے۔

مسیح کی محبت کا اخلاقی اثر 2.

(1) قربانی کا نمونہ – مسیح نے اپنی جان دی

یوحنا 15:13 میں لکھا ہے:
"اس سے بڑی محبت کسی کی نہیں کہ کوئی اپنی جان اپنے دوستوں کے لیے دے"۔

مسیح کی محبت

یہ ظاہر کرتا ہے کہ:

- تھا۔ دینا قربانی پر صلیب مظہر بڑا سے سب کا محبت کی مسیح
- تھی۔ لیے کے نجات اور بھلائی کی دوسروں بلکہ نہیں غرض خود محبت یہ

Strong's Concordance میں "دینا جان" (Lay Down One's Life) تجزیہ کا:

- **بوجھ جان" یعنی (Tithēmi – Strong's G5087) "τίθημι" میں یونانی "کرنا پیش لیے کے قربانی کو جان اپنی کر۔**

کریں محبت طرح اسی بھی ہم – حکم کا کرنے محبت (2)

1 یوحنا 4:11 میں لکھا ہے:
"اے عزیزو! جب خدا نے ہم سے ایسی محبت کی، تو ہمیں بھی ایک دوسرے سے محبت رکھنی چاہیے"۔

یہ آیت ظاہر کرتی ہے کہ:

- **محبت اسی بھی سے دوسروں ہم کہ ہے کرتی مجبور ہمیں محبت کی مسیح آئیں۔ پیش ساتھ کے**
- **چاہیے۔ ہونی بھی میں عمل بلکہ نہیں میں الفاظ صرف محبت یہ**

Strong's Concordance میں "ہے لازم" (Ought To) تجزیہ کا:

- **فرض" یعنی (Opheilō – Strong's G3784) "ὀφείλω" میں یونانی "ہونا لازمی ،ہونا"۔**
- **محبت لیے ہمارے ناطے کے ہونے پیروکار کے مسیح کہ ہے کرتا ظاہر یہ ہے۔ داری ذمہ لازمی ایک کرنا**

---

3. کرتی تبدیل ہمیں کیسے محبت کی مسیح – مظاہر عملی ہے؟

(1) خدمت کی دوسروں اور کرنا ترک کو غرضی خود کرنا

ہے لکھا میں 2:3-4 فلپیوں:
دوسرے ایک ساتھ کے فروتنی بلکہ ،ہو نہ فخر جا بے یا غرضی خود میں بات کسی" کی دوسروں بلکہ نہیں کا بھلائی ہی اپنی صرف ایک ہر ،سمجھیے بہتر سے اپنے کو ".رکھے خیال بھی کا بھلائی

:یہ ظاہر کرتا ہے کہ

- **طرف کی خدمت کی دوسروں کر نکال سے غرضی خود ہمیں محبت کی مسیح ہے۔ کرتی مائل**
- **ہے۔ دیتی ترغیب کی رکھنے خیال کا ضروریات کی دوسروں ہمیں محبت یہ**

Strong's Concordance میں "فروتنی" (Humility) کا تجزیہ:

- **یونانی میں "ταπεινοφροσύνη" (Tapeinophrosynē – Strong's G5012) یعنی "عاجزی، خود کو کم تر سمجھنا، دوسروں کی خدمت کرنا".**

---

(2) کرنا برتاؤ ساتھ کے محبت اور کرنا معاف کو دوسروں

ہے لکھا میں 3:13 کلسیوں:
معاف اور کرو برداشت کو دوسرے ایک تو ،ہو شکایت کی دوسرے کو کسی اگر" ".کرو بھی تم ہی ویسے ،کیا معاف تمہیں نے خداوند جیسے ،کرو

:یہ ظاہر کرتا ہے کہ

- **ہے۔ دیتی ترغیب کی کرنے معاف کو دوسروں ہمیں محبت کی مسیح**
- **چاہیے۔ کرنا برتاؤ سے دوسروں ساتھ کے رحمت اور فضل اسی بھی ہمیں**

Strong's Concordance میں "معاف کرنا" (Forgive) کا تجزیہ:

- یعنی (Charizomai – Strong's G5483) "χαρίζομαι" میں یونانی "دینا چھوڑ لیے بدلہ بغیر ،دینا کر معاف کے شرط کسی بنا کو کسی".

کرنا مدد کی محتاجوں اور غریبوں (3)

1 یوحنا 3:17 میں لکھا ہے:
"اگر کسی کے پاس دنیا کی چیزیں ہوں اور وہ اپنے بھائی کو محتاج دیکھے اور اپنا دل اس پر بند کرے، تو خدا کی محبت اس میں کیسے قائم رہ سکتی ہے؟"

یہ آیت ظاہر کرتی ہے کہ:

- حقیقی محبت کا مطلب ہے کہ ہم اپنی چیزیں دوسروں کے ساتھ بانٹیں۔
- محبت صرف زبانی نہیں بلکہ عملی ہونی چاہیے، اور اس کا اظہار دوسروں کی مدد کرنے میں ہوتا ہے۔

Strong's Concordance میں "رہنا قائم محبت" (Abide in Love) کا تجزیہ:

- یعنی (Menō – Strong's G3306) "μένω" میں یونانی "کسی چیز میں مستقل رہنا، قائم رہنا".

---

4. ایمانداروں کے لیے عملی سبق – محبت کے مطابق زندگی گزارنا

ہمیں مسیح کی طرح محبت کرنی چاہیے (1)

افسیوں 5:2 میں لکھا ہے:
"محبت میں چلو، جیسے مسیح نے تم سے محبت کی اور ہمارے لیے اپنے آپ کو خوشبو دار قربانی کے طور پر پیش کیا".

چاہیے کرنی خدمت کی دوسروں ہمیں (2)

گلتیوں 5:13 میں لکھا ہے:
محبت'' کے وسیلہ سے ایک دوسرے کی خدمت ''کرو۔

چاہیے کرنی محبت بھی سے دشمنوں اپنے ہمیں (3)

متی 5:44 میں یسوع نے فرمایا:
اپنے'' دشمنوں سے محبت رکھو اور اپنے ستانے والوں کے لیے دعا ''کرو۔

معراج کی محبت کی مسیح – نتیجہ 5.

1. **طرح اسی سے دوسروں بھی ہمیں کہ دکھایا راستہ ہمیں نے محبت کی یسوع** **محبت کرنی چاہیے** (1 یوحنا 3:16)-
2. **کرتی مائل طرف کی قربانی اور خدمت کے کر ختم کو غرضی خود محبت یہ** ہے (فلپیوں 2:3-4)-
3. **دعا لیے کے ان اور ،کرنے مدد ،کرنے معاف کو دوسروں ہمیں محبت یہ** **کرنے کی تعلیم دیتی ہے** (کلسیوں 3:13، متی 5:44)-
4. **ہمیں بھی اس محبت کو عملی طور پر دوسروں تک پہنچانا چاہیے** (گلتیوں 5:13)-

بات آخری:

کو زندگی اور کردار ہمارے بلکہ نہیں لیے کے نجات ہماری صرف محبت کی یسوع بھی بدلنے کے لیے ہے – تاکہ ہم بھی دوسروں سے ویسی ہی محبت کریں جیسی اس نے ہم سے کی!

محبت کبھی ختم نہیں ہوتی'' (1 کرنتھیوں 13:8) – اور یہی مسیح کی محبت کا سب سے بڑا سبق ہے!

محبت الٰہی اور خون کا مسیح :چہارم باب

(1:7 یوحنا 1) ہے کرتا پاک کو گناہ خون کا مسیح یسوع

،ہے شراکت میں آپس ہماری تو ،ہے میں نور وہ جیسے چلیں میں نور ہم اگر لیکن"
(1:7 یوحنا 1) "ہے کرتا پاک سے گناہ ہر ہمیں خون کا یسوع بیٹے کے اس اور

---

1. نجات اور خون کا مسیح – تعارف

ثبوت بڑا سے سب کا محبت لوث بے کی خدا اور ،معافی ،کفارہ ،مسیح کا خون نجات ہے۔
رشتہ ہمارا ساتھ کے خدا اور ،کرتا عطا راستبازی ،دھوتا کو گناہوں یہ خون انسانی ہے۔ کرتا بحال

:ہے لکھا میں 1:7 افسیوں
اس ،معافی کی قصوروں یعنی مخلصی سے وسیلہ کے خون کے اس میں اس کو ہم"
کے فضل کی دولت کے موافق حاصل ہے"۔

:یہ آیت ظاہر کرتی ہے کہ

1. ہے۔ کرتا فراہم (Redemption) مخلصی حقیقی ہی خون کا مسیح
2. ہے۔ بنیاد کی معافی کی گناہ یہ
3. ہے۔ مظہر بڑا سے سب کا فضل کے خدا یہ

Strong's Concordance میں "خون" (Blood) کا تجزیہ:

- جان کی کسی" یعنی (Haima – Strong's G129) "αἷμα" میں یونانی "خون گیا بہایا لیے کے بچانے"۔
- ہے۔ بنیاد کی کفارہ اور نجات خون کا مسیح کہ ہے کرتا ظاہر یہ

مطابق کے بائبل - طاقت کی خون کے مسیح .2

ہے دھوتا کو گناہ خون کا مسیح (1)

ہے لکھا میں 9:22 عبرانیوں:
خون اور ،ہیں جاتی کی پاک سے خون چیزیں سب تقریباً مطابق کے شریعت اور"
"نہیں معافی بغیر بہائے".

یہ ظاہر کرتا ہے کہ:

- **تھا۔ ضروری جانا بہایا خون لیے کے نجات**
- **ہے۔ دیتا معافی کی گناہ جو ہے ذریعہ واحد وہ خون کا مسیح**

Strong's Concordance میں "کرنا پاک" (Cleanses) کا تجزیہ:

- **یعنی (Katharizō – Strong's G2511) "καθαρίζω" میں یونانی**
  "بنانا مقدس ،کرنا صاف".

ہے لاتا قریب کے خدا ہمیں خون کا مسیح (2)

ہے لکھا میں 10:19-20 عبرانیوں:
داخل میں مکان پاک ہمیں سے سبب کے خون کے یسوع چونکہ !بھائیو اے پس"
لیے ہمارے نے اس جو سے راستہ زندہ اور نئے اس ،ہے حاصل دلیری کی ہونے
"کیا قائم سے وسیلہ کے جسم اپنے یعنی پردہ".

یہ آیت ظاہر کرتی ہے کہ:

- **ہیں۔ سکتے آ حضور کے خدا خطر و خوف بلا ہم اب**
- **کیا۔ قائم تعلق راست براہ ساتھ کے خدا لیے ہمارے نے مسیح**

Strong's Concordance میں "ہونا داخل" (Enter) کا تجزیہ:

- **یعنی (Eiserchomai – Strong's G1525) "εἰσέρχομαι" میں یونانی**
  "ہونا داخل پر طور مکمل ،جانا میں مقام مقدس کسی".

ہے دیتا قرار راستباز ہمیں خون کا مسیح (3)

ہے لکھا میں 5:9 رومیوں:
"پس جب ہم اب اس کے خون کے وسیلہ سے راستباز ٹھہرے، تو اس کے وسیلہ سے غضب سے ضرور بچیں گے"۔

یہ ظاہر کرتا ہے کہ:

- **ہمیں گناہ کے سبب سزا نہیں دی جائے گی، کیونکہ مسیح کے خون نے ہمارے گناہ کا کفارہ ادا کر دیا۔**
- **اب ہم خدا کے حضور راستباز قرار دیے گئے ہیں۔**

Strong's Concordance میں "راستباز ٹھہرنا" (Justified) کا تجزیہ:

- **یونانی میں "δικαιόω" (Dikaioō – Strong's G1344) یعنی "کسی کو گناہ سے قانونی طور پر پاک صاف کرنا، قرار دینا"۔**

---

3. پرانے عہد نامہ میں خون کی قربانی اور مسیح کی تکمیل

احبار (1) کی قربانی اور مسیح کا خون

احبار 17:11 میں لکھا ہے:
"کیونکہ جسم کی جان خون میں ہے، اور میں نے اسے تمہارے لیے قربان گاہ پر رکھا تاکہ تمہاری جانوں کا کفارہ ہو، کیونکہ خون ہی جان کے لیے کفارہ دیتا ہے"۔

یہ آیت ظاہر کرتی ہے کہ:

- **پرانے عہد میں خون کی قربانی گناہ کی معافی کے لیے دی جاتی تھی۔**
- **مسیح کی قربانی نے اس شریعت کو مکمل کر دیا۔**

مسیح اور برہ کا (اوور پاس) فسح (2)

1 کرنتھیوں 5:7 میں لکھا ہے:
"کیونکہ ہمارا فسح یعنی مسیح قربان کیا گیا"۔

یہ ظاہر کرتا ہے کہ:

- **جس طرح اسرائیلی فسح کے برہ کے خون سے بچائے گئے، اسی طرح ہم بھی مسیح کے خون سے نجات پاتے ہیں۔**

---

4. ایمانداروں کے لیے عملی سبق – مسیح کے خون کی برکات

ہمیں گناہ سے دور رہنا چاہیے (1)

1 پطرس 1:18-19 میں لکھا ہے:
"کیونکہ تم جانتے ہو کہ تمہارا نجات فانی چیزوں یعنی سونے چاندی کے ذریعہ سے نہیں ہوا، بلکہ ایک بے عیب اور بے داغ برہ یعنی مسیح کے بیش قیمت خون سے ہوا"۔

ہمیں خدا کی حضوری میں دلیری کے ساتھ آنا چاہیے (2)

عبرانیوں 4:16 میں لکھا ہے:
"پس آؤ، ہم فضل کے تخت کے پاس دلیری سے چلیں، تاکہ ہم پر رحم ہو اور ضرورت کے وقت مدد پائیں"۔

ہمیں دوسروں کو بھی نجات کا پیغام دینا چاہیے (3)

مکاشفہ 12:11 میں لکھا ہے:
"اور انہوں نے برہ کے خون اور اپنی گواہی کے کلام کے وسیلہ سے اس پر غالب پایا"۔

معراج کی خون کے مسیح – نتیجہ 5.

1. مسیح کا خون گناہ کو دھوتا ہے اور ہمیں پاک کرتا ہے (1 یوحنا 1:7)-
2. یہ ہمیں خدا کے قریب لاتا اور راستباز قرار دیتا ہے (رومیوں 5:9)-
3. یہ پرانے عہد کی قربانیوں کو مکمل کرتا ہے، اور ہمیں نئی زندگی دیتا ہے (1 پطرس 1:18-19)-
4. یہ ہمیں دوسروں کو بھی نجات کا پیغام دینے کا حکم دیتا ہے (مکاشفہ 12:11)-

آخری بات:

مسیح کا خون صرف نجات کا ذریعہ نہیں، بلکہ یہ خدا کی بے لوث محبت کا سب سے بڑا ثبوت ہے!

"محبت کبھی ختم نہیں ہوتی" (1 کرنتھیوں 13:8) – اور یہی مسیح کے خون کا پیغام ہے!

باب چہارم: مسیح کا خون اور الٰہی محبت
یہ فضل کے نئے عہد (Covenant of Grace) کی علامت ہے (لوقا 22:20)

"اسی طرح اس نے کھانے کے بعد پیالہ بھی لیا اور کہا: یہ پیالہ میرے خون میں نیا عہد ہے جو تمہارے لیے بہایا جاتا ہے" (لوقا 22:20)

---

1. مسیح کے خون میں نیا عہد – تعارف

صرف مسیح کا خون **گناہوں کی معافی کا ذریعہ نہیں، بلکہ خدا کے ساتھ ایک نئے اور ابدی تعلق کی بنیاد ہے۔**
پرانے عہد نامہ **کے قانون اور جانوروں کی قربانیوں کی جگہ خدا کے فضل اور مسیح کی قربانی پر مبنی ہے۔**

عبرانیوں 9:15 میں لکھا ہے:
"اسی سبب سے وہ نئے عہد کا درمیانی ہے تاکہ موت کے وسیلہ سے جو پہلے عہد کے وقت کے قصوروں کی معافی کے لیے ہوئی، بلائے گئے لوگ وعدہ کے مطابق ابدی میراث حاصل کریں"۔

یہ آیت ظاہر کرتی ہے کہ:

1. **مسیح کا خون پرانے عہد کی تکمیل اور نئے عہد کی بنیاد ہے۔**
2. **یہ نجات اور ابدی زندگی کی ضمانت فراہم کرتا ہے۔**
3. **یہ خدا کے فضل کا سب سے بڑا اظہار ہے۔**

Strong's Concordance میں "عہد" (Covenant) کا تجزیہ:

- **یونانی میں "διαθήκη" (Diathēkē – Strong's G1242) یعنی "ایک قانونی یا روحانی معاہدہ، جو خدا اور انسان کے درمیان قائم ہوتا ہے"۔**

---

2. پرانے عہد سے نیا عہد – خون کی قربانی میں تبدیلی

(1) پرانے عہد میں خون کی قربانی کا تصور

احبار 17:11 میں لکھا ہے:
"کیونکہ جسم کی جان خون میں ہے، اور میں نے اسے تمہارے لیے قربان گاہ پر رکھا تاکہ تمہاری جانوں کا کفارہ ہو، کیونکہ خون ہی جان کے لیے کفارہ دیتا ہے"۔

یہ آیت ظاہر کرتی ہے کہ:

- **پرانے عہد میں کفارہ کا نظام جانوروں کی قربانیوں پر مبنی تھا۔**
- **یہ قربانیاں بار بار دی جاتی تھیں، کیونکہ وہ مستقل کفارہ نہیں دے سکتی تھیں۔**

Strong's Concordance میں "کفارہ" (Atonement) کا تجزیہ:

- **عبرانی میں "כָּפַר" (Kaphar – Strong's H3722) یعنی "ڈھانپنا، معاف کرنا، گناہ کا بوجھ ہٹانا"۔**

قربانی کی مسیح میں عہد نئے (2)

عبرانیوں 10:9-10 میں لکھا ہے:
"پھر اس نے کہا: دیکھ، میں تیرا حکم بجا لانے آیا ہوں۔ وہ پہلے کو موقوف کرتا ہے تاکہ دوسرے کو قائم کرے، اور اسی مرضی کے سبب سے ہم یسوع مسیح کے جسم کے ایک ہی بار قربان ہونے کے وسیلہ سے پاک کیے گئے ہیں"۔

یہ آیت ظاہر کرتی ہے کہ:

- **مسیح کی قربانی حتمی اور مکمل کفارہ ہے۔**
- **یہ قربانی ہمیں ہمیشہ کے لیے پاک کرتی ہے۔**

Strong's Concordance میں "پاک کرنا" (Sanctify) کا تجزیہ:

- **یونانی میں "ἁγιάζω" (Hagiazo – Strong's G37) یعنی "مقدس کرنا، مخصوص کرنا، خدا کے لیے الگ کرنا"۔**

---

3. مسیح کے خون کا نیا عہد - بائبل کے مطابق

(1) یہ فضل کا عہد ہے - اعمال نہیں بلکہ ایمان کی بنیاد پر

رومیوں 3:24-25 میں لکھا ہے:
"اور اس کے فضل کے سبب سے مفت راستباز ٹھہرائے جاتے ہیں، اس مخلصی کے وسیلہ سے جو مسیح یسوع میں ہے، جسے خدا نے اس کے خون کے باعث کفارہ ٹھہرایا جو ایمان لانے سے حاصل ہوتا ہے"۔

یہ آیت ظاہر کرتی ہے کہ:

- **اب نجات اعمال کے بجائے ایمان کے ذریعے حاصل ہوتی ہے۔**
- **یہ خدا کے فضل کا نتیجہ ہے، نہ کہ کسی انسانی کوشش کا۔**

Strong's Concordance میں "فضل" (Grace) کا تجزیہ:

- **یونانی میں "χάρις" (Charis – Strong's G5485) یعنی "بے لوث محبت، غیر مشروط تحفہ"۔**

کے رواج و رسم - ہے مبنی پر تعلق شخصی یہ (2)
رفاقت ساتھ کے خدا بجائے

ہے لکھا میں 8:10 عبرانیوں:
کہ ہے یہ وہ ،گا باندھوں ساتھ کے اسرائیل بعد کے دنوں ان میں جو عہد وہ کیونکہ" اور ،گا لکھوں پر دماغوں کے ان اور گا رکھوں میں دلوں کے ان شریعت اپنی میں ان میں خدا کا ہوں گا اور وہ میرے لوگ ہوں گے"۔

یہ ظاہر کرتا ہے کہ:

- **مبنی پر تبدیلی کی دل بلکہ نہیں مبنی پر رواج و رسم بیرونی صرف عہد نیا ہے۔**
- **ہے۔ کرتا پیدا تعلق روحانی گہرا ایک درمیان کے انسان اور خدا عہد یہ**

Strong's Concordance میں "دل میں رکھنا" (Write in Hearts) کا تجزیہ:

- **میں یونانی "καρδία" (Kardia – Strong's G2588) یعنی "انسان کی اندرونی روحانی فطرت"۔**

4. ہدایات لیے کے ایمانداروں - اثرات عملی کے عہد نئے

چاہیے کرنا قبول کو فضل کے خدا ہمیں (1)

ہے لکھا میں 2:8-9 افسیوں:
تمہاری یہ اور ،ہے ملی نجات سے وسیلہ کے ایمان ،سے ہی فضل تمہیں کیونکہ" نہ فخر کوئی تاکہ ،سے سبب کے اعمال نہ ،ہے بخشش کی خدا یہ ،نہیں سے طرف کرے"۔

آنا قریب کے خدا سے وسیلہ کے خون کے مسیح ہمیں (2) چاہیے

عبرانیوں 10:19-20 میں لکھا ہے:
"پس اے بھائیو! چونکہ یسوع کے خون کے سبب سے ہمیں پاک مکان میں داخل ہونے کی دلیری حاصل ہے، اس نئے اور زندہ راستہ سے جو اس نے ہمارے لیے پردہ یعنی اپنے جسم کے وسیلہ سے قائم کیا"۔

ہمیں دوسروں کو نجات کا پیغام دینا چاہیے (3)

متی 28:19 میں یسوع نے فرمایا:
"پس تم جاؤ اور سب قوموں کو شاگرد بناؤ"۔

---

5. نتیجہ – مسیح کے خون کا نیا عہد

1. **یہ پرانے عہد کی قربانیوں کو مکمل کرتا ہے اور نجات کا نیا راستہ فراہم کرتا ہے** (لوقا 22:20)۔
2. **یہ خدا کے فضل پر مبنی ہے، جو ہمیں اعمال کے بجائے ایمان کے ذریعے نجات دیتا ہے** (رومیوں 3:24-25)۔
3. **یہ انسان اور خدا کے درمیان گہرا اور شخصی تعلق قائم کرتا ہے** (عبرانیوں 8:10)۔
4. **یہ ہمیں خدا کے قریب لانے اور ہمیشہ کے لیے پاک کرنے کا ذریعہ ہے** (عبرانیوں 10:19-20)۔
5. **ہمیں بھی اس نجات اور فضل کو دوسروں تک پہنچانا ہے** (متی 28:19)۔

آخری بات:

مسیح کے خون نے ایک نیا عہد قائم کیا، جو محبت، فضل، اور نجات پر مبنی ہے۔ اب ہم قانون کی قید میں نہیں بلکہ فضل کی آزادی میں ہیں!

"محبت کبھی ختم نہیں ہوتی" – اور یہی نئے عہد کا پیغام ہے (1 کرنتھیوں 13:8)!

باب 05

تعلق انفرادی کا مسیح - محبت شخصی :پنجم باب

محبت لیے کے لوگوں محروم اور گناہگاروں

(19:10 لوقا) "آیا دینے نجات اور ڈھونڈنے کو ہوؤں کھوئے آدم ابن کیونکہ"

---

1. مفہوم کا محبت شخصی کی مسیح - تعارف

کے فرد ہر پر طور عملی وہ بلکہ تھی نہیں نظریاتی یسوع مسیح کی محبت **محض تھے۔ جاتے کیے مسترد یا انداز نظر میں سماج جو لوگ وہ پر طور خاص ،آیا قریب محروم پر طور معاشرتی اور ،غریبوں ،بیماروں ،گناہگاروں ،**اس کی محبت **مجرموں پہنچی۔ تک طبقوں**

مسیح کی محبت

فرمایا نے یسوع میں 9:12-13 متی:
"صحت مندوں کو طبیب کی حاجت نہیں، بلکہ بیماروں کو۔ پس جاؤ اور سیکھو کہ قربانی نہیں بلکہ رحم پسند کرتا ہوں، کیونکہ میں راستبازوں کو نہیں بلکہ گناہگاروں کو بلانے آیا ہوں"۔

یہ آیت ظاہر کرتی ہے کہ:

1. **یسوع کی محبت خاص طور پر ان لوگوں کے لیے تھی جو گناہ اور محرومی میں مبتلا تھے۔**
2. **وہ ان لوگوں کو ٹھکرانے کے بجائے انہیں قبول کرتا تھا اور نجات کا موقع دیتا تھا۔**
3. **یہ محبت رحم اور فضل پر مبنی تھی، نہ کہ قانونی سختیوں پر۔**

Strong's Concordance میں "محبت" (Love) کا تجزیہ:

- **یونانی میں "ἀγάπη" (Agape – Strong's G26) یعنی "الٰہی، بے لوث، اور غیر مشروط محبت"۔**

---

2. مسیح کی محبت کا عملی اظہار – بائبلی واقعات

(1) سامری عورت کے ساتھ محبت بھری گفتگو

یوحنا 4:7-26 میں یسوع نے ایک سامری عورت سے گفتگو کی، جو سماج میں بدنام تھی۔

یسوع نے فرمایا:
"جو پانی میں اسے دوں گا وہ اس میں ہمیشہ کے لیے ایک چشمہ بن جائے گا جو ابدی زندگی تک بہتا رہے گا" (یوحنا 4:14)۔

یہ ظاہر کرتا ہے کہ:

- **یسوع نے نہ صرف اس عورت سے بات کی بلکہ اسے نئی زندگی کی امید دی۔**
- **یہ محبت تعصب اور معاشرتی حدود سے بالاتر تھی۔**

Strong's Concordance میں "زندگی کا پانی" (Living Water) کا تجزیہ:

- "ὕδωρ ζῶν" میں یونانی (Hydōr Zōn – Strong's G5204, G2198) یعنی "حیات روحانی دینے والا پانی".

---

(2) زکائی کا ایمان قبول کرنا - دولت مند لیکن کھویا ہوا شخص

لوقا 19:1-10 میں زکائی ایک محصول لینے والا تھا، جسے لوگ دھوکے باز سمجھتے تھے، لیکن یسوع نے اسے بلا کر اس کے گھر میں قیام کیا۔

یسوع نے فرمایا:
"آج اس گھر میں نجات آئی، کیونکہ یہ بھی ابراہام کا بیٹا ہے"۔ (لوقا 19:9)

یہ ظاہر کرتا ہے کہ:

- **یسوع نے زکائی کو مسترد نہیں کیا بلکہ اس کی زندگی کو بدل دیا۔**
- **یہ محبت ماضی کی غلطیوں سے قطع نظر، بحالی اور نجات پر مرکوز تھی۔**

تجزیہ کا (Salvation) "نجات" میں Strong's Concordance:

- **یونانی میں "σωτηρία" (Sōtēria – Strong's G4991) یعنی "نجات، رہائی، مکمل آزادی".**

---

(3) بدکار عورت کو معاف کرنا - محبت اور معافی کی بحالی

یوحنا 8:1-11 میں ایک عورت کو زنا میں پکڑا گیا، اور لوگ اسے سنگسار کرنا چاہتے تھے، لیکن یسوع نے فضل اور معافی کا اظہار کیا۔

یسوع نے فرمایا:
"میں بھی تجھے مجرم نہیں ٹھہراتا، جا اور پھر گناہ نہ کرنا"۔ (یوحنا 8:11)

یہ ظاہر کرتا ہے کہ:

- تھی۔ مبنی پر معافی بجائے کے سزا محبت کی یسوع
- ہے۔ کرتی فراہم موقع کا گزارنے زندگی نئی کو دوسروں محبت یہ

Strong's Concordance میں "کرنا معاف" (Forgive) کا تجزیہ:

- کا کسی" یعنی (Aphiēmi – Strong's G863) "ἀφίημι" میں یونانی "کرنا آزاد ،کرنا ختم قصور"۔

---

3. تعلیمات بائبلی – اصول کے محبت کی مسیح

(1) نہیں محدود – ہے لیے کے سب محبت

ہے لکھا میں 3:28 گلتیوں:
"نہ یہودی ہے نہ یونانی، نہ غلام نہ آزاد، نہ مرد نہ عورت، کیونکہ تم سب مسیح یسوع میں ایک ہو"۔

یہ ظاہر کرتا ہے کہ:

- ہے۔ لیے کے قوم اور ،طبقے ،نسل ہر محبت کی یسوع

---

(2) نہیں میں الفاظ محض – ہے ہوتی ظاہر میں عمل محبت

ہے لکھا میں 3:18 یوحنا 1:
"اے بچو! ہم محض زبان سے یا باتوں سے محبت نہ کریں، بلکہ کام سے اور سچائی کے ساتھ"۔

یہ ظاہر کرتا ہے کہ:

- چاہیے۔ ہونی ظاہر میں خدمت عملی بلکہ نہیں نظریہ محض محبت کی مسیح

چاہیے دینا محبت اور کرنا معاف کو دوسروں ہمیں (3)

فرمایا نے یسوع میں 5:44 متی:
"کرو دعا لیے کے والوں ستانے اپنے اور رکھو محبت سے دشمنوں اپنے"۔

یہ ظاہر کرتا ہے کہ:

- **بھی سے دشمنوں اور کریں معاف کو دوسروں ہم کہ ہے تقاضا کا محبت رکھیں۔ محبت**

---

4. میں محبت کی مسیح – سبق عملی لیے کے ایمانداروں جینا

محبت ساتھ کے لوگوں محروم اور گناہگاروں ہمیں (1) چاہیے آنا پیش سے

ہے لکھا میں 6:36 لوقا:
"بنو رحیم بھی تم ،ہے رحیم باپ تمہارا جیسے پس"۔

چاہیے کرنی خدمت اور مدد کی دوسروں ہمیں (2)

ہے لکھا میں 5:13 گلتیوں:
"کرو خدمت کی دوسرے ایک سے وسیلہ کے محبت"۔

چاہیے کرنا ظاہر پر طور عملی کو محبت ہمیں (3)

ہے لکھا میں 2:15-16 یعقوب:
"اگر کوئی بھائی یا بہن ننگے ہوں اور انہیں روزانہ خوراک کی ضرورت ہو، اور تم میں سے کوئی کہے: 'سلامتی کے ساتھ جاؤ، گرم اور سیر ہو لو،' لیکن تم انہیں ضروریات نہ دو، تو اس کا کیا فائدہ؟"۔

معراج کی محبت شخصی کی مسیح – نتیجہ 5.

1. طبقوں محروم اور ،لوگوں مسترد سے سماج ،گناہگاروں محبت کی مسیح تھی پہنچتی تک (19:10 لوقا)-
2. (8:11 یوحنا) ہے مبنی پر نجات اور ،بحالی ،معافی محبت یہ-
3. (3:28 گلتیوں) ہے دستیاب لیے کے شخص ہر اور آزاد سے تعصب محبت یہ-
4. گلتیوں) ہے دیتی درس کا خدمت اور قربانی لیے کے دوسروں ہمیں محبت یہ 5:13)-

بات آخری:

اب ہو۔ نہ کیوں ہی کیسا میں سماج وہ چاہے ،ہے لیے کے ایک ہر محبت کی یسوع ہے پہنچانا تک دوسروں کے کر قبول کو محبت اس بھی ہمیں!

(1 کرنتھیوں 13:8) – اور یہی مسیح کی شخصی "ہوتی نہیں ختم کبھی محبت" محبت کا پیغام ہے!

اور سماجی جو محبت ایک – عورت سامری :پنجم باب ہے کرتی عبور کو رکاوٹوں نسلی

(4:7-26 یوحنا)

(19:10 لوقا) "آیا دینے نجات اور ڈھونڈنے کو ہوؤں کھوئے آدم ابن کیونکہ"

لیے کے انسانوں تمام محبت کی مسیح – تعارف 1.

یسوع مسیح کی محبت کسی مخصوص قوم، طبقے، یا جنس تک محدود نہیں تھی بلکہ تعلق سے منظر پس بھی کسی کے سماج وہ چاہے ،تھی لیے کے انسانوں تمام یہ ہوں۔ رکھتے
الٰہی عظیم ایک کے کر گفتگو سے عورت سامری نے یسوع ،میں 4:7-26 یوحنا قبول کو تعصب کسی محبت کی خدا اور ،ہے لیے کے سب نجات :کیا ظاہر کو سچائی کرتی۔ نہیں

ہے لکھا میں 3:28 گلتیوں:
"نہ یہودی ہے نہ یونانی، نہ غلام نہ آزاد، نہ مرد نہ عورت، کیونکہ تم سب مسیح یسوع میں ایک ہو"۔

یہ آیت ظاہر کرتی ہے کہ:

1. **مسیح کی محبت نسلی، سماجی، اور مذہبی تعصبات سے بالاتر ہے۔**
2. **یہ محبت ہر انسان کو قبول کرتی ہے، چاہے وہ کسی بھی قوم یا برادری سے ہو۔**
3. **یہ محبت ہمیں دوسروں سے تعصب کے بغیر محبت کرنے کی تعلیم دیتی ہے۔**

Strong's Concordance میں "محبت" (Love) کا تجزیہ:

- **یونانی میں "ἀγάπη" (Agape – Strong's G26) یعنی "الٰہی، غیر مشروط، اور بے لوث محبت"۔**

---

2. یوحنا 4:7-26 میں سامری عورت کے ساتھ مکالمہ

(1) یسوع کا سامری عورت سے گفتگو کرنا – ایک غیر معمولی واقعہ

یوحنا 4:7-9 میں لکھا ہے:
"سامریہ کی ایک عورت پانی بھرنے آئی۔ یسوع نے اس سے کہا: مجھے پانی پلاؤ۔ کیونکہ اس کے شاگرد کھانے کی چیزیں خریدنے کے لیے شہر گئے تھے۔ اس سامری عورت نے اس سے کہا: تو جو یہودی ہے، مجھ سے، جو سامری عورت ہوں، کس طرح پانی مانگتا ہے؟ کیونکہ یہودی سامریوں سے میل جول نہیں رکھتے"۔

یہ آیت ظاہر کرتی ہے کہ:

- **یہودی عام طور پر سامریوں سے بات نہیں کرتے تھے کیونکہ وہ انہیں ناپاک سمجھتے تھے۔**
- **عورتوں کو اس وقت مردوں کے ساتھ عوامی طور پر بات چیت کرنے کی اجازت نہیں تھی، لیکن یسوع نے ان تمام سماجی رکاوٹوں کو توڑ دیا۔**

Strong's Concordance میں "سامری" (Samaritan) کا تجزیہ:

- یعنی "Σαμαρίτης" میں یونانی (Samaritēs – Strong's G4541) رکھتے گروہ مذہبی الگ سے یہودیوں جو لوگ وہ ،باشندہ کا سامریہ" تھے"۔

دیا پیغام کا پانی کے زندگی نے یسوع (2)

فرمایا نے یسوع میں 4:13-14 یوحنا:
میں جو گا پئے پانی وہ کوئی جو لیکن ،ہوگا پیاسا پھر وہ ہے پیتا پانی یہ کوئی جو" بن چشمہ لیے کے ہمیشہ میں اس پانی وہ بلکہ ہوگا نہ پیاسا تک ابد وہ ،گا دوں اسے جائے گا جو ابدی زندگی تک بہتا رہے گا"۔

یہ آیت ظاہر کرتی ہے کہ:

- **حیات روحانی بلکہ ،تھے رہے کر نہیں بات کی پانی جسمانی صرف یسوع دینے والے پانی کی بات کر رہے تھے۔**
- **قوم بھی کسی وہ خواہ ،ہے لاتا ایمان جو ہے لیے کے شخص اس ہر پانی یہ سے ہو۔**

تجزیہ کا (Living Water) "پانی کا زندگی" میں Strong's Concordance:

- یونانی میں "ὕδωρ ζῶν" (Hydōr Zōn – Strong's G5204, G2198) یعنی "روحانی زندگی عطا کرنے والا پانی"۔

کیا ظاہر کو حقیقت کی زندگی کی عورت نے مسیح (3)

لکھا میں 4:16-18 یوحنا ہے:
دیا جواب نے عورت آ۔ لے یہاں کر بلا کو شوہر اپنے ،جا :کہا سے اس نے یسوع" پاس میرے کہ کہا سچ نے تو :کہا سے اس نے یسوع نہیں۔ شوہر کوئی پاس میرے ہے اب تو پاس کے جس اور ہیں چکے ہو شوہر پانچ تیرے کیونکہ ،نہیں شوہر کوئی وہ بھی تیرا شوہر نہیں"۔

یہ ظاہر کرتا ہے کہ:

- اس بھی پھر ،تھا معلوم ہی پہلے میں بارے کے زندگی کی عورت کو یسوع کیا۔ نہیں مسترد اسے نے
- ہے۔ کرتی فراہم بحالی اور معافی بھی باوجود کے گناہوں کے کسی محبت یہ

Strong's Concordance میں "کہا سچ" (Spoke Truly) کا تجزیہ:

- بولنا سچ" یعنی (Alēthōs – Strong's G230) "ἀληθῶς" میں یونانی، "کرنا ظاہر کو حقیقت"۔

کیا بیان کو ذرائع حقیقی کے نجات نے یسوع (4)

یوحنا 4:23-24 میں یسوع نے فرمایا:

"لیکن وہ وقت آ رہا ہے بلکہ اب ہے، جب سچے پرستار باپ کی پرستش روح اور سچائی سے کریں گے، کیونکہ باپ ایسے ہی پرستاروں کو تلاش کرتا ہے۔"

یہ ظاہر کرتا ہے کہ:

- شخص اس ہر بلکہ نہیں وابستہ سے جگہ یا قوم مخصوص کسی نجات اب کرے۔ میں سچائی اور روح عبادت کی خدا جو ہے لیے کے
- لیے کے شخص ہر اور ہے عالمگیر محبت کی خدا کہ کیا ثابت نے یسوع ہے۔ دستیاب

Strong's Concordance میں "سچائی اور روح" (Spirit and Truth) کا تجزیہ:

- میں یونانی "πνεύμα καὶ ἀλήθεια" (Pneuma Kai Alētheia – Strong's G4151, G225) یعنی "روحانی اور سچائی پر مبنی عبادت"۔

سبق عملی ایک – تبدیلی کی عورت سامری .3

یوحنا 4:28-29 میں لکھا ہے:

"تب وہ عورت اپنا مٹکا چھوڑ کر شہر میں گئی اور لوگوں سے کہنے لگی: آؤ، ایک شخص کو دیکھو جس نے میرے سب کام مجھے بتا دیے، کہیں یہ مسیح تو نہیں؟"

یہ ظاہر کرتا ہے کہ:

- اس کو دوسروں فوراً وہ کہ کیا متاثر اتنا کو عورت اس نے محبت کی یسوع لگی۔ بتانے میں بارے کے
- کی خدا کے کر بحال اسے بلکہ کرتی نہیں مسترد کو گناہگار محبت یہ ہے۔ دیتی بنا سفیر کا بادشاہی

---

4. جینا میں محبت کی مسیح – سبق عملی

(1) چاہیے کرنا ترک کو تعصب ہمیں

یعقوب 2:9 میں لکھا ہے:
"لیکن اگر تم لوگوں میں طرفداری کرتے ہو، تو گناہ کرتے ہو"۔

(2) چاہیے پہنچانی خوشخبری کی نجات تک دوسروں ہمیں

متی 28:19 میں یسوع نے فرمایا:
"پس تم جاؤ اور سب قوموں کو شاگرد بناؤ"۔

(3) کرنا ظاہر پر طور عملی کو محبت کی مسیح ہمیں چاہیے

1 یوحنا 4:11 میں لکھا ہے:
"اے عزیزو! جب خدا نے ہم سے ایسی محبت کی، تو ہمیں بھی ایک دوسرے سے محبت رکھنی چاہیے"۔

---

5. نتیجہ – مسیح کی محبت تمام انسانوں کے لیے

1. مسیح کی محبت نسلی اور سماجی رکاوٹوں سے بالاتر ہے (یوحنا 4:9)۔
2. یہ محبت سب کے لیے دستیاب ہے، حتیٰ کہ سب سے گناہگار شخص کے لیے بھی (یوحنا 4:16-18)۔
3. یہ محبت ہمیں معاف کر کے نجات دیتی ہے اور ہمیں نئی زندگی عطا کرتی ہے (یوحنا 4:23-24)۔

4. ہمیں بھی اس محبت کو دوسروں تک پہنچانا ہے (متی 28:19)-

آخری بات:

یسوع کی محبت عالمگیر ہے - وہ ہر ایک کو نجات کی دعوت دیتا ہے، چاہے وہ کسی بھی قوم یا پس منظر سے ہو!

باب پنجم: محصول لینے والا زکائی - ایک محبت جو زندگیوں کو بدل دیتی ہے

(لوقا 19:1-10)

"کیونکہ ابن آدم کھوئے ہوؤں کو ڈھونڈنے اور نجات دینے آیا" (لوقا 19:10)

---

1. تعارف - مسیح کی محبت جو زندگی کو بدل دیتی ہے

محض یسوع مسیح کی محبت **الفاظ یا نظریہ نہیں، بلکہ وہ حقیقی تبدیلی کا ذریعہ ہے۔** یہ محبت کسی انسان کے **ماضی، اس کے گناہوں، یا اس کے سماجی مقام سے متاثر نہیں ہوتی، بلکہ ہر شخص کو بحال کرنے اور اسے نئی زندگی دینے کے لیے تیار ہے۔**

زکائی کی کہانی ایک زبردست مثال ہے کہ جب کوئی شخص حقیقی دل سے مسیح سے ملتا ہے، تو اس کی زندگی مکمل طور پر بدل جاتی ہے۔

2 کرنتھیوں 5:17 میں لکھا ہے:
"پس اگر کوئی مسیح میں ہے، تو وہ نئی مخلوق ہے، پرانی چیزیں جاتی رہیں، دیکھو، وہ سب نئی ہو گئیں"۔

یہ آیت ظاہر کرتی ہے کہ:

1. **مسیح کی محبت زندگی کو یکسر تبدیل کر دیتی ہے۔**
2. **یہ تبدیلی گناہ سے آزادی اور نئی زندگی کی طرف لے جاتی ہے۔**
3. **یہ محبت ماضی کو نہیں دیکھتی، بلکہ انسان کی بحالی کو دیکھتی ہے۔**

Strong's Concordance میں "تبدیل ہونا" (New Creation) کا تجزیہ:

- یونانی میں "καινὴ κτίσις" (Kainē Ktisis – Strong's G2537, G2937) یعنی "مکمل نئی تخلیق، خدا کی طرف سے بحال شدہ"۔

---

2. لوقا 19:1-10 میں زکائی کی کہانی

(1) زکائی - ایک گناہگار محصول لینے والا

لوقا 19:1-2 میں لکھا ہے:
"پھر یسوع یریحو میں داخل ہو کر جا رہا تھا۔ اور دیکھو، وہاں ایک شخص زکائی نام کا تھا، جو محصول لینے والوں کا سردار اور دولت مند تھا"۔

یہ آیت ظاہر کرتی ہے کہ:

- **زکائی محض ایک عام محصول لینے والا نہیں تھا، بلکہ وہ "سردار" تھا،** یعنی وہ دوسروں سے زیادہ دولت مند اور طاقتور تھا۔
- **یہودی اسے "دھوکے باز" اور "گناہگار" سمجھتے تھے کیونکہ محصول لینے والے رومی حکومت کے لیے کام کرتے اور لوگوں سے زیادہ پیسے لیتے تھے۔**

تجزیہ کا (Tax Collector) "محصول لینے والا" میں Strong's Concordance:

- **یونانی میں "τελώνης" (Telōnēs – Strong's G5057) یعنی "محصول وصول کرنے والا، رشوت خور"۔**

---

(2) زکائی کی یسوع کو دیکھنے کی خواہش

لوقا 19:3-4 میں لکھا ہے:
"وہ یسوع کو دیکھنا چاہتا تھا کہ وہ کون ہے، مگر بھیڑ کے سبب سے نہ دیکھ سکتا تھا، کیونکہ اس کا قد چھوٹا تھا۔ پس وہ آگے دوڑ کر ایک گولر کے درخت پر چڑھ گیا تاکہ اسے دیکھے، کیونکہ وہ اس راہ سے گزرنے کو تھا"۔

یہ ظاہر کرتا ہے کہ:

- تھا۔ آغاز کا تبدیلی میں دل کے اس خواہش کی دیکھنے کو مسیح کی زکائی
- تھا۔ تیار کو کرنے کوشش ممکن ہر لیے کے ملنے سے یسوع وہ

Strong's Concordance میں "خواہش" (Seeking) کا تجزیہ:

- **طلب شدید" یعنی (Zētеō – Strong's G2212) "ζητέω" میں یونانی، "کرنا کوشش سے دل پورے لیے کے کرنے حاصل کچھ۔**

بلایا کو زکائی نے یسوع (3)

ہے لکھا میں 19:5 لوقا:

"جب یسوع اس جگہ پہنچا، تو اوپر نظر کر کے اس سے کہا: زکائی! جلدی نیچے آ، کیونکہ آج مجھے تیرے گھر میں ٹھہرنا ضرور ہے۔"

یہ آیت ظاہر کرتی ہے کہ:

- **زکائی ہی پہلے وہ کہ ہے مطلب کا اس – بلایا کر لے نام کو زکائی نے یسوع تھا۔ جانتا کو**
- **ہے۔ کرتی قائم دوستی سے اس باوجود کے گناہ کے زکائی محبت یہ**

Strong's Concordance میں "ضرور ہے" (Must Stay) کا تجزیہ:

- **مرضی کی خدا یہ" یعنی (Dei – Strong's G1163) "δεῖ" میں یونانی ہے، ضروری ہے"۔**

اعتراض کا لوگوں اور خوشی کی زکائی (4)

ہے لکھا میں 19:6-7 لوقا:

"پس وہ جلدی سے نیچے اترا اور خوشی کے ساتھ اسے اپنے گھر لے گیا۔ اور سب لوگ یہ دیکھ کر بڑبڑانے لگے کہ یہ ایک گناہگار شخص کے ہاں جا اترا ہے۔"

یہ ظاہر کرتا ہے کہ:

- قبول کو یسوع نے اس جب ہوئی شروع وقت اس خوشی حقیقی کی زکائی کیا۔
- کے محبت یسوع کہ تھے سمجھتے نہیں وہ کیونکہ ،کیا اعتراض نے لوگوں ہے۔ آیا بدلنے کو زندگیوں ذریعے

Strong's Concordance میں "خوشی" (Joyfully) تجزیہ کا:

- زبردست" یعنی (Chairō – Strong's G5463) "χαίρω" میں یونانی "مسرت روحانی ،خوشی۔

تبدیلی عملی اور توبہ کی زکائی (5)

ہے لکھا میں **19:8** لوقا:
"زکائی نے کھڑے ہو کر خداوند سے کہا: دیکھ، اے خداوند! میں اپنا آدھا مال غریبوں کو دیتا ہوں، اور اگر کسی کا کچھ ناحق لے لیا ہے تو اسے چار گنا واپس دیتا ہوں"۔

یہ ظاہر کرتا ہے کہ:

- دیا۔ بدل یکسر کو زندگی کی زکائی نے ملاقات ساتھ کے یسوع
- توبہ حقیقی کے اس جو ،دیا دے واپس حصہ بڑا ایک کا دولت اپنی نے اس تھا۔ ثبوت کا

Strong's Concordance میں "چار گنا" (Fourfold) تجزیہ کا:

- یعنی (Tetraplous – Strong's G5073) "τετραπλοῦς" میں یونانی "چار گناہ بڑھا کر لوٹانا ،مکمل بحالی"۔

اعلان کا نجات کا یسوع (6)

فرمایا نے یسوع میں **19:9-10** لوقا:
"آج اس گھر میں نجات آئی، کیونکہ یہ بھی ابراہام کا بیٹا ہے۔ کیونکہ ابن آدم کھوئے ہوؤں کو ڈھونڈنے اور نجات دینے آیا"۔

یہ آیت ظاہر کرتی ہے کہ:

- پر تبدیلی حقیقی کی دل بلکہ نہیں منحصر پر گناہوں یا ماضی کے کسی نجات ہے۔
- تھا۔ دینا نجات انہیں کر ڈھونڈ کو ہوؤں کھوئے سے ہمیشہ مشن کا یسوع

Strong's Concordance میں "نجات" (Salvation) کا تجزیہ:

- مکمل" یعنی (Sōtēria – Strong's G4991) "σωτηρία" میں یونانی "آزادی سے گناہ ،نجات"۔

---

5. معراج کی محبت کی مسیح – نتیجہ

1. (19:5 لوقا) ہے سکتی بدل کو گناہگار ہر محبت کی یسوع۔
2. (19:8 لوقا) ہے ہوتی ثابت سے عمل توبہ حقیقی۔
3. ہو نہ کیوں گناہگار بڑا ہی کتنا وہ چاہے ،ہے دستیاب لیے کے سب نجات (19:10 لوقا)۔
4. (5:17 کرنتھیوں 2) ہے پہنچانا تک دوسروں کو محبت کی مسیح بھی ہمیں۔

بات آخری:

!ہے سکتی بدل بھی ہماری وہ اور – دی بدل زندگی کی زکائی نے محبت کی یسوع

جو محبت ایک – عورت گئی پکڑی میں زنا :پنجم باب ہے کرتی بحال اور کرتی معاف

(8:1-11 یوحنا)

"(8:11 یوحنا) "کرنا نہ گناہ پھر اور جا ،ٹھہراتا نہیں مجرم تجھے بھی میں"

---

1. تعارف – مسیح کی معاف کرنے والی اور بحال کرنے والی محبت

صرف یسوع مسیح کی محبت **الفاظ تک محدود نہیں،** بلکہ یہ **عملی طور پر معافی،**
بحالی، اور نئی **زندگی عطا کرنے کی طاقت رکھتی ہے۔**
خدا کی کہانی عورت کی گئی پکڑی میں زنا میں 11-8:1 یوحنا کے **فضل،** **عدالت،** اور
راستبازی کو واضح کرتی ہے۔
یسوع کہ ہے کرتی ثابت کہانی یہ **صرف سزا دینے** نہیں بلکہ **گناہگاروں کو معاف کر**
کے انہیں نئی زندگی دینے آیا ہے۔

زبور 103:10 میں لکھا ہے:
"اس نے ہمارے گناہوں کے موافق ہم سے سلوک نہ کیا، اور نہ ہماری بدکاریوں کے
مطابق ہم کو بدلہ دیا"۔

یہ آیت ظاہر کرتی ہے کہ:

1. **خدا کی محبت سزا کے بجائے فضل پر مبنی ہے۔**
2. **وہ ہمیں ہمارے گناہوں کے مطابق نہیں** بلکہ اپنی رحمت کے **مطابق دیکھتا ہے۔**
3. **یہ محبت ہمیں معافی کے ذریعے بحال کرتی ہے۔**

Strong's Concordance میں "معاف کرنا" (Forgiveness) کا تجزیہ:

- **یونانی میں "ἀφίημι" (Aphiēmi – Strong's G863) یعنی "کسی کے گناہ کو ختم کرنا، آزاد کرنا"۔**

---

2. یوحنا 8:1-11 میں زنا میں پکڑی گئی عورت کی کہانی

(1) فریسیوں کا الزام اور یسوع کی خاموشی

یوحنا 8:3-5 میں لکھا ہے:
"تب فقیہ اور فریسی ایک عورت کو لائے جو زنا میں پکڑی گئی تھی، اور اسے بیچ
میں کھڑا کر کے یسوع سے کہا: استاد! یہ عورت زنا کرتے وقت پکڑی گئی۔ اور

پس ،جائے کیا سنگسار کو عورتوں ایسی کہ ہے گیا دیا حکم ہمیں میں موسیٰ شریعتِ
''ہے؟ کہتا کیا میں بارے اس تو

:یہ آیت ظاہر کرتی ہے کہ

- کیا۔ پیش مقدمہ یہ لیے کے آزمانے کو یسوع نے فریسیوں
- تھا۔ ڈالنا میں مشکل ایک کو یسوع بلکہ نہیں انصاف مقصد کا ان

Strong's Concordance میں "زنا" (Adultery) کا تجزیہ:

- شادی" یعنی (Moicheia – Strong's G3430) "μοιχεία" میں یونانی
  کے بعد کسی غیر سے جنسی تعلق قائم کرنا"۔

لکھنا اور خاموشی – ردعمل بھرا حکمت کا یسوع (2)

یوحنا 8:6 میں لکھا ہے:
"وہ اسے آزمانے کے لیے یہ کہہ رہے تھے تاکہ اس پر الزام لگا سکیں۔ لیکن یسوع
جھک کر زمین پر انگلی سے لکھنے لگا"۔

:یہ ظاہر کرتا ہے کہ

- یسوع نے فوری طور پر جواب دینے کے بجائے خاموشی اختیار کی۔
- اس کا زمین پر لکھنا ایک گہرا روحانی پیغام تھا – شاید وہ ان کے گناہوں
  کو ظاہر کر رہا تھا۔

Strong's Concordance میں "لکھنا" (Writing) کا تجزیہ:

- تحریر" یعنی (Graphō – Strong's G1125) "γράφω" میں یونانی
  کرنا، قانونی طور پر کچھ بیان کرنا"۔

پتھر پہلا وہ ،ہو گناہ بے جو" - فضل اور عدل کا یسوع (3) "مارے

ہے لکھا میں 8:7 یوحنا:
سے میں تم :کہا سے ان کر ہو سیدھے نے اس تو ،رہے کرتے سوال برابر وہ جب" "مارے پتھر پہلا پر اس وہ ،ہو گناہ بے جو.

یہ ظاہر کرتا ہے کہ:

- **کے ان کو فریسیوں بلکہ ،کیا نہیں رد کو شریعت خلاف کے گناہ نے یسوع کہا۔ کو لینے جائزہ کا دل اپنے**
- **کہ تھا سکھانا کو لوگوں بلکہ ،تھا نہیں بچانا کو عورت صرف مقصد کا اس ہیں۔ گناہگار سب**

Strong's Concordance میں "گناہ بے" (Without Sin) کا تجزیہ:

- **یعنی (Anamartētos – Strong's G361) "ἀναμάρτητος" میں یونانی "ہو نہ گناہ کوئی میں جس شخص ایسا".**

جانا چلے سے خاموشی کا فریسیوں (4)

ہے لکھا میں 8:9 یوحنا:
سے بڑے ،گئے چلے کے کر ایک ایک ،سے ندامت اپنی اپنی ،کر سن یہ وہ" "تک چھوٹے.

یہ آیت ظاہر کرتی ہے کہ:

- **گناہگار سب کیونکہ ،ہے ضرورت کی جھانکنے میں دل اپنے کو شخص ہر ہیں۔**
- **دیا۔ جھنجھوڑ کو ضمیر کے ان کہے کچھ بغیر نے یسوع**

بحالی اور معافی کی یسوع (5)

یوحنا 8:10-11 میں لکھا ہے:
"تب یسوع سیدھا ہو کر اس سے کہا: اے عورت! وہ کہاں گئے؟ کیا کسی نے تجھے مجرم ٹھہرایا؟ اس نے کہا: نہیں، خداوند! تب یسوع نے کہا: میں بھی تجھے مجرم نہیں ٹھہراتا، جا اور پھر گناہ نہ کرنا".

یہ ظاہر کرتا ہے کہ:

- **یسوع نے عورت کو معاف کر دیا، لیکن اسے ہدایت دی کہ وہ اپنی زندگی بدل لے۔**
- **یہ محبت معافی کے ساتھ ساتھ اصلاح اور بحالی بھی فراہم کرتی ہے۔**

تجزیہ کا (Sin No More) "جا اور گناہ نہ کرنا" میں Strong's Concordance:

- **یونانی میں "μηκέτι ἁμάρτανε" (Mēketi Hamartane – Strong's G3361, G264) یعنی "گناہ کو ترک کر دینا، مکمل طور پر رک جانا".**

---

3. مسیح کی محبت کے عملی اصول

ہمیں (1) دوسروں کو معاف کرنا چاہیے

کلسیوں 3:13 میں لکھا ہے:
"اگر کسی کو دوسرے کی شکایت ہو، تو ایک دوسرے کو برداشت کرو اور معاف کرو، جیسے خداوند نے تمہیں معاف کیا، ویسے ہی تم بھی کرو".

ہمیں (2) محبت اور فضل کے ساتھ پیش آنا چاہیے

یعقوب 2:13 میں لکھا ہے:
"کیونکہ جو رحم نہیں کرتا، اس کے لیے عدالت بھی بے رحم ہوگی، مگر رحم عدالت پر غالب آتا ہے".

چاہیے گزارنی زندگی نئی ہمیں (3)

:ہے لکھا میں 6:1-2 رومیوں
-''!نہیں ہرگز ہو؟ زیادہ فضل تاکہ رہیں کرتے گناہ ہم کیا کہیں؟ کیا پھر تو''

محبت والی کرنے معاف کی مسیح – نتیجہ .4

1. **یسوع کی محبت سزا کے بجائے بحالی پر مرکوز ہے** (8:11 یوحنا)-
2. **یہ محبت ہمیں دوسروں کو معاف کرنے کی تعلیم دیتی ہے** (3:13 کلسیوں)-
3. **یہ محبت ہمیں نئی اور پاکیزہ زندگی گزارنے کا حکم دیتی ہے** (6:1-2 رومیوں)-
4. **ہمیں بھی اس محبت کو دوسروں تک پہنچانا ہے** (2:13 یعقوب)-

:بات آخری

یسوع کی محبت معاف کرتی، بحال کرتی، اور نئی زندگی عطا کرتی ہے – اب ہمیں بھی اسی محبت میں جینا ہے!

محبت لیے کے شاگردوں کے اس :پنجم باب
پطرس کے ساتھ اس کی شفقت اور صبر (یوحنا 21:15-19)

"یسوع نے اس سے کہا: شمعون! یوحنا کے بیٹے! کیا تو مجھ سے ان سے زیادہ محبت رکھتا ہے؟" (یوحنا 21:15)

محبت سے شاگردوں کی مسیح – تعارف .1

مسیح کی محبت محض یسوع مسیح کی محبت **تعلیم دینے تک محدود نہیں تھی، بلکہ یہ ایک گہری، شخصی، اور صبر و شفقت پر مبنی محبت تھی۔**
پطرس کے یہ محبت خاص طور پر اس کے شاگردوں میں نظر آتی ہے، **خصوصاً**
اس کے ساتھ صبر اور شفقت کے معاملات میں۔

پطرس وہ شاگرد تھا جس نے یسوع کے ساتھ بڑی محبت کا دعویٰ کیا، لیکن آزمائش
دیا (لوقا 22:61-62)۔ کر انکار بار تین کا یسوع نے اس وقت کے
کے چرواہی کی بھیڑوں اپنی اسے اور ،کیا بحال ،کیا معاف اسے نے پھر بھی، یسوع
چُنا۔ لیے

مزمور 103:8 میں لکھا ہے:
"خداوند رحیم اور کریم، قہر کرنے میں دھیما اور شفقت میں بڑھا ہوا ہے۔"

یہ آیت ظاہر کرتی ہے کہ:

1. **خدا کی محبت تحمل اور شفقت پر مبنی ہے۔**
2. **یہ محبت ہمارے کمزوریوں کے باوجود ہمیں بحال کرتی ہے۔**
3. **یہ محبت ہمیں ہمارے اصل مقصد اور بلاہٹ کی طرف واپس لے جاتی ہے۔**

Strong's Concordance میں "رحیم" (Merciful) کا تجزیہ:

- **عبرانی میں "רַחוּם" (Rachum – Strong's H7349) یعنی "گہری محبت اور ہمدردی رکھنے والا"۔**

---

2. پطرس کا انکار اور یسوع کی بحالی (یوحنا 21:15-19)

(1) یسوع کی پطرس سے محبت بھری گفتگو

یوحنا 21:15 میں لکھا ہے:
"جب وہ کھا چکے، تو یسوع نے شمعون پطرس سے کہا: شمعون! یوحنا کے بیٹے!
کیا تو مجھ سے ان سے زیادہ محبت رکھتا ہے؟"

یہ آیت ظاہر کرتی ہے کہ:

- **یسوع نے پطرس کا ماضی کے انکار کو نظرانداز نہیں کیا، بلکہ نرمی سے اس کی محبت کو آزمائش میں ڈالا۔**
- **یہ ایک موقع تھا جہاں یسوع نے پطرس کو سکھایا کہ حقیقی محبت دعووں پر نہیں بلکہ عمل پر مبنی ہے۔**

Strong's Concordance میں "محبت" (Love) کا تجزیہ:

- بے کی خدا" یعنی (Agapaō – Strong's G25) "ἀγαπάω" میں یونانی
  "محبت مشروط غیر اور لوث"۔
- کی دوستی" یعنی (Phileō – Strong's G5368) "φιλέω" میں یونانی
  "چارہ بھائی ،محبت"۔

ازالہ کا انکار بار تین – سوال کا محبت بار تین (2)

یوحنا 21:16-17 میں لکھا ہے:
"یسوع نے دوسری بار اس سے کہا: شمعون! یوحنا کے بیٹے! کیا تو مجھ سے محبت رکھتا ہے؟ اس نے کہا: ہاں، خداوند! تو جانتا ہے کہ میں تجھ سے محبت رکھتا ہوں۔ اس نے اس سے کہا: میری بھیڑوں کی دیکھ بھال کر"۔

یہ آیت ظاہر کرتی ہے کہ:

- **یسوع نے تین بار محبت کا سوال کر کے پطرس کے تین بار انکار کو بحال کیا۔**
- **یہ ایک موقع تھا جہاں یسوع نے پطرس کو دوبارہ قیادت کے لیے تیار کیا۔**

Strong's Concordance میں "بھیڑوں کی دیکھ بھال" (Shepherd My Sheep) کا تجزیہ:

- **یعنی (Poimainō – Strong's G4165) "ποιμαίνω" میں یونانی**
  "چرواہی کرنا، قیادت کرنا، حفاظت کرنا"۔

پطرس کی ذمہ داری – قیادت اور قربانی (3)

یوحنا 21:18-19 میں یسوع نے فرمایا:
"میں تجھ سے سچ کہتا ہوں، جب تو جوان تھا، تو خود اپنی کمر باندھتا اور جہاں چاہتا جاتا تھا، لیکن جب تو بوڑھا ہوگا، تو اپنے ہاتھ پھیلائے گا اور کوئی اور تیری کمر باندھے گا اور تجھے وہاں لے جائے گا جہاں تو جانا نہیں چاہتا"۔

یہ ظاہر کرتا ہے کہ:

- گا۔ دے قربانی میں زندگی اپنی طرح کس وہ کہ بتایا کو پطرس نے یسوع
- ہے۔ کرتی تقاضا کا قربانی محبت حقیقی کہ تھی دہانی یاد ایک یہ

Strong's Concordance میں "ہاتھ پھیلائے گا" **(Stretch Out Your Hands)** تجزیہ کا:

- کے کسی" یعنی **(Ekteinō – Strong's G1614)** "ἐκτείνω" میں یونانی دینا قربانی ،کرنا پیش کو خود لیے"۔

---

3. اصول عملی کے محبت ساتھ کے پطرس کی یسوع

ہے کرتا بحال باوجود کے غلطیوں ہماری ہمیں مسیح (1)

ہے لکھا میں **8:1** رومیوں:
"نہیں حکم کا سزا کوئی پر ان ،ہیں میں یسوع مسیح جو پس"۔

ہے کرتی تقاضا کا عمل بلکہ نہیں الفاظ محض محبت (2)

ہے لکھا میں **3:18** یوحنا **1**:
"اے بچو! ہم محض زبان سے یا باتوں سے محبت نہ کریں، بلکہ کام سے اور سچائی کے ساتھ"۔

ہے مانگتی قربانی محبت حقیقی (3)

فرمایا نے یسوع میں **16:24** متی:
"اگر کوئی میرے پیچھے آنا چاہے، تو اپنی خودی کا انکار کرے، اپنی صلیب اٹھائے اور میرے پیچھے ہو لے"۔

جینا میں محبت کی مسیح – سبق عملی .4

کے کرنے بحال کو دوسروں اور کرنے معاف ہمیں (1) چاہیے رہنا تیار لیے

ہے لکھا میں 3:13 کلسیوں:
معاف اور کرو برداشت کو دوسرے ایک تو ،ہو شکایت کی دوسرے کو کسی اگر" کرو ،جیسے خداوند نے تمہیں معاف کیا، ویسے ہی تم بھی کرو"۔

چاہیے کرنی خدمت مطابق کے حکم کے یسوع ہمیں (2)

فرمایا نے یسوع میں 28:19 متی:
"پس تم جاؤ اور سب قوموں کو شاگرد بناؤ"۔

چاہیے رہنا تیار لیے کے قربانی ہمیں (3)

ہے لکھا میں 15:13 یوحنا:
"اس سے بڑی محبت کسی کی نہیں کہ کوئی اپنی جان اپنے دوستوں کے لیے دے"۔

معراج کی محبت کی مسیح – نتیجہ .5

1. یسوع کی محبت میں صبر، بحالی، اور قیادت شامل ہے (یوحنا 21:15-19)۔
2. یہ محبت ہمیں ہمارے ماضی سے آزاد کر کے نئی زندگی دیتی ہے (2 کرنتھیوں 5:17)۔
3. یہ محبت ہمیں دوسروں کو بھی معاف کرنے اور بحال کرنے کی تعلیم دیتی ہے (کلسیوں 3:13)۔
4. یہ محبت ہمیں قیادت، خدمت، اور قربانی کے لیے تیار کرتی ہے (متی 16:24)۔

:بات آخری

بھی ہمیں وہ اور – بنایا راہنما عظیم ایک اسے کے کر معاف کو پطرس نے یسوع
!ہے چاہتا کرنا استعمال لیے کے جلال اپنے کے کر معاف

محبت لیے کے شاگردوں کے اس :پنجم باب
(13:23 یوحنا) دوستی کی اس ساتھ کے یوحنا

سے چھاتی کی یسوع ،تھا رکھتا محبت یسوع جسے ،ایک سے میں شاگردوں کے اس"
تھا ہوا لگا" (13:23 یوحنا)

دوستی اور محبت سے شاگردوں کی مسیح – تعارف **.1**

اس بلکہ تھی نہیں محدود تک تعلق کے شاگرد اور استاد یسوع مسیح کی محبت **صرف**
تھی۔ شامل بھی وفاداری اور ،قربت ،دوستی گہری ایک میں
کہا جاتا ہے، جو یہ ظاہر **"تھا رکھتا محبت یسوع جسے شاگرد وہ"** شاگرد یوحنا کو
کرتا ہے کہ یسوع کے اور یوحنا کے درمیان ایک خاص قربت تھی۔
دوستی حقیقی کہ ہے سکھاتی ہمیں جو ،تھی لوث بے اور ،قریبی ،یہ محبت **ذاتی**
ہے۔ **ہوتی مبنی پر قربت روحانی اور ،اعتماد ،محبت**

:ہے لکھا میں 17:17 امثال
-"ہے ہوتا پیدا بھائی لیے کے دن کے مصیبت اور ،ہے رکھتا محبت وقت ہر دوست"

:یہ آیت ظاہر کرتی ہے کہ

1. **حقیقی دوستی ہمیشہ محبت پر قائم** رہتی ہے۔
2. **دوست صرف خوشحالی کے وقت نہیں بلکہ مشکلات میں بھی ساتھ** ہوتا ہے۔
3. **یسوع کی محبت اپنے شاگردوں کے لیے اسی دوستی کی مثال** ہے۔

Strong's Concordance **میں "محبت رکھنا"** **(Loved)** **:تجزیہ کا**

- **یونانی میں "ἀγαπάω" (Agapaō – Strong's G25) یعنی "خدا کی بے لوث اور غیر مشروط محبت"۔**
- **یونانی میں "φιλέω" (Phileō – Strong's G5368) یعنی "دوستی اور محبت پر مبنی قریبی رشتہ"۔**

دوستی کی یوحنا اور مسیح میں 13:23 یوحنا .2

ہوا بیٹھا قریب کے یسوع ،یوحنا (1)

ہے لکھا میں 13:23 یوحنا:
چھاتی کی یسوع ،تھا رکھتا محبت یسوع جسے ،ایک سے میں شاگردوں کے اس"
."تھا ہوا لگا سے

:یہ آیت ظاہر کرتی ہے کہ

- **علامت کی دوستی اور محبت گہری جو ،تھا ہوا بیٹھا قریب کے یسوع یوحنا تھی۔**
- **تھی۔ نشانی کی قربت جذباتی اور روحانی بلکہ نہیں قربت جسمانی صرف یہ**

Strong's Concordance میں "چھاتی سے لگا ہوا" (Leaning on Jesus' Bosom) تجزیہ کا:

- **یعنی (Anakeimenos – Strong's G345) "ἀνακείμενος" میں یونانی "کرنا اعتماد ،رکھنا بھروسہ ،ہونا قریب".**

قربت بھری محبت ساتھ کے یوحنا کی یسوع (2)

ہے لکھا میں 19:26-27 یوحنا:
تو ،تھا رکھتا محبت وہ سے جس دیکھا کو شاگرد اس اور ماں اپنی نے یسوع جب"
تیری ،دیکھ :کہا سے شاگرد اس پھر !بیٹا تیرا ،دیکھ !عورت اے :کہا سے ماں اپنی
."گیا لے گھر اپنے اسے شاگرد وہ سے وقت اسی اور !ماں

:یہ ظاہر کرتا ہے کہ

- **ذمہ کی رکھنے خیال کا ماں اپنی اسے اور کیا بھروسہ پر یوحنا نے یسوع دی۔ داری**

- ذمہ ذاتی اپنی کو یوحنا نے یسوع کہ ہے ثبوت کا دوستی اور محبت حقیقی یہ سونپی۔ داری

Strong's Concordance میں "تھا رکھتا محبت" **(Loved)** کا تجزیہ:

- میں یونانی "ἠγάπα" **(Egapa – Strong's G25)** یعنی "محبت گہری، بھروسہ اور قربت"۔

تسلسل کا پیغام کے یسوع ذریعے کے یوحنا (3)

مکاشفہ **1:1-2** میں لکھا ہے:

"یسوع مسیح کا مکاشفہ جو خدا نے اسے دیا تاکہ وہ اپنے بندوں کو وہ باتیں دکھائے جو جلد ہونے والی ہیں، اور اس نے اپنے فرشتے کے ذریعہ اپنے بندہ یوحنا کے پاس بھیجا"۔

یہ ظاہر کرتا ہے کہ:

- یسوع نے یوحنا پر اعتماد کیا کہ وہ اس کا مکاشفہ دنیا تک پہنچائے۔
- یہ محبت اور دوستی کا ایک اور پہلو ہے – اعتماد اور بھروسہ۔

Strong's Concordance میں "مکاشفہ" **(Revelation)** کا تجزیہ:

- میں یونانی "ἀποκάλυψις" **(Apokalypsis – Strong's G602)** یعنی "پوشیدہ حقیقت کو ظاہر کرنا"۔

---

3. اصول عملی کے محبت کی مسیح

حقیقی دوستی محبت اور قربت پر مبنی ہوتی ہے (1)

امثال **18:24** میں لکھا ہے:

"کچھ دوست نقصان پہنچاتے ہیں، لیکن ایک دوست ایسا ہوتا ہے جو بھائی سے بھی زیادہ قریب ہوتا ہے"۔

حقیقی محبت دوسروں پر بھروسہ کرتی ہے (2)

1 کرنتھیوں 13:7 میں لکھا ہے:
"محبت سب کچھ سہہ لیتی ہے، سب کچھ یقین کرتی ہے، سب کی امید رکھتی ہے، سب کچھ برداشت کرتی ہے"۔

حقیقی محبت دوسروں کی ذمہ داری قبول کرتی ہے (3)

گلتیوں 6:2 میں لکھا ہے:
"ایک دوسرے کے بوجھ اٹھاؤ، اور اس طرح مسیح کی شریعت کو پورا کرو"۔

---

4. عملی سبق – مسیح کی محبت میں جینا

ہمیں دوسروں کے ساتھ محبت اور قربت کا اظہار کرنا چاہیے (1)

رومیوں 12:10 میں لکھا ہے:
"بھائی چارے کی محبت میں ایک دوسرے سے پیار کرو"۔

ہمیں دوسروں پر بھروسہ کرنا اور ان کے ساتھ وفادار رہنا چاہیے (2)

امثال 27:6 میں لکھا ہے:
"دوست کی مخلص سرزنش بہتر ہے بجائے دشمن کی دھوکہ دینے والی چومنے کے"۔

رہنا تیار لیے کے خدمت اور مدد کی دوسروں ہمیں (3) چاہیے

متی 20:28 میں یسوع نے فرمایا:
"ابن آدم خدمت کے لیے آیا ہے، نہ کہ خدمت لینے کے لیے۔"

---

5. نتیجہ – مسیح کی محبت کی معراج

1. **یسوع اور یوحنا کی دوستی ایک گہری محبت اور قربت پر مبنی تھی** (یوحنا 13:23)۔
2. **یہ محبت قربانی اور ذمہ داری کی مثال تھی** (یوحنا 19:26-27)۔
3. **یہ محبت بھروسے اور اعتماد پر مبنی تھی** (مکاشفہ 1:1-2)۔
4. **یہ محبت ہمیں سکھاتی ہے کہ حقیقی دوستی قربانی، بھروسے، اور خدمت پر مبنی ہوتی ہے** (گلتیوں 6:2)۔

آخری بات:

یسوع کی محبت یوحنا کے لیے بے حد قریبی اور گہری تھی – اب ہمیں بھی اسی محبت کو اپنی زندگیوں میں اپنانا چاہیے!

باب پنجم: اس کی رہنمائی اور حفاظت

(یوحنا 17:12)

"جب تک میں ان کے ساتھ تھا، میں نے تیرے نام سے ان کی حفاظت کی۔ میں نے ان کی نگہبانی کی، اور ان میں سے کوئی ہلاک نہ ہوا، مگر ہلاکت کا فرزند، تاکہ کتاب پوری ہو" (یوحنا 17:12)

---

1. تعارف – مسیح کی رہنمائی اور حفاظت

محض مسیح کی محبت یسوع **جذباتی وابستگی نہیں بلکہ عملی طور پر** رہنمائی،
حفاظت، اور دیکھ بھال کا ایک اعلیٰ نمونہ ہے۔
یسوع یوحنا 17 میں **اپنے شاگردوں کے لیے دعا کرتا ہے اور اس کی دعا میں ہمیں**

ہے۔ ملتی جھلک کی حفاظت اور ،بھال دیکھ ،محبت کی اس
تھا کرتا تربیت و تعلیم کی شاگردوں اپنے صرف نہ یہ دعا ظاہر کرتی ہے کہ یسوع
بچانے سے خطرے کے گناہ اور ،حملوں کے شیطان ،مشکلات کی دنیا انہیں وہ بلکہ
تھا۔ کوشاں بھی لیے کے

ہے لکھا میں 23:1 زبور:
"خداوند میرا چرواہا ہے، مجھے کمی نہ ہوگی"۔

یہ آیت ظاہر کرتی ہے کہ:

1. **ہے۔ کرتا حفاظت اور رہنمائی ہماری خدا**
2. **چھوڑتا۔ نہیں تنہا میں آزمائش یا مشکل بھی کسی ہمیں وہ**
3. **ہے۔ کرتا حفاظت اور رہنمائی کی شاگردوں اپنے چرواہا بطور بھی یسوع**

Strong's Concordance میں "رکھنا محفوظ" (Keep) کا تجزیہ:

- **یونانی میں "τηρέω" (Tēreō – Strong's G5083) یعنی "حفاظت کرنا، نگہبانی کرنا، محفوظ رکھنا"۔**

---

2. یوحنا 17:12 میں یسوع کی حفاظت اور رہنمائی

(1) "جب تک میں ان کے ساتھ تھا" – یسوع کی موجودگی کی حفاظت

یہ الفاظ ظاہر کرتے ہیں کہ:

- **یسوع نے اپنی زمینی خدمت کے دوران شاگردوں کی روحانی اور جسمانی حفاظت کی۔**
- **اس کی موجودگی نے انہیں دشمنوں کے حملوں سے بچایا۔**

متی 28:20 میں یسوع نے فرمایا:
"دیکھو، میں دنیا کے آخر تک تمہارے ساتھ ہوں"۔

یہ ظاہر کرتا ہے کہ:

- **جاری ہمیشہ بلکہ نہیں محدود تک خدمت زمینی صرف حفاظت کی یسوع ہے۔ رہتی**

Strong's Concordance میں "ہونا ساتھ" (With Them) تجزیہ کا:

- **یونانی میں "μετ' αὐτῶν" (Met' Autōn – Strong's G3326, G846) یعنی "مکمل شراکت، ہمیشہ کے لیے ساتھ رہنا"۔**

---

(2) "میں نے تیرے نام سے ان کی حفاظت کی" – خدائی حفاظت تحت کے اختیار

یہ الفاظ ظاہر کرتے ہیں کہ:

- **یسوع نے اپنے شاگردوں کو محض اپنی قوت سے نہیں بلکہ خدا کے نام کے اختیار سے محفوظ رکھا۔**
- **یہ حفاظت روحانی اور جسمانی دونوں سطح پر تھی۔**

امثال 18:10 میں لکھا ہے:
"خداوند کا نام ایک محکم برج ہے، صادق اس میں پناہ لیتا اور محفوظ رہتا ہے"۔

یہ ظاہر کرتا ہے کہ:

- **خدا کا نام اور اس کی قدرت ہماری حفاظت کا سب سے مضبوط ذریعہ ہے۔**

Strong's Concordance میں "نام" (Name) تجزیہ کا:

- **یونانی میں "ὄνομα" (Onoma – Strong's G3686) یعنی "کردار، قدرت، اختیار"۔**

---

(3) "میں نے ان کی نگہبانی کی" – یسوع بطور محافظ چرواہا

یہ الفاظ ظاہر کرتے ہیں کہ:

- ایک جیسے ،کی نگہبانی مکمل کی شاگردوں اپنے میں زندگی اپنی نے یسوع ہے۔ کرتا حفاظت کی بھیڑوں اپنی چرواہا
- سے خطرات اور ،رکھا پر راستے صحیح انہیں ،رکھی نظر پر ان نے اس بچایا۔

فرمایا نے یسوع میں 10:11 یوحنا:
"میں اچھا چرواہا ہوں، اچھا چرواہا اپنی بھیڑوں کے لیے اپنی جان دیتا ہے"۔

:یہ ظاہر کرتا ہے کہ

- ہے۔ مبنی پر قربانی عملی بلکہ نہیں پر دعوؤں محض حفاظت کی یسوع
- ہے۔ دیتا دے تک جان اپنی وہ کہ ہے گہری اتنی حفاظت یہ

Strong's Concordance میں "کرنا نگہبانی" (Guarded) کا تجزیہ:

- **نظر" یعنی (Ephylaxa – Strong's G5442) "ἐφύλαξα" میں یونانی رکھنا، محتاط طریقے سے حفاظت کرنا"۔**

کی نجات – "ہوا نہ ہلاک کوئی سے میں ان اور" (4) ضمانت

:یہ الفاظ ظاہر کرتے ہیں کہ

- بھی سے ہلاکت روحانی بلکہ جسمانی صرف نہ کو شاگردوں اپنے نے یسوع بچایا۔
- ہے۔ ضمانت کی زندگی ابدی لیے کے شاگردوں کے اس حفاظت یہ

فرمایا نے یسوع میں 10:28 یوحنا:
"میں انہیں ہمیشہ کی زندگی دیتا ہوں، اور وہ کبھی ہلاک نہ ہوں گے، اور کوئی انہیں میرے ہاتھ سے چھین نہ سکے گا"۔

:یہ ظاہر کرتا ہے کہ

- اور گناہ بھی کبھی والے ماننے کے اس اور ،ہے دائمی حفاظت کی یسوع گے۔ جائیں نہیں واپس میں غلامی کی موت

Strong’s Concordance میں "ہونا ہلاک" (Perish) تجزیہ کا:

- **کسی" یعنی (Apollumi – Strong’s G622) "ἀπόλλυμι" میں یونانی ہونا برباد لیے کے ہمیشہ ،جانا ہو ختم پر طور مکمل کا"۔**

اصول عملی کے حفاظت کی مسیح 3.

ہمیشہ لیے کے حفاظت اور رہنمائی ہماری یسوع (1) ہے موجود

زبور 121:7-8 میں لکھا ہے:
"خداوند تجھے ہر بلا سے بچائے گا، وہ تیری جان کی حفاظت کرے گا۔ خداوند تیری آمد و رفت میں اب سے ہمیشہ تک حفاظت کرے گا"۔

چاہیے رکھنا بھروسہ میں حفاظت کی مسیح ہمیں (2)

رومیوں 8:31 میں لکھا ہے:
"پس اگر خدا ہماری طرف ہے، تو کون ہمارے خلاف ہو سکتا ہے؟"۔

چاہیے رہنا میں پناہ کی خدا ہمیں (3)

متی 6:33 میں لکھا ہے:
"پس تم پہلے خدا کی بادشاہی اور اس کی راستبازی کی تلاش کرو، تو یہ سب چیزیں بھی تمہیں دے دی جائیں گی"۔

جینا میں حفاظت اور رہنمائی کی مسیح – سبق عملی **4.**

چاہیے کرنا اعتماد مکمل پر مسیح ہمیں (1)

ہے لکھا میں 3:5 امثال:
"رکھ نہ بھروسا پر سمجھ اپنی اور ،کر توکل پر خداوند سے دل سارے اپنے"-

کرنی حاصل رہنمائی کی مسیح ذریعے کے دعا ہمیں (2) چاہیے

ہے لکھا میں 4:6 فلپیوں:
کے شکرگزاری ذریعہ کے منت اور دعا میں بات ہر بلکہ کرو نہ فکر کی بات کسی"
"کرو پیش سامنے کے خدا درخواستیں اپنی ساتھ-

چاہیے کرنی پیروی کی کلام کے اس ہمیں (3)

ہے لکھا میں 119:105 زبور:
"ہے روشنی لیے کے راہ میری اور چراغ لیے کے قدموں میرے کلام تیرا"-

---

معراج کی حفاظت اور رہنمائی کی مسیح – نتیجہ **5.**

1. **ہے موجود ہمیشہ لیے کے حفاظت اور رہنمائی ہماری یسوع** (یوحنا 17:12)-
2. **ہے بھی روحانی بلکہ نہیں جسمانی صرف حفاظت یہ** (یوحنا 10:28)-
3. **نہیں کبھی ہمیں وہ کیونکہ ،چاہیے رکھنا بھروسہ مکمل پر اس ہمیں گا چھوڑے** (رومیوں 8:31)-
4. **رہنمائی کی اس ہم تاکہ چاہیے گزارنی زندگی مطابق کے کلام کے اس ہمیں سکیں چل میں** (زبور 119:105)-

:بات آخری

یسوع نہ صرف ہماری رہنمائی کرتا ہے بلکہ ہمیں ہر خطرے سے بچانے کے لیے بھی تیار ہے - ہمیں اس کی حفاظت اور محبت میں جینا سیکھنا چاہیے!

06 باب

کی مسیح لیے کے انسانیت تمام ۔ محبت آفاقی :ششم باب محبت

(دعوت آفاقی ایک – **3:16** یوحنا)

"کیونکہ خدا نے دنیا سے ایسی محبت رکھی کہ اس نے اپنا اکلوتا بیٹا بخش دیا، تاکہ جو کوئی اس پر ایمان لائے، ہلاک نہ ہو بلکہ ہمیشہ کی زندگی پائے" (یوحنا 3:16)

محبت آفاقی کی مسیح یسوع – تعارف **.1**

تمام یہ بلکہ ،نہیں محدود تک طبقے یا ،نسل ،قوم خاص یسوع مسیح کی محبت **کسی ہے۔ لیے کے انسانیت**

ہر محبت یہ – ہے گیا کیا بیان کو دائرے عالمگیر کے محبت کی یوحنا 3:16 میں، **خدا کے۔ تفریق کسی بغیر ،ہے دستیاب لیے کے بچے اور ،عورت ،مرد ہے۔ دیتی ضمانت کی زندگی کی ہمیشہ اور نجات جو ہے دعوت بھری** یہ ایک **محبت**

1 تیمتھیس 2:4 میں لکھا ہے:
"جو چاہتا ہے کہ سب انسان نجات پائیں اور سچائی کو پہچانیں"۔

یہ آیت ظاہر کرتی ہے کہ:

1. **خدا کی محبت ہر انسان کے لیے دستیاب ہے۔**
2. **نجات کسی خاص گروہ کے لیے مخصوص نہیں بلکہ سب کے لیے ہے۔**
3. **یسوع مسیح کا مشن پوری دنیا کو نجات فراہم کرنا تھا۔**

Strong's Concordance میں "محبت" (Love) کا تجزیہ:

- **یونانی میں "***ἀγάπη***" (Agape – Strong's G26) یعنی "الٰہی، بے لوث، اور غیر مشروط محبت"۔**

پیغام آفاقی کا محبت کی خدا – **3:16** یوحنا **.2**

محبت – "رکھی محبت ایسی سے دنیا نے خدا کیونکہ" (1) دائرہ کا

:یہ الفاظ ظاہر کرتے ہیں کہ

- ہے۔ لیے کے دنیا پوری بلکہ نہیں محدود محبت یہ
- کے گناہگار ہر بلکہ ،نہیں لیے کے لوگوں نیک یا اچھے صرف محبت یہ ہے۔ بھی لیے

:ہے لکھا میں 5:8 رومیوں
مسیح تو ،تھے ہی گناہگار ہم جب کہ ہے کرتا ظاہر یوں پر ہم محبت اپنی خدا لیکن'' ''موا خاطر ہماری۔
Strong's Concordance میں "دنیا" (World) تجزیہ کا:

- **تمام" یعنی (Kosmos – Strong's G2889 "κόσμος" میں یونانی "دنیا پوری ،انسانیت۔**

عملی کا محبت – "دیا بخش بیٹا اکلوتا اپنا نے اس" (2) ثبوت

:یہ الفاظ ظاہر کرتے ہیں کہ

- **کو محبت اپنی نے خدا اور ،ہے ہوتی ظاہر میں عمل زیادہ سے الفاظ محبت کیا۔ ظاہر ذریعے کے یسوع**
- **بنی۔ ذریعہ کا نجات قربانی یہ**

:ہے لکھا میں 8:32 رومیوں
تو ،دیا دے اسے لیے کے سب ہمارے بلکہ ،بخشا نہ بھی کو بیٹے اپنے نے جس'' ''گا؟ بخشے نہ کیوں چیزیں سب اور ساتھ ہمارے وہ
Strong's Concordance میں "دیا بخش" (Gave) تجزیہ کا:

- کو کسی" یعنی (Didōmi – Strong's G1325) "δίδωμι" میں یونانی "کرنا پیش پر طور کے قربانی ،دینا تحفہ"۔

نجات – "ہو نہ ہلاک ،لائے ایمان پر اس کوئی جو تاکہ" (3) شرط کی

یہ الفاظ ظاہر کرتے ہیں کہ:

- ہے۔ مبنی پر ایمان بلکہ نہیں پر قابلیت یا اعمال کے کسی نجات
- ہے۔ جاتا بچ سے ہلاکت وہ ،ہے لاتا ایمان کوئی جو

اعمال 16:31 میں لکھا ہے:
"خداوند یسوع مسیح پر ایمان لا، تو تُو نجات پائے گا"۔
Strong's Concordance میں "ایمان لائے" (Believe) کا تجزیہ:

- پر کسی" یعنی (Pisteuō – Strong's G4100) "πιστεύω" میں یونانی "مکمل بھروسہ اور یقین رکھنا"۔

انعام کا محبت – "پائے زندگی کی ہمیشہ بلکہ" (4)

یہ الفاظ ظاہر کرتے ہیں کہ:

- ہے۔ دینا زندگی کی ہمیشہ ہمیں مقصد کا محبت کی یسوع
- ہے۔ ابدی بلکہ نہیں عارضی زندگی یہ

یوحنا 10:28 میں یسوع نے فرمایا:
"میں انہیں ہمیشہ کی زندگی دیتا ہوں، اور وہ کبھی ہلاک نہ ہوں گے"۔
Strong's Concordance میں "ہمیشہ کی زندگی" (Eternal Life) کا تجزیہ:

- یونانی میں "ζωὴ αἰώνιος" (Zōē Aiōnios – Strong's G2222, G166) یعنی "ایسی زندگی جو کبھی ختم نہ ہو"۔

اصول عملی کے محبت کی مسیح .3

آزاد سے تعصب - ہے لیے کے انسان ہر محبت (1)

:ہے لکھا میں 3:28 گلتیوں
مسیح سب تم کیونکہ ،عورت نہ مرد نہ ،آزاد نہ غلام نہ ،یونانی نہ ہے یہودی نہ'' ہو ایک میں یسوع''.

ہے کرتی تقاضا کا قربانی محبت (2)

:ہے لکھا میں 4:10 یوحنا 1
نے اس کہ ہے میں اس بلکہ ،رکھی محبت سے خدا نے ہم کہ نہیں میں اس محبت'' ہم سے محبت رکھی اور ہمارے گناہوں کے کفارہ کے لیے اپنے بیٹے کو بھیجا''.

ہے بنیاد کی نجات محبت (3)

:ہے لکھا میں 2:8-9 افسیوں
تمہاری یہ اور ،ہے ملی نجات سے وسیلہ کے ایمان ،سے ہی فضل تمہیں کیونکہ'' طرف سے نہیں ،یہ خدا کی بخشش ہے''.

جینا میں محبت کی مسیح - سبق عملی .4

چاہیے کرنی محبت مشروط غیر سے دوسروں ہمیں (1)

:فرمایا نے یسوع میں 6:35 لوقا
نہ امید کچھ سے کسی اور ،کرو بھلائی اور ،رکھو محبت سے دشمنوں اپنے'' رکھو''.

چاہیے پہنچانی تک دوسروں خوشخبری کی نجات ہمیں (2)

فرمایا نے یسوع میں 28:19 متی:
"بناؤ شاگرد کو قوموں سب اور جاؤ تم پس"-

بنانا مثال کی محبت کی مسیح کو زندگی اپنی ہمیں (3) چاہیے

ہے لکھا میں 3:18 یوحنا 1:
اور سے کام بلکہ ،کریں نہ محبت سے باتوں یا سے زبان محض ہم !بچو اے" ساتھ کے سچائی"-

---

معراج کی محبت آفاقی کی مسیح – نتیجہ .5

1. **کے تعصب کسی بغیر ،ہے لیے کے دنیا پوری محبت کی یسوع** (3:16 یوحنا)-
2. **دی ذریعے کے قربانی کی یسوع ہمیں نے خدا جو ،ہے لوٹ بے محبت یہ** (5:8 رومیوں)-
3. **ہے ذریعہ کا زندگی کی ہمیشہ اور نجات محبت یہ** (10:28 یوحنا)-
4. **پہنچانا تک دوسروں اور اپنانا میں زندگی اپنی کو محبت اس بھی ہمیں چاہیے** (28:19 متی)-

بات آخری:

ایمان کوئی جو اور ،ہے دعوت کھلی ایک یہ – ہے لیے کے سب محبت کی یسوع لائے، وہ ہمیشہ کی زندگی پائے گا!

نسلوں اور ،قوموں ،اقوام تمام محبت کی مسیح :ششم باب لیے کے
رکھنے تعلق سے زبان اور ،قبیلہ ،قوم ہر – **7:9** مکاشفہ) (گے پائیں نجات لوگ والے

،لوگ کے زبان اور امت اور قبیلہ اور قوم ہر ،دیکھو اور کی نگاہ نے میں بعد کے اس" ،لیے میں ہاتھ ڈالیاں کی کھجور اور پہنے لباس سفید ،سکا کر نہ کوئی شمار کا جن (7:9 مکاشفہ) **"تھے کھڑے سامنے کے برہ اور تخت**

محبت عالمگیر کی مسیح – تعارف **1.**

بلکہ ،نہیں محدود تک علاقے جغرافیائی یا ،نسل ،قوم مخصوص مسیح کی محبت **کسی ہے۔ لیے کے نسلوں اور ،اقوام ،لوگوں تمام یہ**
جو شخص وہ ہر اور ،ہے یکساں لیے کے دونوں قوموں غیر اور یہ محبت **یہودیوں ہے۔ حقدار کا نجات ،ہے لاتا ایمان**
ہر فضل کا اس اور ،آیا لیے کے سب بائبل میں بار بار یہ ذکر کیا گیا ہے کہ **مسیح ہے۔ دستیاب لیے کے قوم اور نسل**

:ہے لکھا میں 3:16 یوحنا
تاکہ ،دیا بخش بیٹا اکلوتا اپنا نے اس کہ رکھی محبت ایسی سے دنیا نے خدا کیونکہ" "۔پائے زندگی کی ہمیشہ بلکہ ہو نہ ہلاک ،لائے ایمان پر اس کوئی جو

:یہ آیت ظاہر کرتی ہے کہ

1. **دنیا پوری بلکہ نہیں مخصوص لیے کے گروہ خاص کسی محبت کی یسوع ہے۔ لیے کے**
2. **ہے۔ گیا دیا موقع کا نجات کو قبیلہ اور ،قوم ،نسل ہر**
3. **کے۔ تفریق کسی بغیر ،ہے کرتا شامل کو انسان ہر دائرہ کا محبت کی مسیح**

Strong's Concordance میں "دنیا" (World) :تجزیہ کا

- **تمام" یعنی (Kosmos – Strong's G2889) "κόσμος" میں یونانی "۔دنیا پوری ،انسانیت**

ثبوت بائبلی – لیے کے قوم اور نسل ہر محبت کی مسیح .2

وعدہ کا نجات لیے کے قوموں تمام (1)

ہے لکھا میں 10:34-35 اعمال:
"تب پطرس نے زبان کھول کر کہا: میں سچ جان گیا ہوں کہ خدا کسی کا طرفدار نہیں، بلکہ ہر قوم میں جو اس سے ڈرتا اور راستبازی کرتا ہے، وہ اس کو پسند آتا ہے"۔

یہ آیت ظاہر کرتی ہے کہ:

- **خدا کسی ایک قوم یا نسل کو برتر نہیں سمجھتا۔**
- **نجات کا دروازہ ہر اس شخص کے لیے کھلا ہے جو خدا سے ڈرتا اور اس پر ایمان رکھتا ہے۔**

Strong's Concordance میں "ہر قوم" (Every Nation) کا تجزیہ:

- **یونانی میں "πᾶς ἔθνος" (Pas Ethnos – Strong's G3956, G1484) یعنی "تمام اقوام اور قومیں"۔**

تمام زبانوں کے لوگ نجات پائیں گے (2)

مکاشفہ 7:9 میں لکھا ہے:
"ہر قوم اور قبیلہ اور امت اور زبان کے لوگ، جن کا شمار کوئی نہ کر سکا، سفید لباس پہنے اور کھجور کی ڈالیاں ہاتھ میں لیے، تخت اور برہ کے سامنے کھڑے تھے"۔

یہ آیت ظاہر کرتی ہے کہ:

- **نجات کسی خاص زبان یا ثقافت تک محدود نہیں۔**
- **ہر وہ شخص جو خدا پر ایمان رکھتا ہے، وہ اس کی بادشاہی میں شامل ہوگا۔**

Strong's Concordance میں "زبان" (Language) کا تجزیہ:

- مختلف" یعنی (Glōssa – Strong's G1100) "γλῶσσα" میں یونانی "زبانیں کی قوموں".

آیا لیے کے نسلوں تمام مسیح (3)

ہے لکھا میں 3:28 گلتیوں:
"نہ یہودی نہ ہے یونانی نہ ،غلام نہ آزاد نہ ،مرد نہ عورت کیونکہ تم سب مسیح یسوع میں ایک ہو".

یہ ظاہر کرتا ہے کہ:

- **مسیح نے ہر نسل اور قوم کے درمیان فرق کو مٹا دیا ہے۔**
- **اب نجات کسی خاص نسل ،طبقے ،یا جنس پر منحصر نہیں بلکہ ہر اس شخص کے لیے ہے جو ایمان لاتا ہے۔**

Strong's Concordance میں "ایک" (One) کا تجزیہ:

- **متحد پر طور کلی" یعنی (Heis – Strong's G1520) "εἷς" میں یونانی ہونا".**

---

3. اصول عملی کے محبت کی مسیح

پاک سے تعصب – ہے لیے کے سب محبت (1)

ہے لکھا میں 10:12 رومیوں:
"کیونکہ یہودی اور یونانی میں کوئی فرق نہیں ،ایک ہی خداوند سب کا ہے ،اور وہ ان سب پر مہربان ہے جو اسے پکارتے ہیں".

ہے بنیاد کی نجات محبت (2)

1 یوحنا 4:10 میں لکھا ہے:
"محبت اس میں نہیں کہ ہم نے خدا سے محبت رکھی، بلکہ اس میں ہے کہ اس نے ہم سے محبت رکھی اور ہمارے گناہوں کے کفارہ کے لیے اپنے بیٹے کو بھیجا"۔

خوشخبری کی نجات تک دوسروں ہمیں محبت (3) ہے دیتی حکم کا پہنچانے

متی 28:19 میں یسوع نے فرمایا:
"پس تم جاؤ اور سب قوموں کو شاگرد بناؤ"۔

---

4. عملی سبق - مسیح کی محبت میں جینا

(1) ہمیں تعصب سے پاک محبت کرنی چاہیے

یعقوب 2:9 میں لکھا ہے:
"لیکن اگر تم لوگوں میں طرفداری کرتے ہو، تو گناہ کرتے ہو"۔

(2) ہمیں دوسروں کو معاف کرنے اور محبت سے پیش آنے کی ضرورت ہے

کلسیوں 3:13 میں لکھا ہے:
"اگر کسی کو دوسرے کی شکایت ہو، تو ایک دوسرے کو برداشت کرو اور معاف کرو، جیسے خداوند نے تمہیں معاف کیا"۔

(3) ہمیں نجات کا پیغام پوری دنیا تک پہنچانا چاہیے

مرقس 16:15 میں لکھا ہے:
"پوری دنیا میں جاؤ اور سب مخلوقات کو خوشخبری دو"۔

5. معراج کی محبت آفاقی کی مسیح – نتیجہ

1. یوحنا) کے تفریق کسی بغیر ،ہے لیے کے انسانوں تمام محبت کی یسوع 3:16)-
2. -(7:9 مکاشفہ) ہے کرتی عبور کو حدود کی زبان یا ،قوم ،نسل محبت یہ
3. -(3:28 گلتیوں) ہے کرتی ختم کو تعصب ہر اور کرتی متحد ہمیں محبت یہ
4. کی نجات کو دوسروں اور گزارنی زندگی مطابق کے محبت اسی بھی ہمیں -(28:19 متی) چاہیے دینی خوشخبری

:بات آخری

ہمیں وہ اور – ہے لیے کے لوگوں کے زبان ہر اور ،نسل ہر ،قوم ہر محبت کی یسوع !کریں شامل میں اس کو دوسروں اور جئیں میں محبت اسی بھی ہم کہ ہے بلاتا

لائے ایمان جو لیے کے شخص اس ہر نجات :ششم باب بلکہ ہو نہ ہلاک ،لائے ایمان کوئی جو – 3:16 یوحنا) (پائے زندگی کی ہمیشہ

"تاکہ ،دیا بخش بیٹا اکلوتا اپنا نے اس کہ رکھی محبت ایسی سے دنیا نے خدا کیونکہ (3:16 یوحنا) "پائے زندگی کی ہمیشہ بلکہ ہو نہ ہلاک ،لائے ایمان پر اس کوئی جو

1. ہے دستیاب لیے کے سب نجات – تعارف

تک طبقے یا ،نسل ،قوم ایک کسی بائبل کی سب سے بڑی سچائی یہ ہے کہ نجات ہے۔ لاتا ایمان جو ہے لیے کے شخص اس ہر بلکہ نہیں محدود اور ،کی پیشکش کی نجات کو انسانوں یسوع مسیح نے اپنی قربانی کے ذریعے تمام ہے۔ ایمان شرط واحد لیے کے کرنے قبول کو نجات اس

:ہے لکھا میں 10:13 رومیوں
-''گا پائے نجات ،گا لے نام کا خداوند کوئی جو''

یہ آیت ظاہر کرتی ہے کہ:

1. کی ایمان صرف بلکہ نہیں رسوم یا شرائط مخصوص کوئی لیے کے نجات ہے۔ ضرورت
2. پس بھی کسی وہ چاہے ،ہے لیے کے انسان ہر جو ،ہے دعوت کھلی ایک یہ ہو۔ سے منظر
3. ہے۔ دستیاب پر ایک ہر فضل کا خدا اور ،ہے لیے کے سب قربانی کی مسیح

Strong's Concordance میں "کوئی جو" (Whoever) کا تجزیہ:

- کسی بغیر ،ایک ہر" یعنی (Pas – Strong's G3956) "πᾶς" میں یونانی کے استثناء"۔

دعوت آفاقی کی نجات – 3:16 یوحنا .2

بنیادی کی نجات ایمان – "لائے ایمان پر اس کوئی جو" (1) شرط

یہ الفاظ ظاہر کرتے ہیں کہ:

- بلکہ نہیں منحصر پر منظر پس یا ،مذہب ،قومیت کی کسی راستہ کا نجات ہے۔ پر ایمان
- قبول کو شخص اس ہر وہ کہ ہے ہوتا میں بات اس اظہار کا محبت کی خدا ہے۔ رکھتا ایمان پر یسوع جو ہے کرتا

اعمال 16:31 میں لکھا ہے:
"خداوند یسوع مسیح پر ایمان لا، تو تُو نجات پائے گا"۔
Strong's Concordance میں "لانا ایمان" (Believe) کا تجزیہ:

- پر کسی" یعنی (Pisteuō – Strong's G4100) "πιστεύω" میں یونانی مکمل بھروسہ اور یقین رکھنا"۔

ہے بچاتی سے ہلاکت اور موت نجات - "ہو نہ ہلاک" (2)

یہ الفاظ ظاہر کرتے ہیں کہ:

- ذریعے کے ایمان نجات یہ لیکن ،ہے چاہتا بچانا سے تباہی کو انسان ہر خدا ہے۔ ہوتی حاصل
- ،ہے لاتا ایمان جو لیکن ،ہے جاتا میں ہلاکت وہ ،ہے کرتا رد کو مسیح جو وہ ہے۔ پاتا زندگی کی ہمیشہ وہ

2 پطرس 3:9 میں لکھا ہے:
''خداوند دیر نہیں کرتا... بلکہ وہ چاہتا ہے کہ سب کو توبہ کی فرصت ملے''۔
Strong's Concordance میں "ہونا ہلاک" (Perish) کا تجزیہ:

- یونانی میں "ἀπόλλυμι" (Apollumi – Strong's G622) یعنی "تباہ ہو جانا، ہمیشہ کے لیے کھو جانا"۔

بڑا سے سب کا نجات - "پائے زندگی کی ہمیشہ بلکہ" (3) انعام

یہ الفاظ ظاہر کرتے ہیں کہ:

- یسوع پر ایمان رکھنے کا سب سے بڑا فائدہ ہمیشہ کی زندگی ہے۔
- خدا بلکہ نہیں منحصر پر اعمال کے انسان کسی یہ اور ،ہے ابدی زندگی یہ ہے۔ مبنی پر فضل کے

یوحنا 10:28 میں یسوع نے فرمایا:
''میں انہیں ہمیشہ کی زندگی دیتا ہوں، اور وہ کبھی ہلاک نہ ہوں گے''۔
Strong's Concordance میں "ہمیشہ کی زندگی" (Eternal Life) کا تجزیہ:

- یونانی میں "ζωὴ αἰώνιος" (Zōē Aiōnios – Strong's G2222, G166) یعنی "ایسی زندگی جو کبھی ختم نہ ہو"۔

ہے لیے کے سب نجات کہ ثبوت بائبلی .3

ہے یکساں لیے کے قوموں غیر اور یہودیوں نجات (1)

ہے لکھا میں 1:16 رومیوں:
لیے کے والے لانے ایمان ہر یہ کیونکہ ،نہیں شرماتا سے خوشخبری میں کیونکہ" قدرت کی خدا ہے، پہلے یہودی کے لیے، پھر یونانی کے لیے"۔

یہ آیت ظاہر کرتی ہے کہ:

- **مخصوص۔ لیے کے قوم ایک کسی کہ نہ ،ہے دستیاب لیے کے سب نجات**
- **ہیں۔ سکتے ہو شامل میں بادشاہی کی خدا دونوں قومیں غیر اور یہودی**

Strong's Concordance میں "ہر ایمان لانے والا" (Everyone Who Believes) کا تجزیہ:

- **میں یونانی "πᾶς ὁ πιστεύων" (Pas Ho Pisteuōn – Strong's G3956, G4100) یعنی "ہر وہ شخص جو ایمان رکھتا ہے"۔**

ہے پر فضل کے خدا بلکہ نہیں پر نیکی کی کسی نجات (2)

ہے لکھا میں 2:8-9 افسیوں:
تمہاری یہ اور ،ہے ملی نجات سے وسیلہ کے ایمان ،سے ہی فضل تمہیں کیونکہ" نہ فخر کوئی تاکہ ،سے سبب کے اعمال نہ ،ہے بخشش کی خدا یہ ،نہیں سے طرف کرے"۔

یہ آیت ظاہر کرتی ہے کہ:

- **ہے۔ منحصر پر فضل کے خدا بلکہ نہیں پر اعمال کے کسی نجات**
- **ذریعے کے ایمان صرف اسے اور ،ہے جاتا دیا مفت جو ،ہے تحفہ ایک یہ ہے۔ سکتا جا کیا قبول**

Strong's Concordance میں "فضل" (Grace) کا تجزیہ:

- لوٹ ہے" یعنی (Charis – Strong's G5485) "χάρις" میں یونانی
  محبت، غیر مشروط تحفہ"۔

اصول عملی کے محبت کی مسیح .4

ہر شخص کو نجات کی پیشکش قبول کرنی چاہیے (1)

اعمال 4:12 میں لکھا ہے:
"اور کسی دوسرے میں نجات نہیں، کیونکہ آسمان کے نیچے انسانوں کو کوئی
دوسرا نام نہیں دیا گیا جس کے وسیلہ سے ہم نجات پا سکیں"۔

ہمیں دوسروں کو نجات کی خوشخبری پہنچانی چاہیے (2)

مرقس 16:15 میں لکھا ہے:
"پوری دنیا میں جاؤ اور سب مخلوقات کو خوشخبری دو"۔

ہمیں ایمان میں قائم رہنا چاہیے (3)

عبرانیوں 10:23 میں لکھا ہے:
"آؤ، ہم اپنے امید کے اقرار کو مضبوطی سے تھامے رکھیں، کیونکہ وہ جس نے
وعدہ کیا ہے، سچا ہے"۔

نتیجہ – مسیح کی محبت کی معراج .5

1. نجات ہر اس شخص کے لیے دستیاب ہے جو ایمان لائے (یوحنا 3:16)۔
2. یہودیوں اور غیر قوموں میں کوئی فرق نہیں، نجات سب کے لیے ہے (رومیوں 1:16)۔
3. نجات خدا کے فضل کا تحفہ ہے، نہ کہ اعمال کا نتیجہ (افسیوں 2:8-9)۔
4. ہمیں بھی دوسروں تک نجات کا پیغام پہنچانا چاہیے (مرقس 16:15)۔

بات آخری:

یسوع کی محبت سب کے لیے ہے – اور نجات کا دروازہ کھلا ہے، بس شرط یہ ہے کہ جو کوئی ایمان لائے، وہ ہمیشہ کی زندگی پائے گا!

باب ششم: اس کی محبت یہودیوں اور غیر قوموں کے لیے یکساں ہے

(گلتیوں **3:28** – مسیح میں سب برابر ہیں)

"نہ یہودی ہے نہ یونانی، نہ غلام نہ آزاد، نہ مرد نہ عورت، کیونکہ تم سب مسیح یسوع میں ایک ہو" (گلتیوں 3:28)

تعارف – مسیح کی عالمگیر محبت **.1**

یسوع مسیح کی محبت کسی ایک قوم، نسل، یا ثقافت کے لیے مخصوص نہیں، بلکہ یہودیوں اور غیر قوموں دونوں کے لیے ہے۔
عہد نامے میں نجات زیادہ تر بنی اسرائیل کے دائرے میں دیکھی جاتی ہے، پرانے
لیکن نیا عہد نامہ واضح کرتا ہے کہ مسیح تمام قوموں کے لیے آیا۔
گلتیوں 3:28 ایک زبردست حقیقت کو ظاہر کرتا ہے کہ **مسیح میں سب برابر ہیں، اور**
نجات ہر اس شخص کے لیے دستیاب ہے جو ایمان لائے، چاہے وہ یہودی ہو یا غیر
قوم کا فرد۔

رومیوں 10:12 میں لکھا ہے:
"کیونکہ یہودی اور یونانی میں کوئی فرق نہیں، ایک ہی خداوند سب کا ہے، اور وہ ان سب پر مہربان ہے جو اسے پکارتے ہیں۔"

یہ آیت ظاہر کرتی ہے کہ:

1. **نجات کسی ایک قوم کے لیے مخصوص نہیں بلکہ ہر ایک کے لیے ہے۔**
2. **یہودی اور غیر قومیں دونوں خدا کے فضل میں شامل ہیں۔**
3. **خدا کی بادشاہی میں کوئی تعصب نہیں، بلکہ ہر ایمان لانے والا برابر ہے۔**

Strong's Concordance میں "برابر ہونا" (One in Christ) کا تجزیہ:

- یعنی "εἷς ἐστε" (Heis Este – Strong's G1520, G2075) میں یونانی "یکسانیت مکمل ،ہونا متحد پر طور کلی"-

---

2. دائرہ عالمگیر کا نجات – 3:28 گلتیوں

تفریق کی قومیت اور نسل – "یونانی نہ ہے یہودی نہ" (1) ختم

:یہ الفاظ ظاہر کرتے ہیں کہ

- میں مسیح لیکن ،تھے سمجھتے برتر سے قوموں غیر کو خود یہودی پہلے گئی۔ ہو ختم تفریق یہ
- ہیں۔ چکے کھل لیے کے دونوں قوموں غیر اور یہودیوں دروازے کے نجات

:ہے لکھتا پولس میں 3:29 رومیوں
"کیا خدا صرف یہودیوں کا ؟ ہے کیا وہ غیر قوموں کا بھی خدا ؟نہیں ہاں، غیر قوموں کا بھی"-
:تجزیہ کا (Greek) "قوم غیر" اور (Jew) "یہودی" میں Strong's Concordance

- ،یہودی" یعنی (Ioudaios – Strong's G2453) "Ἰουδαῖος" میں یونانی "فرد کا اسرائیل بنی"-
- یا یونانی" یعنی (Hellēn – Strong's G1672) "Ἕλλην" میں یونانی "قوم غیر بھی کوئی"-

---

ختم تفریق سماجی – "آزاد نہ غلام نہ" (2)

:یہ الفاظ ظاہر کرتے ہیں کہ

- برابر دونوں آزاد اور غلام – نہیں فرق کوئی کا حیثیت سماجی میں مسیح ہیں۔
- ہے۔ پر ایمان بلکہ نہیں پر رتبے سماجی یا ،مقام ،دولت انحصار کا نجات

1 کرنتھیوں 12:13 میں لکھا ہے:
"کیونکہ ہم سب نے ایک ہی روح کے وسیلہ سے ایک بدن میں بپتسمہ لیا، خواہ یہودی ہوں خواہ یونانی، خواہ غلام ہوں خواہ آزاد"۔
Strong's Concordance میں "غلام" (Slave) اور "آزاد" (Free) کا تجزیہ:

- **یونانی میں "δοῦλος" (Doulos – Strong's G1401) یعنی "غلام، نوکر، ماتحت"۔**
- **یونانی میں "ἐλεύθερος" (Eleutheros – Strong's G1658) یعنی "آزاد، خودمختار"۔**

---

(3) "نہ مرد نہ عورت" – جنس کی تفریق ختم

یہ الفاظ ظاہر کرتے ہیں کہ:

- **پرانے وقتوں میں مردوں کو زیادہ اہمیت دی جاتی تھی، لیکن مسیح میں مرد اور عورت برابر ہیں۔**
- **نجات کا تعلق جنس سے نہیں بلکہ ایمان سے ہے۔**

اعمال 2:17 میں لکھا ہے:
"خدا فرماتا ہے کہ آخری دنوں میں، میں اپنی روح تمام بشر پر نازل کروں گا، تمہارے بیٹے اور تمہاری بیٹیاں نبوت کریں گی"۔
Strong's Concordance میں "مرد" (Male) اور "عورت" (Female) کا تجزیہ:

- **یونانی میں "ἄρσεν" (Arsen – Strong's G730) یعنی "مرد، مذکر"۔**
- **یونانی میں "θῆλυς" (Thēlys – Strong's G2338) یعنی "عورت، مؤنث"۔**

ہے لیے کے قوم ہر محبت کی مسیح کہ ثبوت بائبلی 3.

ہے لیے کے اقوام تمام نجات کی مسیح (1)

ہے لکھا میں 7:9 مکاشفہ:
سفید ،سکا کر نہ کوئی شمار کا جن ،لوگ کے زبان اور امت اور قبیلہ اور قوم ہر" "تھے کھڑے سامنے کے برہ اور تخت ،پہنے لباس.

ہے ضروری دینا پیغام کا نجات کو قوموں تمام (2)

فرمایا نے یسوع میں 28:19 متی:
"بناؤ شاگرد کو قوموں سب اور جاؤ تم پس".

ہے دستیاب رحمت اور فضل لیے کے سب (3)

ہے لکھا میں 2:11 طیطس:
"ہے ہوا ظاہر لیے کے نجات کی انسانوں تمام فضل کا خدا کیونکہ".

اصول عملی کے محبت کی مسیح 4.

کرنی محبت بغیر کے تعصب ساتھ کے دوسروں ہمیں (1) چاہیے

ہے لکھا میں 2:9 یعقوب:
"ہو کرتے گناہ تو ،ہو کرتے طرفداری میں لوگوں تم اگر لیکن".

چاہیے پہنچانا تک قوموں تمام کو پیغام کے نجات ہمیں (2)

ہے لکھا میں 16:15 مرقس:
"دو خوشخبری کو مخلوقات سب اور جاؤ میں دنیا پوری".

چاہیے کرنا سلوک یکساں ساتھ کے سب ہمیں (3)

ہے لکھا میں 2:11 رومیوں:
"کیونکہ خدا طرفداری نہیں کرتا"-

---

5. معراج کی محبت عالمگیر کی مسیح – نتیجہ

1. **یسوع کی محبت یہودیوں اور غیر قوموں دونوں کے لیے ہے، بغیر کسی تفریق کے** (گلتیوں 3:28)-
2. **نجات کا انحصار نسل، قوم، یا جنس پر نہیں بلکہ ایمان پر ہے** (رومیوں 10:12)-
3. **خدا کی بادشاہی میں تمام قومیں شامل ہوں گی، اور کوئی بھی مسترد نہیں ہوگا** (مکاشفہ 7:9)-
4. **ہمیں بھی اسی محبت کے مطابق زندگی گزارنی اور دوسروں تک نجات کی خوشخبری پہنچانی چاہیے** (متی 28:19)-

بات آخری:

یسوع کی محبت کسی ایک قوم یا نسل کے لیے محدود نہیں – وہ تمام انسانوں کو بلا رہا ہے، اور جو کوئی ایمان لائے، وہ ہمیشہ کی زندگی پائے گا!

باب ششم: مسیح کی محبت قومی اور نسلی حدود سے بالاتر

مسیح کی محبت عالمگیر تبلیغ – متی (28:19-20)

"پس تم جاؤ اور سب قوموں کو شاگرد بناؤ، اور انہیں باپ اور بیٹے اور روح القدس کے نام سے بپتسمہ دو، اور انہیں یہ سکھاؤ کہ ان سب باتوں پر عمل کریں جن کا میں نے تمہیں حکم دیا ہے، اور دیکھو، میں دنیا کے آخر تک تمہارے ساتھ ہوں" (متی 28:19-20)

لیے کے اقوام تمام محبت کی مسیح – تعارف .1

بلکہ ،نہیں محدود لیے کے ثقافت مخصوص یا ،نسل ،قوم ایک مسیح کی محبت کسی
ہے۔ لیے کے انسان ہر
سے دونوں قوموں غیر اور یسوع مسیح نے اپنی زمینی خدمت کے دوران یہودیوں
ہے۔ لیے کے قوموں تمام نجات کہ کیا واضح میں تعلیمات اپنی اور ،کی ظاہر محبت
اس کے مسیح (The Great Commission) "تبلیغ عظیم" میں 28:19-20 متی
وہ کہ دیا حکم کو شاگردوں اپنے نے اس میں جس ،ہے کرتی بیان کو مشن عالمگیر
پہنچائیں۔ پیغام کا نجات اور محبت کی اس میں دنیا پوری

ہے لکھا میں 10:12 رومیوں:
"کیونکہ یہودی اور یونانی میں کوئی فرق نہیں، ایک ہی خداوند سب کا ہے، اور وہ
ان سب پر مہربان ہے جو اسے پکارتے ہیں"۔

یہ آیت ظاہر کرتی ہے کہ:

1. یسوع کی محبت کسی خاص نسل، ملک، یا ثقافت تک محدود نہیں۔
2. نجات ہر اس شخص کے لیے دستیاب ہے جو ایمان لائے، چاہے وہ کسی بھی قوم سے ہو۔
3. مسیحی مشنری کا کام مقصد تمام قوموں تک مسیح کی محبت کو پہنچانا ہے۔

Strong's Concordance میں "سب قوموں" (All Nations) کا تجزیہ:

- یونانی میں "πάντα τὰ ἔθνη" (Panta Ta Ethnē – Strong's G3956, G1484) یعنی "تمام اقوام، پوری دنیا کی نسلیں"۔

---

2. متی 28:19-20 – نجات کا عالمگیر حکم

(1) "پس تم جاؤ" – محبت کا عملی اظہار

یہ الفاظ ظاہر کرتے ہیں کہ:

- یسوع کا حکم فعال ہے، یعنی شاگردوں کو دنیا میں جانا اور اس کے پیغام کو پھیلانا چاہیے۔

- ایک صرف کہ نہ ،ہے عمل لازمی ایک کا پہنچانے تک دوسروں محبت یہ نظریہ۔

ہیں لکھتے رسول پولس میں 1:16 رومیوں:
"کیونکہ میں خوشخبری سے شرماتا نہیں، کیونکہ یہ ہر ایمان لانے والے کے لیے خدا کی قدرت ہے، پہلے یہودی کے لیے، پھر یونانی کے لیے"۔
Strong's Concordance میں "جاؤ" (Go) کا تجزیہ:

- **یونانی میں "πορευθέντες" (Poreuthentes – Strong's G4198) یعنی "حرکت میں آنا، کسی مشن پر جانا"۔**

لیے کے اقوام تمام – "بناؤ شاگرد کو قوموں سب" (2) تعلیم اور محبت

یہ الفاظ ظاہر کرتے ہیں کہ:

- **یسوع کے پیغام کو ہر قوم، نسل، اور زبان کے لوگوں تک پہنچانے کی ضرورت ہے۔**
- **شاگرد بنانا محض تبلیغ نہیں، بلکہ لوگوں کو یسوع کی تعلیمات میں تربیت دینا ہے۔**

مکاشفہ 7:9 میں لکھا ہے:
"ہر قوم اور قبیلہ اور امت اور زبان کے لوگ، جن کا شمار کوئی نہ کر سکا، سفید لباس پہنے، تخت اور برہ کے سامنے کھڑے تھے"۔
Strong's Concordance میں "شاگرد بنانا" (Make Disciples) کا تجزیہ:

- **یونانی میں "μαθητεύσατε" (Mathēteusate – Strong's G3100) یعنی "کسی کو سکھانا، مستقل تربیت دینا"۔**

سے نام کے القدس روح اور بیٹے اور باپ انہیں اور" (3) اظہار ظاہری کا ایمان - "دو بپتسمہ

:یہ الفاظ ظاہر کرتے ہیں کہ

- ان جو ہے قدم علامتی ایک لیے کے والوں رکھنے ایمان پر مسیح بپتسمہ ہے۔ کرتا ظاہر کو عقیدے اور عہد کے
- ہے۔ اظہار عملی ایک کا گواہی کی نجات بلکہ نہیں ذریعہ کا نجات یہ

:فرمایا نے رسول پطرس میں 2:38 اعمال
گناہوں تاکہ لے بپتسمہ سے نام کے مسیح یسوع ایک ہر سے میں تم اور ،کرو توبہ"
۔"ہو معافی کی
:تجزیہ کا (Baptize) "بپتسمہ" میں Strong's Concordance

- **میں پانی" یعنی (Baptizō – Strong's G907) "βαπτίζω" میں یونانی**
  ۔"علامت کی شناخت روحانی ،دینا غوطہ

جن کریں عمل پر باتوں سب ان کہ سکھاؤ یہ انہیں اور" (4) تربیت روحانی - "دیا حکم تمہیں نے میں کا

:یہ الفاظ ظاہر کرتے ہیں کہ

- **،سکھانے بلکہ نہیں محدود تک سنانے خوشخبری صرف محبت کی مسیح**
  ہے۔ ہوئی پھیلی تک کرنے عمل اور ،سیکھنے
- **پر راستے کے اس بھی کو دوسروں وہ کہ چاہیے کو شاگردوں کے یسوع**
  دیں۔ تربیت کی چلنے

:ہے لکھتا پولس میں 2:2 تیمتھیس 2
کے آدمیوں ایماندار وہ ،سنا سامنے کے گواہوں سے بہت سے مجھ نے تُو کچھ جو"
۔"ہوں قابل کے سکھانے بھی کو اوروں جو ،کر سپرد
:تجزیہ کا (Teach) "سکھاؤ" میں Strong's Concordance

- اور علم" یعنی (Didaskō – Strong's G1321) "διδάσκω" میں یونانی "سکھانا سے تفصیل ،دینا حکمت".

---

3. اصول عملی کے محبت کی مسیح

(1) تعصب ہمیں ،ہے لیے کے قوموں سب محبت کی مسیح چاہیے ہونا پاک سے

رومیوں 2:11 میں لکھا ہے:
"کیونکہ خدا طرفداری نہیں کرتا".

(2) حکم کا پھیلانے میں دنیا پوری کو خوشخبری کی نجات ہے

مرقس 16:15 میں لکھا ہے:
"پوری دنیا میں جاؤ اور سب مخلوقات کو خوشخبری دو".

(3) کو دوسروں اور سکھانے کو تعلیمات کی یسوع ہمیں چاہیے ہونا تیار لیے کے بنانے شاگرد

افسیوں 4:11-12 میں لکھا ہے:
"اس نے بعض کو رسول ،بعض کو نبی ،بعض کو مبشر ،بعض کو چرواہے اور استاد بنایا تاکہ مقدسوں کو خدمت کے کام کے لیے تیار کرے".

جینا میں محبت کی مسیح – سبق عملی .4

چاہیے پہنچانا تک دنیا پوری کو پیغام کے نجات ہمیں (1)

:ہے لکھا میں 10:14 رومیوں
وہ اور سنی؟ نہیں ہی خبر نے انہوں کی جس لائیں ایمان پر اس کیسے وہ پس''
-''ہو؟ نہ والا سنانے انہیں کوئی تک جب سنیں کیسے

احترام اور محبت ساتھ کے اقوام اور نسلوں تمام ہمیں (2)
چاہیے آنا پیش سے

:ہے لکھا میں 2:1 یعقوب
،ہو رکھتے ایمان پر مسیح یسوع ،مالک کے جلال خداوند ہمارے تم !بھائیو میرے''
-''کرو نہ طرفداری میں لوگوں تو

معراج کی محبت عالمگیر کی مسیح – نتیجہ .5

1. **گلتیوں) ہے لیے کے لوگوں کے زبان اور ،نسل ،قوم ہر محبت کی یسوع** 3:28)-
2. **ہے دیتی حکم کا سنانے خوشخبری کی نجات کو دوسروں ہمیں محبت یہ** (28:19-20 متی)-
3. **(16:15 مرقس) ہے پر ہم داری ذمہ کی پھیلانے میں دنیا پوری پیغام کا نجات**-

:بات آخری

لیے کے دنیا پوری یہ – نہیں محدود تک نسل یا ،قوم ،سرحد کسی محبت کی یسوع
!چاہیے رہنا تیار لیے کے بانٹنے میں دنیا کو محبت اس بھی ہمیں اور ،ہے

بالاتر سے حدود نسلی اور قومی محبت کی مسیح :ششم باب نسلی ذریعے کے محبت آفاقی کی مسیح نے کلیسیا ابتدائی) (10:34-35 اعمال – کیا ختم کو تفریق قومی اور

"نہیں طرفدار کا کسی خدا کہ ہوں گیا جان سچ میں :کہا کر کھول زبان نے پطرس تب، بلکہ ہر قوم میں جو اس سے ڈرتا اور راستبازی کرتا ہے، وہ اس کو پسند آتا ہے"
(10:34-35 اعمال)

---

1. کردار کا کلیسیا اور محبت عالمگیر کی مسیح – تعارف

بلکہ نہیں مخصوص لیے کے ثقافت یا ،نسل ،قوم خاص یسوع مسیح کی محبت کسی ہے۔ لیے کے انسانوں تمام
غیر یہودی اور ،تھا فاصلہ پہلی صدی میں، یہودیوں اور غیر قوموں کے درمیان بڑا تھے۔ سمجھتے ناپاک کو قوموں
نے شاگردوں کے اس اور ،دیا توڑ کو دیواروں ان سے محبت اپنی نے لیکن مسیح پھیلایا۔ میں بھر دنیا کو محبت اس
کے نسل اور قوم ہر خدا کہ ہے کرتا اعتراف رسول پطرس ،میں 10:34-35 اعمال چلیں۔ میں راستبازی اور رکھیں ایمان پر اس وہ بشرطیکہ ،ہے کرتا قبول کو لوگوں

رومیوں 10:12 میں لکھا ہے:
"کیونکہ یہودی اور یونانی میں کوئی فرق نہیں، ایک ہی خداوند سب کا ہے، اور وہ ان سب پر مہربان ہے جو اسے پکارتے ہیں"۔

یہ آیت ظاہر کرتی ہے کہ:

1. **نجات سب کے لیے ہے، چاہے وہ یہودی ہو یا غیر قوم سے تعلق رکھتا ہو۔**
2. **مسیحی کلیسیا کا مشن تمام قوموں تک مسیح کی محبت کو پہنچانا ہے۔**
3. **مسیح میں ہر نسل اور قوم کے لوگ برابر ہیں، کیونکہ وہ سب خدا کی صورت پر بنائے گئے ہیں۔**

Strong's Concordance میں "کسی کا طرفدار نہیں" (No Partiality) کا تجزیہ:

- **یونانی میں "προσωπολήπτης" (Prosōpolēptēs – Strong's G4381) یعنی "کسی کی نسل، قوم، یا حیثیت کے مطابق ترجیح دینا"۔**

---

2. اعمال 10:34-35 – خدا کی محبت تمام قوموں کے لیے

(1) "میں سچ جان گیا ہوں کہ خدا کسی کا طرفدار نہیں" – مساوات و عدل

یہ الفاظ ظاہر کرتے ہیں کہ:

- خدا کسی نسل یا قوم کی بنیاد پر برتر نہیں سمجھتا۔
- یہودی اور غیر قومیں دونوں برابر ہیں، اور خدا کا فضل سب کے لیے ہے۔

رومیوں 2:11 میں لکھا ہے:
"کیونکہ خدا طرفداری نہیں کرتا"۔

"سچ جان گیا ہوں" (Truly Understand) کا Strong's Concordance میں تجزیہ:

- **یونانی میں "καταλαμβάνομαι" (Katalambanomai – Strong's G2638) یعنی "کسی حقیقت کو مکمل طور پر سمجھ لینا"۔**

---

(2) "ہر قوم میں جو اس سے ڈرتا اور راستبازی کرتا ہے، وہ اس کو پسند آتا ہے" – ایمان اور راستبازی کی بنیاد

یہ الفاظ ظاہر کرتے ہیں کہ:

- نجات نسل پر نہیں بلکہ ایمان اور راستبازی پر مبنی ہے۔
- خدا ہر اس شخص کو قبول کرتا ہے جو اس کے راستے پر چلتا ہے، چاہے وہ کسی بھی قوم سے ہو۔

مکاشفہ 7:9 میں لکھا ہے:
"ہر قوم اور قبیلہ اور امت اور زبان کے لوگ، جن کا شمار کوئی نہ کر سکا، سفید لباس پہنے، تخت اور برہ کے سامنے کھڑے تھے"۔

Strong's Concordance میں "راستبازی" (Righteousness) کا تجزیہ:

- یونانی میں "δικαιοσύνη" (Dikaiosynē – Strong's G1343) یعنی "راستی، خدا کی مرضی کے مطابق جینا"۔

---

3. پطرس کا کرنیلیس کے گھر جانا – مسیح کی محبت کا عملی اظہار

(1) یہودیوں اور غیر قوموں کے درمیان دیواروں کا ٹوٹنا

اعمال 10:28 میں پطرس نے کہا:
"تم خود جانتے ہو کہ یہودی کو کسی غیر قوم کے ساتھ میل جول رکھنا یا اس کے ہاں جانا ناجائز ہے، لیکن خدا نے مجھے دکھایا کہ میں کسی انسان کو ناپاک یا حرام نہ کہوں"۔

یہ آیت ظاہر کرتی ہے کہ:

- **یہودی غیر قوموں کو ناپاک سمجھتے تھے، لیکن مسیح نے اس تفریق کو ختم کر دیا۔**
- **پطرس کو خدا نے سکھایا کہ نجات سب کے لیے ہے، نہ کہ کسی خاص قوم کے لیے۔**

Strong's Concordance میں "ناپاک" (Unclean) کا تجزیہ:

- یونانی میں "κοινός" (Koinos – Strong's G2839) یعنی "وہ جسے مذہبی لحاظ سے کمتر سمجھا جائے"۔

---

(2) کرنیلیس اور اس کے خاندان کا نجات پانا

اعمال 10:44-45 میں لکھا ہے:
"جب پطرس یہ باتیں کر رہا تھا، تو روح القدس ان سب پر نازل ہوا جو کلام سن رہے

القدس روح کہ ہوئے حیران ،تھے سے میں یہودیوں جو دار ایمان سب وہ اور تھے۔ کی بخشش غیر قوموں پر بھی نازل ہوئی"۔

یہ آیت ظاہر کرتی ہے کہ:

- روح القدس یہودیوں اور غیر قوموں دونوں کو دیا گیا، کیونکہ خدا کی بادشاہی میں کوئی تفریق نہیں۔
- یہ ایک علامت تھی کہ مسیح کی محبت تمام قوموں کے لیے ہے، نہ کہ صرف بنی اسرائیل کے لیے۔

Strong's Concordance میں "روح القدس" (Holy Spirit) کا تجزیہ:

- **یونانی میں "πνεῦμα ἅγιον" (Pneuma Hagion – Strong's G4151, G40) یعنی "خدا کی مقدس اور پاکیزہ روح"۔**

---

4. مسیح کی محبت کے عملی اصول

(1) ہمیں نسل اور قومیت کی تفریق کے بغیر دوسروں سے محبت کرنی چاہیے

یعقوب 2:9 میں لکھا ہے:
"لیکن اگر تم لوگوں میں طرفداری کرتے ہو، تو گناہ کرتے ہو"۔

(2) ہمیں نجات کی خوشخبری سب قوموں تک پہنچانی چاہیے

مرقس 16:15 میں لکھا ہے:
"پوری دنیا میں جاؤ اور سب مخلوقات کو خوشخبری دو"۔

چاہیے کرنا سلوک یکساں ساتھ کے دوسروں ہمیں (3)

ہے لکھا میں 3:28 گلتیوں:
"نہ یہودی نہ ہے یونانی نہ ،غلام نہ آزاد نہ ،مرد نہ عورت ،کیونکہ تم سب مسیح یسوع میں ایک ہو"۔

---

5. نتیجہ – مسیح کی محبت کی معراج

1. یسوع کی محبت قومی اور نسلی حدود سے بالاتر ہے (اعمال 10:34-35)۔
2. یہ محبت یہودیوں اور غیر قوموں دونوں کے لیے یکساں ہے (رومیوں 10:12)۔
3. ابتدائی کلیسیا نے اس محبت کو قبول کیا اور تمام قوموں میں پھیلایا (مکاشفہ 7:9)۔
4. ہمیں بھی اسی محبت کے مطابق زندگی گزارنی اور دوسروں کو نجات کی خوشخبری دینی چاہیے (مرقس 16:15)۔

آخری بات:

یسوع کی محبت تمام قوموں کے لیے ہے – اس محبت کو محدود نہ کریں، بلکہ اسے دوسروں تک پہنچائیں!

07 باب

بدن ایک میں مسیح بطور کلیسیا :ششم باب

(ہے بدن ایک میں مسیح ،کلیسیا – 13-12:12 کرنتھیوں 1)

سب کے بدن اور ،ہیں اعضا سے بہت کے اس اور ہے ایک بدن طرح جس کیونکہ" کیونکہ ہے۔ بھی مسیح طرح اسی ،ہیں بدن ہی ایک کے ہونے سے بہت باوجود اعضا ہوں یہودی خواہ ،لیا بپتسمہ میں بدن ایک سے وسیلہ کے روح ہی ایک نے سب ہم 1) "گئی پلائی روح ہی ایک کو سب ہم اور ،آزاد خواہ ہوں غلام خواہ ،یونانی خواہ 13-12:12 کرنتھیوں)

میں مسیح وحدت کی کلیسیا – تعارف .1

ہے۔ بدن جاگتا جیتا ایک میں مسیح بلکہ نہیں گروہ یا تنظیم ایک کلیسیا **محض اعضا مختلف کے بدن کے اس ایماندار تمام اور ،ہے سربراہ کا** یسوع مسیح **کلیسیا ہیں۔**

مسیح کر مل سب اور ،ہے رکھتا مقام خاص ایک ایماندار بائبل ہمیں سکھاتی ہے کہ ہر **ہیں۔ کرتے کام لیے کے جلال کے**

پر اعضا مختلف بدن انسانی جیسے کہ ہے دلاتا یاد ہمیں 13-12:12 کرنتھیوں 1 ہے۔ کردار اور مقام خاص ایک کا فرد ہر میں کلیسیا ہی ویسے ،ہے ہوتا مشتمل

:ہے لکھا میں 4:4-6 افسیوں
،ہو گئے بلائے لیے کے امید ہی ایک تم جیسے ،ہے روح ہی ایک اور بدن ہی ایک" سب جو ،باپ کا سب اور خدا ہی ایک ،بپتسمہ ہی ایک ،ایمان ہی ایک ،خداوند ہی ایک ."ہے اندر کے سب اور درمیان کے سب اور اوپر کے

:یہ آیت ظاہر کرتی ہے کہ

1. **ہیں۔ ایک میں مسیح ایماندار تمام کے کلیسیا**
2. **میں روح ایک سب بلکہ ،ہے نہیں تفریق یا فرق کوئی میں بدن کے مسیح ہیں۔ متحد**
3. **ہے۔ اہم کردار کا ایک ہر اور ،ہے گئی دی حیثیت برابر کو سب میں مسیح**

Strong's Concordance میں "بدن ایک" (One Body) تجزیہ کا:

- **میں یونانی "ἓν σῶμα" (Hen Sōma – Strong's G1520, G4983) ."اتحاد الٰہی ایک کا ایمانداروں تمام ،جسم متحد ایک" یعنی**

---

2. وضاحت کی 12:12-13 کرنتھیوں 1 – وحدت کی کلیسیا

سے بہت کے اس اور ہے ایک بدن طرح جس کیونکہ" (1) متحد مگر متنوع – "ہیں اعضا

:یہ الفاظ ظاہر کرتے ہیں کہ

- **کے کلیسیا طرح اسی ،ہیں کرتے کام ساتھ ایک اعضا تمام کے جسم جیسے ہیں۔ کرتے انحصار پر دوسرے ایک ایماندار تمام**
- **بادشاہی کی خدا کر مل سب لیکن ،ہے خدمت اور مقام منفرد اپنا کا فرد ہر ہیں۔ کرتے کام میں**

:ہے لکھا میں 12:4-5 رومیوں
کا اعضا سب اور ہیں ہوتے اعضا سے بہت میں بدن ایک ہمارے طرح جس کیونکہ" ،ہیں بدن ایک میں مسیح ،ہیں سے بہت جو بھی ہم طرح اسی ،نہیں کام سا ہی ایک ."اعضا کے دوسرے ایک میں آپس اور
Strong's Concordance میں "اعضا" (Members) تجزیہ کا:

- مختلف کے جسم" یعنی (Melē – Strong's G3196) "μέλη" میں یونانی
  "افراد کے کلیسیا ،حصے".

ایک سے وسیلہ کے روح ہی ایک نے سب ہم کیونکہ" (2) اتحاد روحانی – "لیا بپتسمہ میں بدن

یہ الفاظ ظاہر کرتے ہیں کہ:

- ذریعہ کے القدس روح بلکہ نہیں مبنی پر تعلق ظاہری صرف اتحاد مسیحی ہے۔ ہوتا قائم
- لیے کے ہونے شامل میں بدن کے مسیح پر طور روحانی نے ایماندار ہر ہے۔ لیا بپتسمہ

ہے لکھا میں 3:27-28 گلتیوں:
"کوئی نہ لیا۔ پہن کو مسیح نے انہوں ،گئے لیے بپتسمہ میں مسیح جتنے کیونکہ" مسیح سب تم کیونکہ ،عورت نہ ،مرد نہ ،آزاد نہ ،غلام نہ ،یونانی نہ ،ہے یہودی ہو ایک میں یسوع".
Strong's Concordance میں "لیا بپتسمہ" (Baptized) کا تجزیہ:

- میں یونانی "ἐβαπτίσθημεν" (Ebaptisthēmen – Strong's G907) "ہونا شامل پر طور مکمل ذریعہ کے روح اور پانی" یعنی.

کی کلیسیا – "گئی پلائی روح ہی ایک کو سب ہم" (3) منبع کا زندگی

یہ الفاظ ظاہر کرتے ہیں کہ:

- دیتا تقویت کو ایمانداروں سب جو ،ہے منبع کا زندگی کی کلیسیا القدس روح ہے۔ رکھتا متحد اور
- شامل میں بدن کے مسیح ذریعے کے تجربہ روحانی ہی ایک ایماندار تمام ہیں۔ ہوتے

:ہے لکھا میں 2:18 افسیوں
پاس کے باپ میں روح ہی ایک رسائی کی دونوں ہم سے وسیلہ کے اسی کیونکہ"
-"ہے ہوتی
Strong's Concordance میں "گئی پلائی روح" (Given One Spirit) تجزیہ کا:

- **میں یونانی "ἐποτίσθημεν" (Epotisthēmen – Strong's G4222)**
  -"کرنا سیراب پر طور مکمل ،پلانا کچھ کو کسی" یعنی

اہمیت کی فرد ہر میں کلیسیا .3

ہے اہم کردار کا فرد ہر (1)

:ہے لکھا میں 12:14-15 کرنتھیوں 1
میں کہ کہے پاؤں اگر ہیں۔ سے بہت بلکہ ،نہیں عضو ایک صرف میں بدن کیونکہ"
"نہیں؟ کا بدن وہ کیا تو ،نہیں کا بدن لیے اس ،نہیں ہاتھ

بھی لوگ والے جانے سمجھے چھوٹے یا کمزور (2) ہیں ضروری

:ہے لکھا میں 12:22 کرنتھیوں 1
-"ہیں ضروری زیادہ وہی ،ہیں ہوتے معلوم کمزور جو اعضا وہ کے بدن بلکہ"

ہے رکھتا قائم کو کلیسیا اتحاد اور محبت (3)

:ہے لکھا میں 13:13 کرنتھیوں 1
محبت بڑی سے سب میں ان لیکن ،گے رہیں قائم تینوں یہ ،محبت ،امید ،ایمان اب"
-"ہے

سبق عملی – بدن ایک بطور کلیسیا .4

چاہیے رکھنا قائم اتحاد میں کلیسیا ہمیں (1)

افسیوں 4:3 میں لکھا ہے:
"روح کی وحدت کو صلح کے بندھن میں رکھنے کی پوری کوشش کرو"۔

سب ہم کیونکہ ،چاہیے کرنی خدمت کی دوسروں ہمیں (2) ہیں اعضا کے بدن کے مسیح

گلتیوں 5:13 میں لکھا ہے:
"محبت کے ذریعہ ایک دوسرے کی خدمت کرو"۔

چاہیے کرنی افزائی حوصلہ کی دوسرے ایک ہمیں (3)

1 تھسلنیکیوں 5:11 میں لکھا ہے:
"پس تم ایک دوسرے کو تسلی دو اور ایک دوسرے کی ترقی کرو، جیسا تم کرتے بھی ہو"۔

نتیجہ – کلیسیا بطور مسیح میں ایک بدن .5

1. **یسوع مسیح کلیسیا کا سربراہ ہے، اور تمام ایماندار اس بدن کے اعضا ہیں** (1 کرنتھیوں 12:12-13)۔
2. **کلیسیا میں ہر فرد اہم ہے، اور کوئی بھی غیر ضروری نہیں** (1 کرنتھیوں 12:22)۔
3. **روح القدس کلیسیا کی وحدت کو برقرار رکھتا ہے، اور ہر ایماندار کو تقویت دیتا ہے** (افسیوں 2:18)۔
4. **ہمیں کلیسیا میں اتحاد، محبت، اور خدمت کو فروغ دینا چاہیے** (افسیوں 4:3)۔

بات آخری:

سے دوسرے ایک ہمیں – ہے سربراہ ہمارا مسیح یسوع اور ،ہیں بدن ایک سب ہم
!رہے قائم سے مضبوطی کلیسیا تاکہ ،چاہیے کرنی محبت

کا القدس روح لیے کے اتحاد میں بدن کے مسیح :ہفتم باب کردار

قائم کو اتحاد کے کلیسیا القدس روح – **4:3-4** افسیوں) (ہے رکھتا

بدن ہی ایک کرو۔ کوشش پوری کی رکھنے میں بندھن کے صلح کو وحدت کی روح"
اور ایک ہی روح ہے، جیسے تم ایک ہی امید کے لیے بلائے گئے ہو" (افسیوں 4:3-4)

کا القدس روح اور اتحاد میں بدن کے مسیح – تعارف **.1** کردار

کو بدن اس اور ،ہے بدن جاگتا جیتا کا مسیح بلکہ نہیں جماعت ایک کلیسیا محض
ہے۔ القدس روح قوت والی رکھنے ایک
برقرار کو اتحاد کے کلیسیا کہ ہے بتاتا ہمیں رسول پولس ،میں 4:3-4 افسیوں
ہے۔ ضرورت کی چلنے ساتھ کے القدس روح ہمیں لیے کے رکھنے
ہم اور امن میں کلیسیا اور ،دینے تقویت ،جوڑنے کو ایمانداروں روح القدس تمام
ہے۔ کرتا کام کا رکھنے قائم آہنگی

1 کرنتھیوں 12:13 میں لکھا ہے:
"کیونکہ ہم سب نے ایک ہی روح کے وسیلہ سے ایک بدن میں بپتسمہ لیا، خواہ
یہودی ہوں خواہ یونانی، خواہ غلام ہوں خواہ آزاد، اور ہم سب کو ایک ہی روح پلائی
گئی"۔

یہ آیت ظاہر کرتی ہے کہ:

1. **ہے۔ کرتا شامل میں بدن ایک کو افراد تمام میں کلیسیا القدس روح**
2. **سب القدس روح کیونکہ ہیں برابر سب ،آزاد اور غلام ،قوم غیر اور یہودی ہے۔ کرتا متحد کو**

3. ہے۔ دکھاتی راستہ اور بخشتی قوت کو کلیسیا موجودگی کی القدس روح
Strong's Concordance میں "وحدت کی روح" (Unity of the Spirit) کا تجزیہ:

- یونانی میں "ἑνότης τοῦ πνεύματος" (**Henotēs Tou Pneumatos – Strong's G1775, G4151**) یعنی "ایسا اتحاد جو روح القدس کے ذریعہ ممکن ہو"۔

2. روح القدس کے ذریعے کلیسیا میں اتحاد کا قیام

(1) "روح کی وحدت کو صلح کے بندھن میں رکھنے کی پوری کوشش کرو" – اتحاد کو برقرار رکھنا

یہ الفاظ ظاہر کرتے ہیں کہ:

- روح القدس ایمانداروں میں محبت، صبر، اور ہم آہنگی پیدا کرتا ہے تاکہ کلیسیا متحد رہے۔
- کلیسیا کو چاہیے کہ وہ روح القدس کی رہنمائی میں صلح اور اتحاد کو فروغ دے۔

گلتیوں 5:22-23 میں لکھا ہے:
"لیکن روح کا پھل محبت، خوشی، صلح، تحمل، مہربانی، نیکی، ایمانداری، حلم، پرہیزگاری ہے"۔
Strong's Concordance میں "بندھن کے صلح" (Bond of Peace) کا تجزیہ:

- یونانی میں "σύνδεσμος τῆς εἰρήνης" (**Sundesmos Tēs Eirēnēs – Strong's G4886, G1515**) یعنی "ایسا تعلق جو امن اور ہم آہنگی سے جڑا ہو"۔

(2) "ایک ہی بدن اور ایک ہی روح ہے" – روح القدس کی قوت سے کلیسیا کا اتحاد

یہ الفاظ ظاہر کرتے ہیں کہ:

- روح القدس کلیسیا کے ہر فرد کو مسیح کے بدن کا ایک لازمی حصہ بناتا ہے۔
- کلیسیا کے تمام افراد کو چاہیے کہ وہ روح القدس کے وسیلہ سے ایک دوسرے کے ساتھ جڑے رہیں۔

رومیوں 8:9 میں لکھا ہے:
"لیکن اگر کوئی شخص مسیح کی روح نہیں رکھتا، تو وہ اس کا نہیں"۔
Strong's Concordance میں "ایک ہی بدن" **(One Body)** کا تجزیہ:

- یونانی میں "ἓν σῶμα" **(Hen Sōma – Strong's G1520, G4983)** یعنی "ایک متحد جسم، کلیسیا کی وحدت"۔

---

3. کلیسیا میں اتحاد کے لیے روح القدس کے عملی اثرات

(1) روح القدس ایمانداروں کو ایک ہی مقصد پر متحد رکھتا ہے

1 کرنتھیوں **1:10** میں لکھا ہے:
"بھائیو! میں تم سے ہمارے خداوند یسوع مسیح کے نام کے وسیلہ سے درخواست کرتا ہوں کہ تم سب ایک ہی بات کہو، اور تم میں تفرقے نہ ہوں، بلکہ یکساں نیت اور یکساں خیال میں کامل ہو جاؤ"۔

(2) روح القدس کلیسیا کو اختلافات کے باوجود متحد رکھتا ہے

کلسیوں 3:14 میں لکھا ہے:
"اور ان سب چیزوں کے اوپر محبت کو پہنو، جو کامل اتحاد کا بندھن ہے۔"

(3) روح القدس ایمانداروں کو خدا کے حکم کے مطابق جینے میں مدد دیتا ہے

حزقی ایل 36:27 میں لکھا ہے:
"میں اپنی روح تمہارے اندر ڈالوں گا اور تمہیں اپنی شریعت پر چلنے کی قوت دوں گا۔"

---

4. کلیسیا میں روح القدس کے کام کے عملی اصول

(1) ہمیں روح القدس کی رہنمائی پر چلنا چاہیے

گلتیوں 5:16 میں لکھا ہے:
"پس میں کہتا ہوں کہ روح کے موافق چلو، تو جسم کی خواہشوں کو پورا نہ کرو گے۔"

(2) ہمیں کلیسیا میں محبت اور اتحاد کو فروغ دینا چاہیے

رومیوں 12:10 میں لکھا ہے:
"بھائی چارے کی محبت میں ایک دوسرے سے پیار کرو۔"

کرنا قبول کو قوت کی القدس روح اندر کے کلیسیا ہمیں (3) چاہیے

:ہے لکھا میں 3:16 افسیوں
"زور میں انسان باطنی سے روح اپنی تمہیں موافق کے دولت کی جلال اپنی وہ کہ بخشے"-.

کردار کا القدس روح میں اتحاد کے کلیسیا – نتیجہ **.5**

1. **روح القدس کلیسیا کے اندر محبت، امن، اور اتحاد قائم کرتا ہے** (افسیوں 4:3-4)-
2. **یہ روح القدس ہی ہے جو ایمانداروں کو مسیح کے بدن میں شامل کرتا ہے** (1 کرنتھیوں 12:13)-
3. **روح القدس ایمانداروں کو صبر، محبت، اور راستبازی کے ساتھ زندگی گزارنے میں مدد دیتا ہے** (گلتیوں 5:22-23)-
4. **ہمیں کلیسیا کے اندر روح القدس کے وسیلہ سے اتحاد اور ہم آہنگی کو برقرار رکھنے کے لیے کام کرنا چاہیے** (کلسیوں 3:14)-

:آخری بات

روح القدس کلیسیا کے اتحاد کا ضامن ہے – ہمیں اس کی رہنمائی میں چلنا چاہیے تاکہ ہم مسیح کے بدن کو مضبوط اور متحد رکھ سکیں!

باب ہفتم: کلیسیا کے مشن میں روح القدس کا کردار

(اعمال **1:8** – روح القدس کلیسیا کو قوت بخشتا ہے)

"لیکن جب روح القدس تم پر نازل ہوگا، تو تم قوت پاؤ گے، اور یروشلیم اور تمام یہودیہ اور سامریہ میں، بلکہ زمین کی انتہا تک میرے گواہ ہوگے" (اعمال 1:8)

رہنمائی کی القدس روح میں مشن کے کلیسیا – تعارف **1.**

کی اس میں بھر دنیا وہ کہ دی داری ذمہ عظیم ایک کو یسوع مسیح نے کلیسیا
پھیلائے (متی 28:19-20)۔ خوشخبری
کی القدس روح صرف بلکہ نہیں ممکن ذریعے کے طاقت انسانی لیکن یہ کام کسی
ہے۔ ہوتا مکمل سے قدرت
وہ تاکہ گا دے قوت کو ایمانداروں القدس روح کہ کیا وعدہ نے یسوع میں **1:8** اعمال
بنیں۔ گواہ کے اس میں دنیا پوری
ہے۔ ذریعہ کا استقامت اور ،حکمت ،قوت ،رہنمائی کی روح القدس کلیسیا

ہے لکھا میں 4:6 زکریا:
"یہ زور سے ہوگا، نہ طاقت سے، بلکہ میری روح سے، رب الافواج فرماتا ہے۔"

یہ آیت ظاہر کرتی ہے کہ:

1. ہے۔ منحصر پر القدس روح بلکہ نہیں پر قوت یا عقل انسانی مشن مسیحی
2. ہے۔ کرتا تیار لیے کے دینے گواہی کی مسیح کو کلیسیا القدس روح
3. ہے۔ رکھتا قدم ثابت میں آزمائشوں اور مشکلات کو کلیسیا القدس روح یہی

Strong's Concordance میں "قوت" (Power) کا تجزیہ:

- الٰہی" یعنی (Dynamis – Strong's G1411) "δύναμις" میں یونانی
  "طاقت معجزاتی ،قوت"۔

کی القدس روح لیے کے مشن کے کلیسیا – **1:8** اعمال **2.** قوت

کی قوت الٰہی – "ہوگا نازل پر تم القدس روح جب لیکن" (1) ضرورت

یہ الفاظ ظاہر کرتے ہیں کہ:

- سکتی۔ کر نہیں پورا مشن اپنا کلیسیا بغیر کے القدس روح

- سے خوفی بے کو شاگردوں نے نزول کے القدس روح ،دن کے پینتیکوست کیا تیار لیے کے منادی کی انجیل (اعمال 2:1-4)-

لوقا 24:49 میں یسوع نے فرمایا:
"اور دیکھو، میں اپنے باپ کا وعدہ تم پر نازل کروں گا، لیکن جب تک تم عالم بالا سے قدرت نہ پاؤ، شہر میں ٹھہرے رہو"-
Strong's Concordance میں "نازل ہونا" (Come Upon) کا تجزیہ:

- **یونانی میں "ἐπελθὼν" (Epelthōn – Strong's G1904) یعنی "کسی پر اترنا، مکمل طور پر قابض ہونا"-**

---

(2) "تو تم قوت پاؤ گے" – کلیسیا کی خدمت کے لیے طاقت

یہ الفاظ ظاہر کرتے ہیں کہ:

- **روح القدس ایمانداروں کو روحانی اور جسمانی قوت دیتا ہے تاکہ وہ مسیح کے گواہ بن سکیں-**
- **یہ قوت صرف معجزات کے لیے نہیں بلکہ خدا کی مرضی پر چلنے اور مشکل حالات میں استقامت کے لیے بھی ہے-**

2 کرنتھیوں 12:9 میں لکھا ہے:
"میرا فضل تیرے لیے کافی ہے، کیونکہ میری قدرت کمزوری میں کامل ہوتی ہے"-
Strong's Concordance میں "قوت پاؤ گے" (Receive Power) کا تجزیہ:

- **یونانی میں "λήμψεσθε δύναμιν" (Lēmpsesthe Dynamin – Strong's G2983, G1411) یعنی "الٰہی طاقت کا حاصل ہونا"-**

---

(3) "میرے گواہ ہوگے" – کلیسیا کی ذمہ داری

یہ الفاظ ظاہر کرتے ہیں کہ:

- ہے۔ بننا گواہ کا مسیح سے قدرت کی القدس روح کو ایماندار ہر
- محبت اور ،اعمال ،زندگی ہماری بلکہ نہیں محدود تک الفاظ صرف گواہی یہ چاہیے۔ ہونی ظاہر میں

ہے لکھتا پولس میں **10:14** رومیوں:
وہ اور سنی؟ نہیں ہی خبر نے انہوں کی جس لائیں ایمان پر اس کیسے وہ پس" ہو؟ نہ والا سنانے انہیں کوئی تک جب سنیں کیسے"۔
Strong's Concordance میں "گواہ" **(Witness)** کا تجزیہ:

- وہ" یعنی **(Martures – Strong's G3144)** "μάρτυρες" میں یونانی دے گواہی کی سچائی سے زندگی اپنی جو شخص"۔

پہلو مختلف کے القدس روح میں مشن کے کلیسیا **.3**

ہے دیتا ہدایت کو کلیسیا القدس روح (1)

ہے لکھا میں **16:13** یوحنا:
"گا جائے لے میں سچائی تمام تمہیں تو ،گا آئے روح کی سچائی یعنی وہ جب لیکن"۔

ہے کرتا عطا علم اور زبانیں کو کلیسیا القدس روح (2)

ہے لکھا میں **2:4** اعمال:
کہ جیسا ،لگے بولنے زبانیں دوسری اور ،گئے بھر سے القدس روح سب وہ اور" دی قدرت کی بولنے انہیں نے روح"۔

ہے دیتا استقامت میں مشکلات کو کلیسیا القدس روح (3)

ہے لکھا میں **4:31** اعمال:
روح سب وہ اور ،گئی ہل تھے اکٹھے وہ جہاں جگہ وہ تو ،چکے کر دعا وہ جب" القدس سے بھر گئے، اور دلیری سے خدا کا کلام سنانے لگے"۔

---

4. راہنمائی عملی کی القدس روح لیے کے مشن کے کلیسیا

(1) چاہیے چلنا میں قوت کی القدس روح ہمیں

:ہے لکھا میں 5:16 گلتیوں
"کرو نہ پورا کو خواہشوں کی جسم تو ،چلو موافق کے روح کہ ہوں کہتا میں پس
گے"۔

(2) حاصل طاقت کی القدس روح ذریعے کے دعا ہمیں چاہیے کرنی

:ہے لکھا میں 6:18 افسیوں
"رہو کرتے منت اور دعا میں روح سے طرح ہر اور وقت ہر"۔

(3) منادی کی انجیل میں رہنمائی کی القدس روح ہمیں چاہیے کرنی

:ہے لکھا میں 16:15 مرقس
"دو خوشخبری کو مخلوقات سب اور جاؤ میں دنیا پوری"۔

---

5. معراج کی القدس روح میں مشن کے کلیسیا – نتیجہ

1. دنیا پوری خوشخبری کی مسیح وہ تاکہ ہے دیتا قوت کو کلیسیا القدس روح سکے پہنچا میں (اعمال 1:8)۔
2. اعمال) ہے کرتا عطا استقامت اور ،زبانیں ،حکمت کو کلیسیا القدس روح یہی 2:4)۔
3. یوحنا) ہے دیتا ہمت میں مشکلات اور کرتا راہنمائی کی کلیسیا القدس روح 16:13)۔
4. گواہ کے مسیح سے وسیلہ کے اس اور چلنا میں قوت کی القدس روح ہمیں چاہیے بننا (رومیوں 10:14)۔

بات آخری:

مکمل اور ،اطاعت ،دعا ہمیں – ہے ناممکن مشن کا کلیسیا بغیر کے القدس روح چاہیے چلنا میں راہنمائی کی اس ساتھ کے ایمان!

08 باب

محبت لازوال کی مسیح :نتیجہ

ہے۔ یہ وقت اور انسانی فہم سے ماورا ہے، امید، **متغیر غیر اور ابدی محبت کی مسیح** نجات، اور تبدیلی کا ذریعہ ہے۔
:میں خوبصورتی سے بیان کیا **8:38-39** رسول پولس نے اس سچائی کو **رومیوں**
موجودہ نہ ،حکومتیں نہ ،فرشتے نہ ،زندگی نہ ،موت نہ کہ ہوں رکھتا یقین میں کیونکہ" خدا ہمیں ،مخلوق اور کوئی نہ ،پستی نہ ،بلندی نہ ،قدرتیں نہ ،چیزیں آئندہ نہ ،چیزیں رومیوں) **"گی سکے کر جدا ،ہے میں خداوند ہمارے ،یسوع مسیح جو سے محبت کی** 8:38-39)-

:یہ آیت ہمیں یقین دلاتی ہے کہ

1. **ہے۔ رہتی قائم میں حالات کے طرح ہر محبت کی مسیح**
2. **ہے۔ بالاتر سے چیلنج ہر اور ،وقت ہر ،طاقت ہر محبت یہ**
3. **غیر یہ کیونکہ ،سکتی کر نہیں جدا سے محبت کی خدا ہمیں چیز کوئی ہے۔ متزلزل غیر اور مشروط**

حقیقت الہٰی ایک :محبت کی مسیح

ہے جو سچائی حقیقی اور زندہ ایک بلکہ نہیں احساس جذباتی مسیح کی محبت **کوئی**
ہماری زندگیوں کو مکمل طور پر بدل سکتی ہے۔
اپنی خاطر ہماری نے اس جہاں ،ہوئی ظاہر میں قربانی صلیبی کی یہ محبت **یسوع**
کریں (یوحنا 3:16)۔ **حاصل زندگی کی ہمیشہ** ہم **تاکہ ،دی جان**

ہے لکھا میں 31:3 یرمیاہ:
قائم پر تجھ کو شفقت اپنی نے میں لیے اس ،رکھی محبت ابدی سے تجھ نے میں"
رکھا"۔

یہ آیت ظاہر کرتی ہے کہ:

- **ہوگی۔** نہیں **ختم کبھی اور ،گی** رہے **ہمیشہ ،تھی سے ہمیشہ محبت کی خدا**
- **ہے۔ بدلتی اور کرتی قبول ہمیں باوجود کے گناہوں ہمارے محبت یہ**

اصول عملی کے جینے میں محبت کی مسیح

کریں بسر زندگی میں محبت کی اس روزانہ (1)

فرمایا نے یسوع میں 15:9 یوحنا:
میری تم ،رکھی محبت سے تم نے میں ،رکھی محبت سے مجھ نے باپ جیسے"
رہو قائم میں محبت"۔

- **کی مسیح ذریعے کے کلام کے خدا اور ،عبادت ،دعا روزانہ** ہم کہ **چاہیے** ہمیں
  رہیں۔ **قائم میں محبت**

پہنچائیں تک دوسروں کو محبت کی اس (2)

ہے لکھا میں 4:11 یوحنا 1:
ہم کہ ہے فرض بھی پر ہم تو ،رکھی محبت ایسی سے ہم نے خدا جب !عزیزو اے"
رکھیں محبت سے دوسرے ایک"۔

- پیش ساتھ کے انصاف اور ،رحم ،شفقت ساتھ کے دوسروں ہمیں محبت یہ ہے۔ دیتی ترغیب کی آنے

نہیں ناکام کبھی یہ کہ رکھیں بھروسہ پر محبت اس (3) ہوگی

ہے لکھا میں 13:8 کرنتھیوں 1:
"ہوتی نہیں ختم کبھی محبت"۔

- زیادہ سے چیلنجز اور ،مشکلات ،مسائل تمام کے دنیا محبت کی مسیح ہے۔ مضبوط

ہے حقیقت ہماری محبت کی مسیح :نتیجہ

1. کر نہیں جدا سے اس ہمیں چیز کوئی اور ،گی رہے قائم ہمیشہ محبت یہ سکتی۔
2. سے سب کی خدا لیے کے دینے نجات اور بدلنے کو زندگیوں ہماری محبت یہ ہے۔ نعمت بڑی
3. ہم تاکہ ہے دیتی دعوت کی بننے نمک اور روشنی میں دنیا ہمیں محبت یہ پہنچائیں۔ خوشخبری کی خدا تک دوسروں

پیغام آخری:

ہوگی۔ نہیں ناکام کبھی محبت کی مسیح
پختہ پر بات اس اور ،پہنچائیں تک دوسروں اسے ،جئیں میں محبت اس ہم ،آئیے
ہے ساتھ ہمارے ہمیشہ محبت کی خدا کہ رکھیں ایمان!

www.ingramcontent.com/pod-product-compliance
Lightning Source LLC
LaVergne TN
LVHW050631051026
849532LV00002B/345
9798348560836